1781

Justine Picardie

Noch einmal deine Stimme hören

Leben nach dem Tod meiner Schwester

Aus dem Englischen von Erika Ifang

Hoffmann und Campe

Die Originalausgabe erschien 2001 unter dem Titel
»If the Spirit Moves you. Life and Love After Death«
im Verlag Macmillan/Pan Macmillan Ltd,
London, Basingstoke, Oxford.

1. Auflage 2002

www. hoffmann-und-campe.de
Schutzumschlaggestaltung: Büro Hamburg/Stefanie Oberbeck
Foto: Sam Taylor-Wood
Satz und Typographie: Prill Partners|producing, Berlin
Druck und Bindung: GGP Media GmbH, Pößneck
Printed in Germany
ISBN 3-455-09374-4

HOFFMANN
UND CAMPE

Ein Unternehmen der
GANSKE VERLAGSGRUPPE

Für Ruth

Der Wilde, heißt es, vermag nicht zwischen den Bildern des Schlafes und der Wirklichkeit des Wachlebens zu unterscheiden, so daß er, wenn er von seinen toten Freunden geträumt hat, unweigerlich zu dem Schluß kommt, daß sie nicht vollständig gestorben seien, sondern ihre Geister an irgendeinem Ort und in irgendeiner Form weiterbestehen, obwohl sie sich seiner normalen Sinneswahrnehmung entziehen. Nach dieser Theorie können die Vorstellungen, seien sie roh oder verfeinert, abstoßend oder schön, die sich Wilde und vielleicht auch zivilisierte Menschen vom Zustand der Verstorbenen machen, eigentlich nichts weiter sein als kunstvolle Hypothesen, aufgestellt, um Erscheinungen im Traum zu rechtfertigen; denn diese gewaltigen Gebilde werden sich unter Umständen trotz all ihrer strahlenden oder düsteren Größe, trotz der ungeheuren Stärke und Festigkeit, mit der sie sich der Einbildung vieler darstellen, bei näherer Betrachtung als reine Hirngespinste aus Wolken und Dampf erweisen, die ein einziger Hauch von Vernunft in Luft auflösen kann.

James George Frazer: *Der goldene Zweig*

Die Bedeutung der Phantasien und unbewußten Gedanken über das Leben im Mutterleibe habe ich erst spät würdigen gelernt. Sie enthalten ... die tiefste unbewußte Begründung des Glaubens an ein Fortleben nach dem Tode, das nur die Projektion in die Zukunft dieses unheimlichen Lebens vor der Geburt darstellt.

Sigmund Freud: *Die Traumdeutung*

Wir sterben mit den Sterbenden:
Sieh, sie scheiden und wir gehen mit ihnen.
Wir werden mit den Toten geboren:
Sieh, sie kehren wieder und führen uns mit.

T.S. Eliot: »Vier Quartette«

Karfreitag im Jahr 2000. Jesus ist tot, meine Schwester auch, und ich strampele mich auf dem Laufband im Fitnesscenter ab und schaue dabei MTV ohne Ton. Wenn meine Schwester noch leben würde, wäre sie in zehn Tagen 36 Jahre alt. Aber Ruth ist mit 33 gestorben, im gleichen Alter wie Jesus. Natürlich weiß ich, dass sie längst nicht so berühmt war wie Jesus im Alter von 33 – *so* verrückt bin ich nicht, und unter normalen Umständen neige ich auch nicht zur Blasphemie –, aber Ruth ist schon ein bisschen berühmt, weil ich sie, nachdem bei ihr Brustkrebs im letzten Stadium diagnostiziert wurde, gebeten habe, eine Kolumne für das Magazin des *Observer* zu schreiben, dessen Redakteurin ich damals war. Das Magazin hieß »Life«, und ihre Kolumne über den Tod erschien auf der letzten Seite. Sie schrieb nur noch wenige Folgen, bevor sie starb, aber Tausende von Lesern reagierten auf ihre Beiträge, die später (zusammen mit den E-Mails und Briefen) in einem Buch mit dem Titel *Es wird mir fehlen, das Leben* erschienen. Auf diese Weise lebt sie gewissermaßen auch nach ihrem Tod in der Öffentlichkeit weiter – sie kam wieder zurück, zumindest in die Bestsellerlisten –, und das ist für die, die sie liebten vielleicht ein Segen und ein Fluch zugleich.

Wenn ich jetzt an sie denke, was ich dauernd tue, ist es so, als würde in meinem Kopf ein immer gleicher Stummfilm abgespult: Ich habe wieder die entscheidenden Szenen unseres gemeinsamen Lebens vor Augen (wie ich ihr die Hand halte, als ihre Zwillinge durch einen rettenden Kaiserschnitt auf die Welt geholt werden; wie ich ihre Hand halte, als sie die Kinder zwei Jahre später kurz vor ihrem Tod zum Abschied küsst). Aber ich kann mir ihre Stimme nicht vergegenwärtigen, und diese Stille macht mich wahnsinnig.

Das Laufband soll eine sehr gute Therapie sein, und manchmal funktioniert es auch, aber heute nicht, denn Karfreitag ist der traurigste Tag des Jahres. Ich habe alle Angebote durchprobiert, seit meine Schwester gestorben ist, ganz nach Art der anspruchsvollen Verbraucherinnen, zu denen ich angeblich gehöre: Fitnesstraining, Trauerberatung, Psychotherapie, Antidepressiva, Valium, Schlaftabletten, homöopathische Heilmittel. *Prozac* betäubt mich immerhin genug, um die Stille etwas erträglicher zu machen (ich versuche es allerdings abzusetzen, weil ich mich frage, ob ich nicht etwas verpasse, ob der undurchdringliche Schleier, in den es mich hüllt, jetzt überhaupt noch notwendig ist). Aber nichts hat mich wirklich angesprochen.

Mit Stille hatte ich nicht gerechnet. Wir hatten immer so viel miteinander geredet. Sie war ebenso meine beste Freundin wie meine Schwester: knapp drei Jahre jünger als ich, das Kind, das ich beschützen musste, als ich selbst noch klein war (auch meine Eltern waren gerade erst erwachsen), und am Ende konnte ich sie nicht beschützen. Als wir wussten, dass sie sterben würde, weil sich der Krebs auf Lunge und Leber ausgebreitet hatte, sprachen wir davon, dass wir immer miteinander reden würden, selbst nach ihrem Tod. Wir waren beide nicht mit dem konventionellen christlichen Glauben an ein Leben nach dem Tode aufgewachsen (und ich hatte ohnehin mit dem ungnädigen Gott gebrochen, der es versäumt hatte, meine Gebete um ihre Rettung zu erhören); trotzdem erschien es uns unmöglich, dass je Stille zwischen uns herrschen sollte, dass unsere Stimmen an Fleisch und Blut gebunden sein sollten.

Doch in den Wochen nach ihrem Tod konnte ich nichts hören. Nachts, wenn ich zu Bett ging, waren da nur meine eigenen erstickten Schreie oder die Erinnerung, die ich abzublocken versuchte und die dennoch meinen Kopf ausfüllte: an die qualvolle Atemnot ihrer letzten Nacht, als sie um das rang, was ihr noch an Leben geblieben war. Und als ich nichts anderes zu ihr sagen konnte als »Ich liebe dich, ich liebe dich, ich liebe dich.« »Ich liebe dich auch«, flüsterte sie, bevor sie dorthin ging, wohin ich ihr nicht folgen konnte.

Seitdem habe ich mich öfter danach gesehnt, ihr zu folgen. Aber heute, nach meinem Training, gehe ich nach Hause zurück, an meinen Computer in der Dachkammer. Ich rechne fest mit einer E-Mail von Ruth (»Nachricht für Sie«), aber da ist nichts, nur mein halbes Spiegelbild auf dem leeren Bildschirm. Ich frage mich, ob sie vielleicht auf der anderen Seite ist und mich anschaut, während ich hineinblicke. Ich frage mich, ob ich nicht ein Loch in den Bildschirm schlagen und meine Hand hindurchstrecken könnte, um sie zu berühren. Ich träume oft, dass ich mit Ruth im Wald bin. Sie ist ein kleines Mädchen, das sich im Wald verirrt hat, und ich bin durch eine Glasscheibe von ihr getrennt und beobachte sie. In meinem Traum zertrümmere ich die Scheibe mit bloßen Händen und greife hindurch, wobei ich mir an den scharfen Splittern die Handgelenke aufschneide. Als Kind habe ich einmal eine Fernsehfassung von *Sturmhöhe* gesehen; darin kam Cathys Geist an ein dunkles Fenster, zerschlug es und drang mit blutenden Fäusten und Knöcheln ein. Oder vielleicht – ich erinnere mich nicht mehr richtig, möglicherweise habe ich das nur geträumt – war es auch ein kleines Mädchen in dem Haus, das vor Cathys Geist das Fenster verschloss und es dabei heruntersausen ließ auf die toten Finger, die nach innen griffen. Ich brauche keinen Therapeuten, der mir das erklären müsste, nein danke. Ich kann einfach eins meiner Lieblingsbücher aufschlagen, Iona Opies sehr nützliches *Dictionary of Superstitions* (das »Wörterbuch des Aberglaubens«):

Tod: Schlösser/Türen und Fenster öffnen, um den Geist zu befreien. *Church Times*, 23. Jan. 1891. Gestern habe ich in Willey, Warwickshire, einen kleinen Jungen von drei Jahren beerdigt. Es schneite stark, und doch ließen die Eltern (beide aus der Arbeiterklasse) während der Beerdigung

sowohl die Vorder- als auch die Hintertür ihres Häuschens die ganze Zeit weit offen stehen.

So viel also zur Kommunikation.

Sonntag, 23. April

Wenn ich von meiner Schwester träume, was fast jede Nacht geschieht, sagt sie nicht viel. Ostersonntag träume ich kurz vor Tagesanbruch, als Jesus mit Sicherheit aufersteht, dass ich meine Schwester auf einer Party treffe. »Ich dachte, du bist tot!«, sage ich.

»Nein, ich bin nur nach Amerika verreist«, sagt sie ausweichend.

»Aber ich habe deine Leiche gesehen. Ich war auf der Beerdigung und habe den Sarg gesehen. Du bist eingeäschert worden.«

»Hm«, sagt sie provozierend.

»Und was ist mit den Kindern?«, frage ich sie. »Wie konntest du einfach nach Amerika verreisen und Lola und Joe zurücklassen? Sie haben dich so sehr vermisst! Ich habe dich auch sehr vermisst! Wie konntest du das nur tun?«

Sie wendet sich ab.

»Ruth, hör mir zu«, sage ich. »Dein Mann hat eine Freundin. Sie heißt Anna. Sie sind gerade zusammen in ein neues Haus gezogen, mit den Zwillingen. Ist dir das egal? Hörst du mir überhaupt zu?«

Sie sagt noch immer nichts. Ich sehe sie genauer an, ihr kurz geschnittenes Haar, das rot gefärbt ist, und da merke ich, dass es sich um eine Fremde handelt, um jemanden, der vorgibt, Ruth zu sein.

»Du bist gar nicht meine Schwester«, sage ich zu der Frau.

»Du *Miststück*«, erwidert sie.

Nach diesem Traum glaube ich, dass ich vielleicht doch Hilfe brauche. Vor ein paar Wochen hat mir eine Freundin die Telefonnummer eines Mannes – eines Mediums, um genau zu sein – namens Arthur Molinary gegeben, der am College für parapsychologische Studien arbeitet. Ich mochte seinen Namen – er brachte mich zum Lächeln –, und mir gefiel der Gedanke irgendwie, dieses seltsam klingende Institut aufzusuchen. Aber ich hatte den Zettel mit der Nummer in irgendeine Schublade gestopft. Damals hatte ich kein Bedürfnis, ihn anzurufen. Jetzt fällt mir nichts anderes mehr ein.

Mittwoch, 26. April

Ich rufe von der Arbeit aus beim College für parapsychologische Studien an. Da es sich um einen etwas merkwürdigen Anruf handelt, den man nicht unbedingt in einem Großraumbüro tätigen sollte, versuche ich zu flüstern.

»Ich möchte gern einen Termin mit Arthur Molinary vereinbaren«, zische ich ins Telefon.

»Mr. Molinary ist bis 8. Juni, 18.15 Uhr ausgebucht«, sagt eine geschäftsmäßige Stimme am anderen Ende der Leitung. »Wollen Sie diesen Termin nehmen?«

»Ja«, sage ich, »aber geht es nicht früher?«

»Mal sehen«, sagt sie und verstummt kurz, als überfliege sie den Terminkalender einer beliebten Arztpraxis, »Sie könnten am 16. Mai um 18.30 Uhr zu unserem Juniormedium kommen. Wir haben sehr gute Erfahrungen mit ihm gemacht.«

»Ich nehme beide Termine«, sage ich ganz aufgeregt und spüre plötzlich Ruth. Ich kann sie nicht neben mir sitzen sehen, nicht wirklich, aber ich sehe sie vor meinem geistigen Auge, in ihrem geliebten lavendelfarbenen Rock und einer weißen Bluse aus einem Laden namens Ghost.

»Bis dann«, sagt die Empfangsdame. »Sie müssen uns vierundzwanzig Stunden im Voraus Bescheid geben, falls Sie verhindert sind.« »Ich komme auf jeden Fall«, sage ich. (Als ich später meinem Mann, einem Verstandesmenschen, von diesem Gespräch berichte, zieht er eine Augenbraue hoch und bemerkt: »Man sollte doch meinen, dass die am College für parapsychologische Studien es von selbst im Voraus wissen, wenn du absagen musst.«)

Montag, 1. Mai

Ruths Geburtstag. Meine gute Laune ist wie weggeblasen, und ich versinke wieder in düsterer, zorniger Stille. Meine Eltern sind über Nacht bei mir im Haus geblieben (in getrennten Zimmern, da sie geschieden sind). Am Morgen der übliche Smalltalk beim Toastbrot. Ich überlege, ob ich ihnen von meinen Terminen am College für parapsychologische Studien erzählen soll. Mein Vater war Dozent in Oxford, meine Mutter ist Therapeutin. Ich kann mir nicht vorstellen, dass die beiden mit Spiritismus etwas anfangen können, obwohl sich, wie es der Zufall will, mein Großvater väterlicherseits nach dem Tod seiner Eltern für Séancen interessierte. In der Familie hat das den Ruch der Peinlichkeit, und man schweigt sich lieber darüber aus: armer, trauriger, dummer Louis! Er hieß ursprünglich Lazar (von Lazarus), änderte seinen Namen jedoch, als er bei den evangelikalen Christen wiedergeboren wurde, schloss sich dann den »Juden für Jesus« an und horchte schließlich an Séancetischen auf Klopfzeichen und Stimmen aus dem Jenseits.

»Dad«, sage ich, »warum sprichst du nie über Louis und die Spiritisten?«

»Ach, dieses blöde Zeug«, sagt mein Vater. »Wie verrückt man doch sein kann, wie ausgesprochen *lächerlich* man sich doch machen kann!«

Mein Vater erlitt den ersten von mehreren Nervenzusammenbrüchen gleich nach dem Tod seiner Mutter; ich muss sieben oder acht gewesen sein, als er in eine Nervenklinik in der Nähe von Oxford eingewiesen wurde, wo er mit Elektroschocks behandelt wurde. (Ich war nicht dabei – wie hätte ich auch da sein können? –, aber ich erinnere mich daran wie an einen bösen Traum, in dem ich durch eine Glaswand mit ansah, wie er ans Bett geschnallt und mit Elektroden bestückt wurde, wie Frankensteins Monster, und dann wurden Stromstöße durch sein Hirn gejagt und ich schrie: »Hört auf, ihn zu quälen!«, aber kein Ton kam aus meiner Kehle.) Danach war er jahrelang in Therapie, und Unmengen von Medikamenten haben ihn ein wenig geschwächt und zittrig gemacht. Die Erfahrungen seines Vaters mit dem Spiritismus waren vermutlich eine sanftere Art des Umgangs mit Trauer als die psychiatrische Behandlung meines Vaters, obwohl er dieser Feststellung kaum zustimmen dürfte.

(Zur gleichen Zeit, als mein Vater in der Klinik war, machte ich selbst kurz Bekanntschaft mit dem Alten Testament, als ich mich mit einer Schulfreundin zusammen monatelang einer merkwürdigen christlichen Glaubensgemeinschaft anschloss. Der Vater meiner Freundin war ein angesehener Oxford-Physiker, aber außerdem ein »Christadelphianer«, was damals in meinen Ohren nach einer Blume klang, tatsächlich jedoch eine Sekte ist, deren Anhänger an eine Wiederkehr Christi auf Erden glauben. Meine Freundin und ich saßen also in der christadelphischen Sonntagsschule im Souterrain eines Hauses in einem Oxforder Vorort, während ihre Eltern im oberen Stockwerk auf die Wiederkehr Jesu Christi warteten und mein Vater irgendwo in der Nähe mit seinen Dämonen rang.)

Meine Mutter ist von meiner Großmutter mit den Ritualen der anglikanischen Hochkirche erzogen worden, während die Großmutter von *ihrer* Mutter im Alter von vier Jahren auf ein Klosterinternat geschickt worden war. So überrascht es kaum, dass sich meine Mutter als Teenager zeitweise mit dem Gedanken trug, Nonne zu werden; aber obwohl sie etwas Frommes an sich hat, ist sie am Ende doch nicht in die Fußstapfen ihres Vorfahren Henry Garnett getreten, eines katholischen Priesters, der nach der Pulververschwörung 1605 hingerichtet und später selig gesprochen wurde, weil in dem Blut, das aus seinem abgeschlagenen Haupt strömte, ein Christusbild erschien. Statt eine Braut Jesu zu werden, lernte meine Mutter meinen jüdischen Vater, den Sozialismus und die eigene Intelligenz schätzen. Die Ehe scheiterte. (Von klein auf habe ich Ostern immer mit dem gleichzeitigen Versinken meines Vaters in einer Depression assoziiert, eine Verbindung, die ich nie verstanden habe, bis er mir vor kurzem in einer E-Mail Aufschluss gab: »Im Zarenreich fanden Pogrome statt, die um die Osterzeit von der russischen Polizei mit voller Unterstützung der katholischen Priesterschaft in Szene gesetzt wurden, um die ›Christusmörder‹ zur Verantwortung zu ziehen. Sie wurden beschuldigt, christliche Kinder umgebracht zu haben, um mit ihrem Blut Mazzes fürs Passahfest zu machen.«) Seit einiger Zeit hat mein Vater Trost in den Ritualen des Judentums gefunden, das er zuvor abgelehnt hatte, und meine Mutter ist mit ihrem zweiten Mann (einem Arzt, Blutspezialisten und selbst Bluter) kurzfristig in den Schoß der Kirche zurückgekehrt. Als der Arzt an Aids starb, tröstete sich meine Mutter auf andere Art, nämlich mit dem, was Freud als die Wissenschaft der Psychotherapie betrachtete.

Ich hingegen suche nach Antworten im *Dictionary of Superstitions*:

Blutung, Zauberspruch zum Blutstillen. Der Spruch, mit dem Blutungen gestillt werden können, ist Hesekiel 16, Vers 6, der wiederholt von einer Person anderen Geschlechts als dem des Patienten rezitiert werden muss. »Ich aber ging an dir vorüber und sah dich in deinem Blut liegen und sprach zu dir, als du so in deinem Blut dalagst: Du sollst leben! Ja, zu dir sprach ich, als du so in deinem Blut dalagst: Du sollst leben.«

Seit Ruths Tod wirke ich auf meine Mutter still und in mich gekehrt: wahrscheinlich reif für eine Therapie. Aber wie gesagt, meine Versuche mit Therapeuten waren bisher nicht sehr erfolgreich. Der erste Trauerberater, den ich aufsuchte, hat mich geärgert, zum einen mit seinen aalglatten New-Age-Sprüchen (»Sie brauchen einen sicheren Hort, um Halt zu finden«) und zum anderen mit seinen Nachrichten auf blauem Papier mit pastellfarbenen Häschen und Vögeln. Der zweite, eine Therapeutin, war weit besser, aber wir blieben bei meinen Erinnerungen an Ruths Blutphobie stecken (Ruth wurde immer schwindelig beim Anblick ihres eigenen Blutes, sie fiel sogar manchmal in Ohnmacht oder bekam Anfälle). Die Therapeutin schien zu vermuten, dass meine Schwester und ich vielleicht die Erinnerung an einen Selbstmordversuch unseres Vaters verdrängt hätten: an aufgeschlitzte Pulsadern oder so etwas. Ich sagte ihr jedoch immer wieder, dass mein Vater nur eine geringe Überdosis Tabletten geschluckt hatte; allerdings sah ich während (oder vielleicht auch wegen) dieser Therapiephase im Geiste dauernd meinen Vater in unserem Wohnzimmer in Oxford baumeln.

Wie dem auch sei, das Abtauchen ins Unterbewusste wurde immer anstrengender und unerträglicher für mich. *Prozac* ist erheblich angenehmer; außerdem habe ich mich selbst satt; ich habe den Kummer satt; ich habe es satt, mich selbst trübseliges, unsinniges Zeug reden zu hören, während ich eigentlich Ruth hören möchte. Und wenn schon nicht mit ihrer eigenen Stimme, dann eben durch die eines Mediums, das hören kann, was ich nicht höre. Das versuche ich meiner Mutter am Geburtstag meiner toten Schwester klar zu machen und bringe dabei die Sätze nur halb heraus, als versage mir die Zunge den Dienst. Meine Mutter sieht mich spöttisch an. Irgendwo in ihrer wohl überlegten Antwort fällt das Wort »internalisiert«, sonst kommt nicht viel. Dann erzählt sie mir, dass auch sie schon von Ruth geträumt hat. »Einmal war sie am anderen Ufer eines Flusses und hat mir zugewunken,

aber ich konnte den Fluss nicht überqueren«, sagt meine Mutter. »Ein andermal habe ich geträumt, dass ich sehr schnell auf einer Autobahn fahre und Ruth in einem anderen Auto auf der Gegenfahrbahn an mir vorbeisaust.«
»Spürst du denn je ihre Gegenwart, wenn du wach bist?«, frage ich.
»Nur in meiner Erinnerung und in meinem Gefühl, sie verloren zu haben«, erwidert meine Mutter leise.
Die Luft wird schwer von meinem Schweigen. Meine Mutter wünscht sich mehr Liebe von mir, aber manchmal ist Trauer stärker als die Liebe. Meine Mutter geht schließlich, ohne dass ich ihr sage, wie sehr ich sie liebe, auch wenn meine Schwester, deren Name mir in die Knochen gemeißelt ist und deren Geist durch mein Blut strömt, tot ist. Meine Schwester ist tot.
Danach fährt mein Mann Neill mit mir, unseren Kindern und meinem Vater durch die Stadt in den Süden Londons, über die Blackfriars Bridge – die Brücke, die ich so oft überquert habe auf dem Weg zu dem Hospiz, in dem meine sterbende Schwester untergebracht war – und zur gegenüberliegenden Seite des Flusses. Wir parken am Fuß der Brücke und gehen am kalten grauen Wasser der Themse entlang. Es ist der erste Mai. Hubschrauber schweben wie Geier über dem anderen Ufer, wo Anarchisten einen kleinen Aufstand proben. Abfälle sind auf den schmutzigen Sand gespült worden. Ich glaube, Neill ist böse auf mich, weil ich an diesem Frühlingstag so traurig bin. (»Alles reine Projektion, Sie wissen das selbst«, lässt sich eine Therapeutenstimme in meinem Kopf vernehmen, wie immer dann, wenn ich sie am wenigsten hören mag.) Ich gehe mit den Kindern, die unbekümmert miteinander plaudern, voraus, meinen Vater und meinen Mann im Gefolge.
Wir kommen zur Hayward-Galerie. Dort findet eine Ausstellung statt, die unser Nachbar David Toop organisiert hat, dessen Frau, meine Freundin Kimberley, sich vor fünf Jahren an einem trüben

Wintermorgen das Leben genommen hat. (Kimberley war halbwegs vom Spiritismus überzeugt, und als sie in Verzweiflung versank, hoffte sie, dass der Tod ihre Seele von der Dunkelheit befreien und sie zum Licht führen würde, aber das ist eine andere Geschichte ...) Die Ausstellung heißt »Sonic Boom«, und es geht um Klang, aber auch um Stille. Ich stehe vor einem Werk mit dem Titel »Eine Geisterprozession«, feine Drähte, die kratzend über ein großes, glattes weißes Blatt gleiten. Zu lesen gibt es nichts, und doch ist ein leises Geräusch zu hören, als würde in der Stille etwas geschrieben. Ich starre auf die leere Fläche und versuche mir zu vergegenwärtigen, was Ruth an ihrem Geburtstag gesagt hat. Aber ich kann nichts lesen. Das Blatt bleibt leer und glatt, und das leise Kratzen wie von einem Stift geht weiter ...

Mittwoch, 10. Mai

Ich sitze im Flugzeug nach Hollywood, wo ich für die *Vogue* mehrere Filmstars interviewen will. Ich schaue aus dem Fenster und suche wie immer nach Ruth. Auf meinem ersten Flug nach ihrem Tod habe ich geweint, weil der Himmel so leer war. Diesmal mache ich es mir nicht so schwer. Könnte sie nicht hier in der Kabine sein, könnte sich nicht ihr Geist im Morgengrauen von den Kopfkissen ihrer schlafenden Kinder gelöst haben und jetzt hier bei mir sein?

»Bist du da?«, flüstere ich im Stillen.

»Ich bin hier«, sagt die Stimme in meinem Kopf. Klar, denke ich, warum sollte sie auch außerhalb dieses kleinen, zerbrechlichen Gebildes aus Stahl und Diesel in den Wolken schweben, wenn ich hier drinnen auf sie warte?

Ich schließe die Augen und höre ihre Stimme wie die meine.

»Ruth?«

»Ja.«

»Du fehlst mir.«
»Du mir auch. Aber ich bin ja jetzt hier.«
»Kannst du mir nicht irgendein Zeichen geben?«
»Du brauchst doch keins.«
»Was ist der Himmel?«
»Der Himmel ist ein Bewusstseinszustand.«
»Und die Hölle?«
»Die Hölle ist deine Freudlosigkeit …«
»Wie fühlt es sich jetzt an für dich?«
»Blau und schnell und silbern.«
»Wo verbringst du denn deine Zeit?«
»Bei den Zwillingen, bei dir und allein …«
»Erinnerst du dich an meinen Traum? Den ich in der Woche nach deinem Tod hatte? Wir sind uns nachts im Garten des Trinity-Hospizes begegnet, du hast auf einer Art Matte gelegen, als wenn du schlafen würdest. Und dann hast du dich aufgesetzt und gesagt, du wärst die ganze Zeit mit Fremden zusammen. Ich habe mir vorgestellt, wie du als Geist die Blackfriars Bridge überquerst, immer hin und her, hin und her.«
»Das war, bevor ich wieder zu mir selbst gefunden habe. Jetzt geht es mir besser.«
Ich öffne die Augen und merke, dass ich weine, 36.000 Fuß hoch in der Luft, und ich frage mich, ob Ruth auf dem leeren Platz neben mir sitzt.
»Natürlich, du Dummerchen«, sagt sie.
»Ich bin tatsächlich ziemlich dumm«, sage ich. »Ich bin nicht so klug wie du.«
»Doch, bist du wohl«, sagt sie. »Du bist ich.«

Dienstag, 16. Mai

Mein Termin bei dem Juniormedium. Ich bin so nervös, dass ich kaum mein Auto draußen vor dem College für parapsychologische Studien einparken kann. Es ist ein stattliches Gebäude aus dem 19. Jahrhundert, gleich um die Ecke vom Museum für Naturgeschichte (einmal falsch abbiegen, und Darwin oder Freud stehen womöglich auf der Türschwelle). Direkt hinter dem Empfang ist ein Warteraum, der zugleich als Bibliothek dient, mit verblichenen Reihen verstaubter viktorianischer Bücher und einer Broschüre mit den College-Prinzipien (»Das College wurde 1884 als Stiftung für Erziehung und Bildung gegründet. Wir wollen geistige Werte und ein tieferes Verständnis für alle Bereiche des menschlichen Bewusstseins vermitteln; uns sind die Wahrheiten aller spirituellen Traditionen und jedes Individuums gleichermaßen willkommen ...«) Während ich warte, blättere ich durch das neueste Vortragsprogramm. (Morgen Abend spricht Dr. Edgar Mitchell, der Mann, der 1971 den Mond betrat und der jetzt auf dem Weg nach South Kensington ist, um seine Gedanken zum »Quanten-Hologramm als Geist der Natur« unter besonderer Berücksichtigung »intuitiver, parapsychischer und mystischer Erfahrungen« darzulegen.) Viel weiter komme ich nicht, denn ich werde aufgerufen. »Justine Picardie. Zimmer vier«, sagt die Empfangsdame.

Sie weist mir den Weg: die Treppe hinauf, an den Ölgemälden der früheren Präsidenten und Koryphäen des Colleges und am Vortragssaal vorbei zum zweiten Stock.

Das Juniormedium ist ein kleiner nervöser, glatzköpfiger Mann mittleren Alters mit tadellos glatten Hosen und sorgfältig gebügeltem Hemd.

»Haben Sie etwas dagegen, wenn ich die Vorhänge zuziehe?«, fragt er mich mit weichem, nordenglischem Akzent. »Es ist so hell draußen, dass es blendet.«

»Nein«, sage ich, und wir nehmen beide Platz.
Er schließt die Augen. »Ich spüre eindeutig etwas«, sagt er. »Ich habe es sofort gespürt, als Sie ins Zimmer gekommen sind. Meine Nase juckt, und mein Hals, mein Hals tut mir weh.« Er fährt sich mit der Hand an den Hals, immer noch mit geschlossenen Augen.
»Der Pollenflug draußen ist sehr stark«, bemerke ich ungerührt. »Haben Sie vielleicht Heuschnupfen?«
Er öffnet die Augen und blickt mich etwas verstört an. »Sie könnten Recht haben«, sagt er. »Es könnte Heuschnupfen sein.«
Er schließt die Augen wieder und fängt an, mit den Händen in der Luft herumzuwedeln, als wollte er durch das Halbdunkel des heißen, stillen Raums hindurchrudern.
»Vergessen Sie nicht, tief zu atmen«, sagt er und atmet demonstrativ selbst tief durch. »Ein, aus, ein, aus. Und schwimmen Sie. Gehen Sie schwimmen, wenn Sie gestresst sind ... Und Sie sollten viel Wasser trinken. Sehr viel Wasser.«
Das kommt mir nicht gerade wie ein besonders nützlicher Hinweis vor, und es scheint auch nicht die Ansichten meiner Schwester wiederzugeben, also schweige ich. Er rudert noch angestrengter mit den Armen herum, als schwämme er zu einem fernen Gestade.
»Clarissa!«, sagt er schließlich. »Clarissa! Sagt Ihnen der Name etwas?«
»Nein«, sage ich eisig und wünsche mir, ich könnte sofort gehen.
»Hmmm«, brummt er. »Aber merken Sie sich den Namen für die Zukunft.« Er atmet wieder tief, als müsse er sich beruhigen, dabei runzelt er die Stirn und kraust die Nase wie das Weiße Kaninchen aus *Alice im Wunderland*. (Wieso eigentlich »Juniormedium«?, frage ich mich. Warum bringe ich es nicht über mich, ihn zu fragen, was das heißt?)
Ich lasse den Blick enttäuscht zur Decke schweifen und komme mir albern vor. Was in aller Welt mache ich hier? Warum sollte

Ruth ausgerechnet an einem so seltsamen Ort durch diese merkwürdige Figur mit mir sprechen?
»Ich sehe jemanden, der wie Sie aussieht und auch wie Sie spricht«, fährt er unbeirrt fort. »Gibt es jemanden in Ihrer Familie, der vor nicht allzu langer Zeit gestorben ist?«
»Meine Schwester«, sage ich widerstrebend.
»Sie ist an Krebs gestorben«, sagt er, hält sich den Magen und lehnt sich, Halt suchend, an die Wand. »Ich kann fühlen, wie übel ihr ist.«
Ich möchte ihm am liebsten einen Schlag auf die Nase geben, aber ich tu's nicht. Ich bin auch zu höflich, einfach zu gehen. Ich höre mir noch seine Ausführungen über meine toten Großeltern an. (»Sie mögen diese Jahreszeit. Ich sehe sie Eis essen. Mochten sie Eis gern? Ich versuche, einen Beweis für Sie zu finden. Sind einem von ihnen vielleicht die Mandeln entfernt worden?«)
Endlich kann ich gehen. »Auf Wiedersehen«, sage ich. »Danke vielmals.«
»Auf Wiedersehen«, erwidert er leise. »Manchmal sagen die Geister nicht das, was man hören will ...«
Ich gehe die Treppe hinunter, vorbei an den Bildern der viktorianischen Medien und den Plakaten, die Dr. Mitchells Vortrag und den Workshop über den Pfad der Seele am nächsten Wochenende ankündigen, zum großen Eingangstor hinaus, und muss plötzlich lachen, als ich zum Sommerhimmel aufblicke, wo Pollen herumwirbeln wie Himmelsstaub oder ausgefallene Federn aus Engelsflügeln.

Mittwoch, 17. Mai

Als ich am nächsten Tag an die Arbeit gehe, finde ich in der Post ein Buch und einen Brief auf lavendelfarbigem Papier.

Liebe Frau Picardie,
ich habe Ihren Artikel im *Daily Telegraph* vom 25. September 1999 gelesen und weiß genau, wie Ihnen nach dem Tod Ihrer Schwester Ruth vor zwei Jahren zumute ist. Ihre Bemerkung über Ihre Sehnsucht nach dem »Rat und einzigartigen Verständnis der Schwester für die gemeinsame Vergangenheit« ist besonders treffend.
Ihre Geschichte hat so deutlich eine Saite in mir angeschlagen, dass ich beschlossen habe, Ihnen mein Buch *Stimmen aus dem Paradies* zu schicken. Mehr will ich in diesem Brief nicht dazu sagen – das Buch soll für sich selbst sprechen. Ich glaube, dass es Ihnen nicht nur helfen wird, indem es Erfahrungen ausdrückt, die wir gemeinsam haben, sondern dass es Ihnen auch auf ganz praktische Weise nützen kann.
Bitte lesen Sie es, und wenn Sie meinen, dass etwas dran ist, so unwahrscheinlich es zuerst auch scheinen mag, empfehlen Sie es vielleicht in irgendeiner Form, die Sie als angemessen empfinden, weiter.
Mit freundlichen Grüßen
Ihre Judith Chisholm

Der Untertitel des Buches lautet »Wie die Toten zu uns sprechen«, und ich nehme es trotz meiner schlechten Erfahrungen mit dem Juniormedium mit nach Hause und lese darin. Schließlich nimmt es mich so gefangen, dass ich *Emergency Room* verpasse, meine und auch Ruths Lieblingssendung im Fernsehen (das künstliche Blut schien sie nicht weiter gestört zu haben, als wir uns die Sendung vor ihrer Erkrankung jeden Donnerstagabend anschauten, und auch später, kurz vor ihrem Tod, nicht, als wir dabei nebeneinander auf ihrem schmalen Krankenhausbett lagen; aufgrund ihres Hirntumors konnte sie allerdings den Dialogen nicht mehr

richtig folgen. »Wovon reden sie eigentlich?«, beschwerte sie sich. »Was *sagen* diese Stimmen denn?«)
Judith Chisholm ist eine frühere Journalistin der *Sunday Times* (der Zeitung, bei der ich mein Debüt als Reporterin gab – sie war allerdings schon vor meiner Ankunft fortgegangen), deren Sohn im Alter von 36 Jahren unerwartet gestorben war. Das Buch beginnt mit einem bewegenden Bericht über ihre Trauer; dann beschreibt sie ihre Erfahrungen mit Medien und Séancen, ehe sie genauestens von etwas berichtet, das »Tonbandstimmen-Phänomen« (oder »Electronic Voice Phenomenon« – EVP) genannt wird und durch das, wie sie behauptet, die Stimmen der Toten aufgezeichnet werden. Zur Bestätigung zitiert sie Sir Oliver Lodge, den Erfinder der Zündkerze, ehemaligen Rektor der Universität von Birmingham und Präsidenten der Society for Psychical Research von 1901 bis 1903. (»Die Toten leben in ätherischen Wellenlängen mit viel höheren Frequenzen als unseren«, schrieb Lodge in *The Outline of Science*. »Unsere physische Welt operiert mit Schwingungen, die maximal Lichtgeschwindigkeit erreichen. Die ätherische Welt operiert mit Schwingungen, die weit über die Lichtgeschwindigkeit hinausgehen.«) Außerdem verweist sie auf Thomas Edison, der sich nach seiner Erfindung der Glühbirne und des Phonographen daran machte, eine Maschine zu bauen, die es Toten ermöglichen sollte, mit den Lebenden zu sprechen. »Ich neige zu der Annahme, dass unsere Persönlichkeit im Jenseits in der Lage ist, Materie zu beeinflussen«, schrieb Edison im Alter von 73 Jahren. »Falls diese Annahme stimmt und falls wir ein Gerät von solcher Feinheit entwickeln können, dass es von unserer Persönlichkeit, die auch im nächsten Leben noch besteht, beeinflusst, bewegt oder manipuliert werden kann, müsste ein solches Gerät, wenn es zur Verfügung stände, etwas aufzeichnen können.«
Judith Chisholms Buch schließt mit einer Reihe von Anweisungen, wie die Stimmen der Toten aufgezeichnet werden sollten.

»Sie brauchen: ein Tonbandgerät (am besten mit verschiedenen Laufgeschwindigkeiten, da manches Hörbare sehr schnell ist und verlangsamt werden muss); ein leeres Tonband, ein externes Mikrofon (falls Ihr Tonbandgerät dafür eingerichtet ist), das zugunsten optimaler Ergebnisse irgendwo aufgehängt werden sollte (ein externes Mikrofon blendet Hintergrundgeräusche besser aus); einen stillen Raum und, was vor allem wichtig ist, eine positive, gespannte, fröhliche und liebevolle geistige Einstellung.« Sie empfiehlt ferner, die Aufnahmen nach Sonnenuntergang oder in einer Vollmondnacht zu machen, vorzugsweise bei einem Gewitter, dies jedoch keineswegs aus Spinnerei oder Aberglauben, sondern wegen der Elektrizität, des Magnetismus und etwas, das »Gravitationswirkung« genannt wird.

Kurz nachdem Jesus Lazarus von den Toten auferweckt hatte,
»kam eine Stimme vom Himmel ... Da sprach das Volk,
das dabeistand und zuhörte: Es hat gedonnert.
Die anderen sprachen: Ein Engel hat mit ihm geredet.«
Johannes 12, 28-29

Donnerstag, 18. Mai

Ich habe das Buch ausgelesen. Draußen ist es dunkel. Die Kinder schlafen oben. Es ist Vollmond, und ein Gewitter ist gerade weitergezogen. »Hast du ein Tonbandgerät und ein Mikrofon?«, frage ich meinen Mann.

»Wofür?«, fragt er. Ich antworte nicht, aber er weiß, was ich im Sinn habe, und sieht mich ungläubig, irritiert und besorgt an. Aber er liebt mich, und so holt er mir das Tonbandgerät, ein Mikrofon und ein leeres Band und stellt alles vor mir auf den Küchentisch. »Ich gehe nach oben«, sagt er. »Ruf mich, wenn du mich brauchst.«

Ich zünde eine Kerze an und knipse das Licht aus. Ich schalte das Tonbandgerät ein und sage etwas im Flüsterton, für den Fall, dass jemand zuhört. Dann fällt mir ein, dass Ruth mich ja hören soll, ganz zu schweigen von Kimberley, Oscar, Adam, Simon und Jon – alle Freunde von mir, die in den letzten Jahren gestorben sind. »Äh, ist da jemand?«, frage ich. »Ich würde liebend gern mit jemandem reden. Es sind so viele Menschen in letzter Zeit gestorben, dass es mir sinnvoller erscheint, meine sozialen Kontakte in der Geisterwelt weiterzuführen ...«

Stille. Ich lasse eine Lücke auf dem Band, wie im Buch angegeben. (»Bei empfangsbereitem Mikrofon werden Sie während der Aufnahme keine Geisterstimmen hören, nur später beim Abhören. Machen Sie deshalb längere Pausen beim Reden, damit die andere Seite Raum zum Antworten hat.«)

Stille. Ich glaube an diese Geschichte. Wirklich. Ich habe eine positive, gespannte, fröhliche und liebevolle geistige Einstellung. Draußen scheint der Vollmond. Es hat ein Gewitter gegeben, es muss also jede Menge Elektrizität da sein. Meine Schwester wird mit mir sprechen. Sie wird eine Nachricht für mich auf dem Band hinterlassen. Ich weiß das sicher. Ich weiß es.

Ich schalte das Gerät aus. Ich spule das Band zurück. Ich spiele es ab.

Ich höre meine eigene Stimme auf dem Band ... sonst nichts. Absolut nichts. Aber es muss etwas da sein. Ich spule das Band wieder zurück und spiele es noch einmal ab. Stille. Ich schaue ins Buch. »Spielen Sie Ihr Band ab. Horchen Sie genau hin. Zuerst ist es schwer, etwas anderes als das Hintergrundrauschen des Gerätes auszumachen, das sich nie ganz ausblenden lässt, und die eigene Stimme. Da die körperlosen Stimmen sich normalerweise auf einer anderen Ebene ausprägen, als wir erwarten, müssen Sie möglichst alle Geräuschspuren, hohe wie tiefe, abhören – Sie müssen hineinlauschen. Das ist zu Anfang sehr schwer, aber später machen Sie es automatisch so. Es können Flüsterstimmen

sein. Meist sind sie das zuerst auch. Manchmal äußern sie sich extrem schnell, oft nur sehr kurz, und häufig wirkt das Gesagte einfach banal. Mit Worten wird sehr gespart, dafür hat aber das, was gesagt wird, normalerweise mehr als nur eine Bedeutung. Manchmal werden Präpositionen und Hilfsverben weggelassen. Meist werden anfangs nur ein bis drei Worte übertragen. Wenn Sie etwas hören, das wie eine andere Stimme klingt, spulen Sie das Band zurück und hören Sie es noch einmal ab – immer wieder.«
Ich spule das Band zurück. Ich lausche und lausche. Immer noch nichts. Ich gehe nach oben und frage meinen Mann: »Kannst du mal bitte das Band abhören?« Er setzt sich Kopfhörer auf und hört es ab. Ich beobachte, wie er angestrengt horcht, höre jedoch selbst nichts .
Seine Augen füllen sich mit Tränen, aber er sagt nichts.
»Hast du etwas gehört?«, frage ich.
»Nur deine Stimme«, sagt er schließlich. »Nur du bist da drauf. Das weißt du doch auch, oder? Einzig und allein du ...«

Montag, 22. Mai

Nach dem Fehlschlag meines Experiments mit EVP, dem Tonbandstimmen-Phänomen, habe ich Judith Chisholm angerufen, und jetzt bin ich in der Abenddämmerung nach Ostlondon unterwegs, wo sie wohnt. Ich weiß nicht, was ich hören werde, aber ich muss sie unbedingt sehen. »Am Ende?«, steht auf einem Poster der Samariter hinter der zerbrochenen Glasscheibe eines Wartehäuschens an einer Bushaltestelle. Nein, noch nicht am Ende. Ich bin ganz ruhig. Ich biege von der Hauptstraße links ab in Judiths Straße, eine lange, enge Gasse. An ihrem Ende liegen die sumpfigen Wiesen von Hackney, genau der Ort, wo Geister meines Erachtens gerne leben würden, wenn sie überhaupt irgendwo leben. Ich klopfe an Judiths Haustür. Sie lässt mich ein.

Sie ist etwa genauso alt wie meine Mutter, aber das Haar meiner Mutter ist heller rot und spielt in ein zartes Grau über, während Judiths Haare blutrot sind. Sie geht mir voraus ins Wohnzimmer, das dunkelgrün gestrichen ist. An der Wand hängt ein Kruzifix, und auf einem Seitentisch stehen Glasballons mit hausgemachtem Wein. Das Haus riecht nach feuchtem Katzenfell oder Rosen im Regen. Judiths Jüngster – der überlebende Sohn – kommt ins Zimmer. Er heißt Vic und ist Elektriker, ein dünner, sehr blasser Mensch. Er hat mich schon erwartet. »Es ist wirklich seltsam«, sagt er, »Sie haben Ihre jüngere Schwester verloren, ich meinen älteren Bruder. Das ist doch kein Zufall. Das kommt nur ein Mal unter Millionen Fällen vor.«
Ich schweige. Dieses Haus macht mich sprachlos. Judith bringt mir eine Tasse Tee, und nachdem ich schon eine Weile daran genippt habe, bringe ich endlich eine Frage an: »Glauben Sie an den Himmel?«, frage ich und bemühe mich dabei, *sie* anzublicken statt den Christus am Kreuz auf der gegenüberliegenden Wand.
»Geister durchlaufen verschiedene Stadien«, sagt Judith, ohne sich durch meinen ungeschickten Versuch, ein Gespräch in Gang zu bringen, aus der Ruhe bringen zu lassen. »Ich glaube, manche kommen ins Fegefeuer. Einige werden sogar in die Hölle kommen – keine Hölle mit Feuer und Schwefel, sondern eine Hölle geistiger Qualen. Die es verdienen, kommen *auf jeden Fall* in die Hölle. Und das Fegefeuer ist –«
»Wie ein Wartesaal«, fällt Vic ihr ins Wort, »das habe ich jedenfalls gehört.«
»Vic, bitte geh und spiel mit deinem Computer«, sagt Judith. »Das hier geht nicht zu zweit. Wir können uns nicht beide mit Justine unterhalten.«
»Na schön«, sagt Vic nachsichtig. Er schaut mich an und streckt mir seine Hand hin, die ich ergreife. »Wir sehen uns bestimmt wieder.«
Judith erzählt mir von ihren EVP-Experimenten. Sie befasse sich

seit sieben Jahren damit, erklärt sie mir, zuerst, um nach ihrem verstorbenen Sohn zu suchen, von dem sie nur wenig gehört hätte und der jetzt fast gar nicht mehr zu Wort käme, weil seine Stimme auf dem Band durch die eines Mannes namens Jack Hallam verdrängt worden wäre. Mit diesem Jack hat sie bei der *Sunday Times* zusammengearbeitet. Er war der Bildredakteur. Er glaubte an Geister und veröffentlichte Bücher mit den gesammelten Geschichten von den Geistern anderer Menschen. Er starb 1986.

»Die Zeit ist eine seltsame Angelegenheit«, sagt Judith. »Gewissen Bemerkungen habe ich entnommen, dass den Geistern das Verrinnen der Zeit bewusst ist. Ich habe Jack sagen hören: ›Ich habe lange nichts von Chisholm gehört‹ – Chisholm, so nennt er mich. Aber ich glaube nicht, dass ihm klar ist, dass seit seinem Tod vierzehn Jahre vergangen sind.«

»Glauben Sie, dass er im Himmel ist?«, frage ich sie.

»Ich glaube, dass er im Fegefeuer ist«, erwidert Judith. »Darauf deutet alles hin.«

Judiths Beweis sind ihre Bänder mit Jacks Stimme. Sie hat Stunden um Stunden aufgenommen. Und jede Bandminute, sagt sie, muss sie sich zwanzig- bis dreißigmal anhören. Das sei sehr anstrengend, sagt sie. Sie sei oft so erschöpft von ihren Experimenten, dass ihr der Kopf schmerze. Aber nun sei ich ja da, eine objektive Zeugin dieser Bemühungen, und sie würde mir einige ihrer Kassetten vorspielen; ich müsste allerdings auch ihre Transkriptionen lesen. »Es ist etwas ganz anderes als normale Sprache«, sagt sie. »Sie müssen sich einhören. Unter Umständen hören Sie auch gar nichts. Ich habe ein außerordentlich feines Gehör, ich kann Sachen hören, von denen andere nichts mitbekommen.«

Wir gehen in den ersten Stock hinauf in ihr Arbeitszimmer, wo sie ihren Kassettenrecorder, ihr Diktiergerät und ihre Notizen aufbewahrt: ihre kleine Pforte zu der anderen Welt, in der Jack Hallam immer auf sie wartet; denn seit Jack Judith gefunden hat, ist er nicht mehr zum Schweigen zu bringen.

Die Wände des Arbeitszimmers sind kahl bis auf den Rohputz, nur ein paar verblasste Streifen alter Tapetenreste sind noch daran. Einen Augenblick lang fürchte ich mich. Im Zimmer ist es still, aber meine Erwartungen hängen so dicht und schwer im Raum, dass sie an uns herankriechen wie eine Lache an unsere Füße. Und dann spielt Judith Chisholm mir die erste Aufnahme vor, die sie von Jack Hallams Stimme gemacht hat auf einem damals brandneuen Diktiergerät (einem Panasonic-Recorder zum Preis von 89 Pfund, eine sehr ärgerliche Ausgabe, wie sie sagt, doch unbedingt notwendig, selbst bei ihren spärlichen Mitteln). Ich höre ein flüsterndes, zischendes Kratzen in den Lautsprechern – ein Geräusch wie von einem leeren Kugelschreiber auf Papier, wie leises Keuchen oder vielleicht Ratten auf dem Speicher, wie Pochen am Fenster, ein Geist im Gerät. »Hören Sie ihn?«, fragt mich Judith eindringlich.

»Ich weiß nicht«, antworte ich.

»Hören Sie noch mal hin«, sagt sie und spult das Band zurück. Aber ich kann noch immer keine Worte hören. Sie spult das Band wieder zurück. Diesmal bitte ich sie, mir zu sagen, was sie hört. Und dann glaube ich ... ich glaube, eine Stimme zu hören. Ich lese ihre Transkription, während ich mir das Band anhöre. Da steht:

13. Oktober 1999

G = Geist

G: Hallam weiß

Ich: Habe dies erst vor kurzem gekauft ...

G: Ja

Ich: Und mag es eigentlich gar nicht ...

G: Wir mögen es

Ich: Nützt es euch denn was? Könnt ihr durchkommen, wollt ihr, dass ich es behalte? Ich lasse jetzt das nächste Stückchen Band frei, damit ihr darauf sprechen könnt ...

G: Also, Hallam ist zufrieden. Hallam kann weitermachen. Es ist wichtig für uns, dass Hallam es erfährt. Hallam braucht jemanden, der ihm hilft. Sag es ihm! Geh und finde Hallam! Geh und finde Hallam!

Sie spielt noch andere Bänder für mich ab und zeigt mir deren Transkriptionen. Einmal fragt sie Jack Hallam, warum er geschickt worden ist und mit ihr kommuniziert; ob er ihr bitte den »Plan« erklären könne. »Es gibt keinen Plan«, antwortet er. Sie fragt sich, ob sie vielleicht etwas nicht mitbekommen hat, denn manchmal fällt es selbst ihr trotz ihrer Erfahrungen mit diesen Dingen schwer, alle Worte zu verstehen. Und manchmal machen sie ihr Angst. Aus ihren Notizen von einer EVP-Sitzung am 12. Januar dieses Jahres geht hervor, dass sie nicht klären kann, ob die Geisterstimme sagt: »Begraben wir alle« oder: »Laben wir alle«, vielleicht auch: »Begraben wir Hallam« oder »Laben wir Hallam«. Sie spielt mir das Band vor. »Was hören Sie daraus?«, fragt sie mich. »Ich weiß nicht«, sage ich, wieder nicht bereit, mich auf das, was hier vorgeht, einzulassen. (»Du bist gehemmt«, schaltet sich mein imaginärer Therapeut wie immer zur Unzeit ein.) Judith wühlt auf ihrem Schreibtisch nach weiteren Kassetten und sieht mit der Brille auf der Nasenspitze aus wie ein Bilderbuch-Professor (ein Professor Higgins der Geisterwelt, dessen vollkommene Ausdrucksweise nur als Kontrast zu den Äußerungen dieser widerspenstigen, kratzbürstigen Geister dient).
Trotzdem glaube ich, als sie mir Abschnitte aus den anderen Bändern vorspielt, *tatsächlich* das Wort »Hallam« zu hören. Ich *höre* eine Stimme, die »Jack Hallam« sagt, obwohl sie klingt wie aus einem Traum. Ich sage Judith, dass ich Jack hören kann. »Lassen Sie uns gemeinsam eine Aufnahme machen«, sagt sie. »Machen wir ein Experiment.«
»Gut«, sage ich. Sie schaltet das Diktiergerät ein. Sie spricht etwas auf das Band. Sie gibt das Datum an und sagt, dass sie jetzt mit mir zusammen eine Aufnahme machen will. Sie spricht Hallam

an, weil er immer redebereit ist. »Ich hoffe, du bist nicht böse auf mich wegen … ich weiß nicht, weswegen, hoffe aber jedenfalls, dass du nicht böse auf mich bist«, sagt sie betont freundlich zu Jack. »Gibt es irgendetwas, das du uns sagen möchtest?«
Sie macht eine Pause. Stille füllt die Lücke. »Justine, möchten Sie etwas sagen?«, fragt sie mich. Ich hole tief Luft. »Ich wüsste gern, ob Ruth, meine Schwester, bei Ihnen ist und … mit mir sprechen könnte.«
Wieder Stille. »Ich gehe ungern dazwischen«, sagt Judith höflich. »Hoffentlich störe ich nichts, was gerade gesagt wird, aber wir wissen nicht genau, wo du bist, Jack, falls es Jack ist, der spricht, und wir sind nicht sicher, ob Ruth ebenfalls da ist …«
Nach etwa fünf Minuten schaltet sie das Diktiergerät aus. Sie spult das Band zurück und spielt es ab. Dieses Mal höre ich Stimmen. Ich weiß, dass ich sie höre. Ich kann nicht verstehen, was sie sagen, aber es sind Stimmen da, so schwach wie der Flügelschlag von Motten gegen eine Lampe oder das Kratzen von Fingernägeln an einer Tür. Ich höre das Geräusch, aber keine Worte. Ich kann die Worte nicht entziffern, weil ich keine Transkription habe. Ich verstehe nichts. Ich höre auch nicht Ruths Stimme. Aber ich höre einen Mann – Jack Hallam! – heiser sagen: *»Ruth!«*
Mir stockt der Atem, so ängstigt mich dieser Klang. Als diese Stimme »Ruth« sagt, klingt es so, als würde der Name entzweigerissen. Ich habe ein Gefühl, als sei ich selbst entzweigerissen worden.
Judith wird lebendig, sie ist ganz aufgeregt und begeistert. »Das ist Jack!«, sagt sie. »Es ist eindeutig Jack! Ich kenne ihn genau! Er beansprucht den Recorder immer für sich! Er ist ziemlich ruppig … Aber wenn *er* da ist, sind alle da. Das ist doch einleuchtend, nicht wahr? Es beweist, dass es ein Leben nach dem Tode gibt.« Ich betrachte die Wände mit den Tapetenresten und dem bröckelndem Putz, schweige jedoch.
»Jetzt brauchen Sie sich um Ihre Schwester keine Sorgen mehr zu

machen«, fährt Judith fort. »Ihr geht es gut. Erstaunlich, nicht wahr?«

Aber ich kann *sie* nicht hören. Ich höre Judith, aber Ruth kann ich nicht hören. Ich bin erschöpft und wie benommen, ich bin halb im Schlaf und kämpfe dagegen an. Judith will das Band immer wieder abspielen, aber ich bin zu müde, um noch zuzuhören, zu müde, um diese Brücke zu überqueren. Sie will die Geräusche jetzt gleich mit mir zusammen transkribieren, aber ich will nicht. Ich muss nach Hause. Sie überspielt mir das Band, und dann verabschieden wir uns voneinander.

Ich fahre schnell nach Hause. Ich nehme meine Kassette mit in die Küche, wo Neill am Tisch sitzt. »Wie war's?«, fragt er.

»Hör dir das mal an«, sage ich, »hör einfach mal zu. Ich *habe* Stimmen gehört.«

Ich spiele das Band laut für ihn ab. Aber außer Judiths und meiner Stimme ist nichts zu hören. »Da ist nichts drauf«, sagt Neill.

»Doch«, sage ich. »War es jedenfalls. Die Kopie muss schlecht sein ...«

Ich spiele es noch einmal ab. Ich spiele das Stückchen ab, auf dem Jack Hallam »Ruth!« sagt. Aber jetzt klingt es nicht mehr wie ihr Name. »Das ist das Geräusch von einem Stuhl, der bewegt wird«, sagt Neill, »oder das Knistern des Tonbands oder dein Atem. Es ist nur dein Atem ...« Ich schweige. Ich verziehe keine Miene, aber er schaut mich an, als würde ich weinen. »Du solltest schlafen gehen«, sagt er. »Du musst dich jetzt ausruhen. Morgen früh wird es dir besser gehen ...«

... Ach,
Unsre dürren Stimmen,
Leis und sinnlos,
Wispern sie miteinander
Wie Wind im trockenen Gras ...
T.S. Eliot: »Die hohlen Männer«

Donnerstag, 1. Juni

Judith hat die Aufnahme, die wir letzten Monat bei ihr gemacht haben, mit großer Mühe transkribiert. Sie schickt mir die fertige Transkription von mehreren Geisterstimmen, die miteinander reden. »Es ist Chisholm«, sagt ein Geist. »Beiden ist das Herz schwer«, sagt ein anderer. Weiter heißt es in der Transkription: »Helfen wir ihnen.« »Ich weiß nicht.« »Nehmen wir sie mit in den Himmel und zeigen wir ihn ihnen. Zeigen wir ihnen, wie ihr Sohn im Himmel gerade Erdnüsse bekommt.« »Babylon.«

Ich gehe zu Bett und lese Judiths Transkription wieder und wieder, suche nach Fingerzeigen, aber vergeblich. Es ergibt irgendwie keinen Sinn. Vielleicht geht es um Judith, nicht um mich. Ich bin ein Eindringling bei ihren Bandaufnahmen; Jack Hallam will nicht mit mir reden. Beim Einschlafen kommen mir Eichhörnchen in den Sinn, Eichhörnchen und Judith und haufenweise Nuggets und Nüsse, die für den Winter gehortet werden, für später, für dunkle Nächte. Judiths Nüsse.

In der Nacht versinke ich im Schlaf und tauche immer wieder auf. Ich fühle mich wie ausgebrannt. Ich kann nicht mehr richtig denken und nicht mehr richtig schlafen, weiß nicht mehr, wo's langgeht. Draußen klopfen die Clematisblätter ans Fenster. Mir ist übel, ich sitze sprachlos im Dunkeln fest und zähle Eichhörnchen. Und Nüsse.

Gegen Morgen hören die Eichhörnchen schließlich auf, in meinem Kopf herumzurennen. Ich träume, auf einem Fahrrad über die Blackfriars Bridge zu fahren, aus Nordlondon hinaus nach Süden über den Fluss. Ich besuche Ruths Kinder Lola und Joe und ihren Ehemann Matt und seine amerikanische Freundin. Sie haben gerade ein neues Haus bezogen, das Ruth nicht kennt. Ich brauche ewig, bis ich dort bin, und als ich endlich ankomme, bin ich völlig verschwitzt, schlecht gelaunt, durstig und eingestaubt. Ich finde keinen Abstellplatz für mein Fahrrad; Lola sieht traurig aus und Matt besorgt; wo soll ich eigentlich sitzen? Dann sehe ich im Traum Ruth an der Küchenspüle stehen, sie will mir zeigen, wo ich Wasser zum Trinken bekommen kann – und zum ersten Mal seit ihrem Tod sehe ich keine kranke Ruth, keine sterbende Ruth, sondern eine Ruth voller Leben wie eh und je. Ich weiß, dass sie tot ist – dass niemand außer mir ihren Geist sehen kann –, aber sie sieht glücklich aus, quicklebendig, sie schenkt mir ihr strahlendstes Lächeln und wirft ihren Kopf mit der dunklen Lockenpracht zurück, die sie vor ihrer Krebserkrankung hatte. Sie sagt nichts, und ich schweige auch, aber das hat nichts zu bedeuten. Ich habe meine Schwester gesehen ... Meine Schwester hat mich gesehen.

Wasser, fließendes, zu Heilzwecken. T. Jackson: *Originall of Unbelief*, 1625. Dies kann ich aus eigener Kenntnis berichten; zwei werden nach Sonnenuntergang über eine Meile weit geschickt, um nach Süden fließendes Wasser [zu Heilzwecken] zu holen, mit der strikten Anweisung, weder auf dem Hinweg noch auf dem Rückweg jemanden zu grüßen.
Iona Opie und Moira Tatem:
A Dictionary of Superstitions

Donnerstag, 8. Juni

Nach meinem Traum von Ruth erscheint mir der Termin mit Arthur Molinary nicht mehr so wichtig, aber jetzt ist es soweit, und warum sollte ich ihn nach so langer Wartezeit verfallen lassen? Diesmal bin ich jedoch kein bisschen aufgeregt, als ich im College für parapsychologische Studien die Treppe hinaufsteige, am Vortragssaal vorbei in den zweiten Stock. In Zimmer vier erwartet mich Arthur, vor sich auf dem Tisch ein Glas Wasser, und durchs weit geöffnete Fenster scheint die Sonne herein. Er bedeutet mir, auf dem Stuhl ihm gegenüber Platz zu nehmen, und schaut mich durch seine dicken Brillengläser an, den Kopf zur Seite geneigt wie eine Elster. Dann beginnt er zu sprechen, und ich höre in seiner Stimme zuerst lauter Echos von anderen Stimmen: Jiddisch, Italienisch, Spanisch und einen nordenglischen Akzent, die miteinander verschmelzen, sich verschieben und sich wieder trennen. Ich schweige. Er hält inne, als würde er auf die Stille lauschen, und fängt wieder zu sprechen an: »Ihre Schwester kommt so nahe heran, dass ich eine Gänsehaut davon bekomme«, sagt er. »Sehen Sie die Stelle gegenüber von Ihrem Bett vor sich? Von dort aus kommt sie jeden Abend auf Sie zu, um Ihnen gute Nacht zu sagen. Sie müssen einander mehr gewesen sein als nur Schwestern, Sie müssen sehr eng miteinander befreundet gewesen sein. Ich weiß, dass sie jeden Abend kommt ... Sie spricht mit Ihnen, während Sie einschlafen.«

Er redet immer weiter, und ich sauge jedes Wort in mich auf. »Ihre Schwester könnte Sie nicht mehr geliebt haben«, sagt er. »Worte können diese Liebe nicht ausdrücken. Es ist wie eine stumme Kommunikation. Und so lange Sie leben und sie auf der anderen Seite ist, gibt es immer diese Brücke – sie wird Ihnen dort stets auf halbem Weg entgegenkommen.«

»Was will sie denn von mir?«, frage ich.

«Sie will, dass Sie glücklich sind«, sagt Arthur Molinary in seinem Baumwollhemd mit Butterblumen-Muster mit leichtem Achselzucken.

Er erzählt mir noch manches andere: Dinge, die ich schon weiß (»Sie hatte zwei Knoten in der Brust, dann wurde ihr Gehirn befallen, ihr Geist verwirrte sich und ihre Beine gaben nach, sodass sie nicht mehr laufen konnte ... und als sie im Sterben lag, konnte sie nicht mehr atmen, ihre Lunge war voll ... In der Nacht starb sie schließlich, und am Morgen saßen Sie bei ihr und hielten die Tote«) und Dinge, von denen ich nichts wusste. (»Während Sie mit der Toten dasaßen, erwachte sie in strahlendem Sonnenschein; sie ging hinaus in den Garten, ins Licht, und pflückte eine

Blume für Sie.«) Dann erzählt er, dass sie sagt, sie würde Rad fahren.
»Sie ist gern Rad gefahren«, sage ich. »Sie ist immer auf ihrem Fahrrad davongefahren.«
»Sie hat also auch in der anderen Welt immer noch ihren Spaß«, sagt Arthur fröhlich. Nach einer kurzen Pause stellt er mir eine Frage: »Ihre Schwester will wissen, warum Sie nicht an Gott glauben.«
»Sie selbst hat auch nie daran geglaubt«, sage ich ausweichend.
»Jetzt tut sie es aber«, sagt er, wieder mit leichtem Schulterzucken. Das kommt mir doch ziemlich unwahrscheinlich vor, aber ich sage es nicht laut.
Und wer redet da überhaupt? Ist es der seltsame Arthur Molinary, ist es meine eigene innere Stimme, auf die er horcht, oder ist es meine Schwester? Liest er meine oder ihre Gedanken, oder spricht er nur das Naheliegende aus? Spielt das überhaupt eine Rolle, da ich doch sie bin und sie ich, da sie in meinem Kopf und in meinem Herzen lebt und in meinem Blut pulsiert wie das Leben selbst, für jeden sichtbar, der Augen dafür hat?
Am Abend höre ich mir zu Hause die Tonbandaufnahme an, die Arthur für mich von unserer Sitzung gemacht hat. Vieles davon ist wunderlich, manches abstrus. (Meine verstorbene Großmutter sagt, ich müsste mein Haus aufräumen; meine Schwester sagt, ich sollte mehr Marmite essen wegen der Vitamine, und ich tränke zu viel Wasser, dadurch würden die Vitamine weggespült. Was hat es eigentlich immer mit dem Wasser auf sich?)
Insgesamt ist Arthur jedoch durchaus medial veranlagt. Er ist ja auch ein sehr erfahrenes Medium. Während ich das Band abhöre, geht es mit meinem Glauben daran auf und ab wie Ebbe und Flut der Themse. Aber trotzdem liebe ich meine Schwester. Und meine Schwester hat mich geliebt ... Und jetzt weiß ich oder glaube ich zu wissen, dass danach, dass am Ende von alledem ein Neuan-

fang kommt. Und dass es ein Leben nach dem Tode gibt, denn ich lebe noch. Ich sage es meinem Mann, als wir spätabends im Bett liegen. Er hört mir zu und fragt dann: »Habe ich dir je von meinem Freund Tony King erzählt, der sich umgebracht hat? Er ist in die Themse gegangen und ertrunken. Das war nach dem Tod seiner Mutter, er hat auch Stimmen in seinem Kopf gehört … Er war schizophren …«

»Nun, ich bin nicht verrückt«, sage ich, »falls du das andeuten wolltest.«

»Ich wollte gar nichts andeuten«, sagt mein Mann ruhig. »Ich wollte dir nur von Tony erzählen … Ich bin sicher, dass ich es dir schon einmal erzählt habe – seine Mutter starb an einem Wespenstich, und meiner Mutter hat er an ihrem Geburtstag ein Glas mit drei Nägeln aus der Römerzeit geschenkt, die er am Ufer der Themse gefunden hatte. Er liebte den Fluss.«

»Woher wusste er, dass es Nägel aus der Römerzeit waren?«, frage ich, als wären wir vor Gericht und nicht im Bett. »Das klingt irgendwie zu symbolhaft, als wären es die Nägel, mit denen Christus ans Kreuz geschlagen wurde oder so was.«

»Ich weiß nicht, ob es wirklich römische waren«, sagt Neill, »aber er hat es geglaubt …«

»Erzähl weiter«, sage ich, »ich bin ganz Ohr.«

»Ein paar Jahre nach Tonys Tod«, fährt er leise fort, »haben du und ich eines Abends mit ein paar Freunden zusammen mit einem Ouija-Brett gespielt …«

»Sieht dir aber gar nicht ähnlich, du Skeptiker«, sage ich, »und ich kann mich überhaupt nicht daran erinnern …«

»Es war unser erster gemeinsamer Silvesterabend«, sagt er, und da fällt mir die Situation wieder ein, sonst aber nichts: keine Worte, keine Geschichte.

»Ich hatte wohl noch immer Schuldgefühle wegen Tony, nehme ich an«, erzählt Neill weiter, »er hat mir gefehlt. Jedenfalls habe ich ihn gefragt, wo er ist, und das Ouija-Brett hat ›zu Hause‹

buchstabiert. Ich fragte: ›Was heißt zu Hause?‹, und er sagte: ›Das Meer‹ ...«

»Du glaubst also doch an so was«, sage ich und versuche, meinen Triumph nicht durchklingen zu lassen. Ich habe gepunktet, aber den springenden Punkt nicht erfasst.

»Ich glaube weder das eine noch das andere«, sagt Neill. »Aber danach ging's mir besser, das ist alles.«

»Mir geht's jetzt auch besser«, sage ich.

»Weiß ich«, antwortet er, »und ich bin froh darüber.«

Sonntag, 11. Juni

Pfingstsonntag im Jahr 2000. Die Stimme aus dem Radio erzählt mir morgens beim Frühstück, dass dies der Tag der Wiederkehr des Geistes Jesu ist: fünfzig Tage, nachdem er zum Himmel aufstieg, kehrte sein Geist zu den Jüngern auf der Erde zurück, genau im richtigen Augenblick, als sie gerade im oberen Gemach eines Hauses auf ein Zeichen warteten und schon der Verzweiflung nahe waren. Ich niese einmal, zweimal (»Gesundheit, Gesundheit«) und schalte das Radio aus, als würde es allergische Reize aussenden.

In meinem Zimmer oben ist eine E-Mail von meinem Vater eingetroffen. Er hat sie gestern als vorzeitiges Geburtstagsgeschenk für mich geschrieben: Einzelheiten über seinen Vater, um die ich ihn gebeten hatte. »Dein Großvater Louis wurde von einem sehr unorthodoxen Klassenlehrer zu einer pfingstgläubigen Form des Christentums bekehrt, als er neun oder zehn Jahre alt war«, hat mein Vater geschrieben. »Er weinte bei der Kreuzigungsgeschichte ... Er war weich und sentimental und leicht zu Tränen gerührt ... Später haben mich die Leute bemitleidet, dass ich einen so naiven Vater hatte, und in der Hauptsache *ihm* die Schuld an meinem ›Meschuggesein‹ – meiner Verrücktheit – gegeben … Er ging nicht nur zu Séancen, sondern auch zum Auralesen, wozu violett getönte Motorradbrillen benutzt wurden«, fährt mein Vater etwas ärgerlich fort, obwohl er vielleicht dabei gelächelt hat, genau wie ich jetzt in meiner Dankbarkeit für diese zarten Fäden der Erinnerung, die uns zusammenhalten, diese Familienbande, die sich von seinem Computerbildschirm zu meinem spinnen. »Mir wurde meine eigene unsichtbare Aura und die von anderen gezeigt, als ich etwa elf war, und von da an wusste ich, dass mein Vater einer Welt seltsamer Kulte angehörte, die ihm ein gewisses Gefühl der Verbundenheit vermittelte … Natürlich verachtete er Freudianische Einsichten in die offenkundigen Verdrängungs- und Projektionsmechanismen gegen sein inneres Unbehagen.«

Es geht noch weiter, aber das genügt fürs Erste – ich will nicht bei Gott im Radio oder Christus im Computer hängen bleiben (oder bei Freud, worauf der Geburtstagsgruß meines Vaters hinauslaufen wird, wie ich sehr wohl weiß). Ich schicke ihm gleich eine kurze Antwort, dass ich ihn liebe. Heute scheint die Sonne, wie gestern, wie morgen, und wir gehen in den Park: mein Mann, die Kinder und ein paar Nachbarn. Die Jungen spielen Fußball, während ich mit der Tochter meiner verstorbenen Freundin Kimberley, die auch die beste Freundin meines Sohnes ist, zu einer Versammlung auf der anderen Seite des Parks hinüberwandere. Die Kirchengemeinden des Viertels haben sich auf dem trockenen Rasen des alten Bowlingplatzes zu einer Pfingstfeier zusammengefunden; Juliette und ich bleiben am Rand stehen, nicht willens oder vielleicht auch nicht in der Lage, in den Gesang einzustimmen, weil wir den Text nicht kennen.

Einige der Leute um uns herum sind blind oder taub oder sitzen gelähmt oder verkrüppelt im Rollstuhl. Eine Frau kommt auf uns zu und überreicht mir ein Liederblatt und die Liturgie. »HEILIGER GEIST, WER BIST DU?«, steht auf dem Blatt, und dann der

Liedtext »Herr Jesu, Gnadensonne«. Ich kann den Chor und die Gemeinde singen sehen, aber ihre Stimmen verlieren sich unter dem freien Himmel. Ich kann nichts verstehen, und so lese ich den Text: »Herr Jesu, Gnadensonne, wahrhaftes Lebenslicht, lass Leben, Licht und Wonne mein blödes Angesicht nach deiner Gnad erfreuen und meinen Geist erneuen; mein Gott, versag mir's nicht ...« Leider spricht Gott wieder nicht zu mir, und ich habe das ungute Gefühl, mich hier aufzudrängen. Ich schaue Juliette an, aber sie sieht mich nicht an, sie betrachtet all die Leute um uns herum, beobachtet sie still und ruhig, ohne einen Ton zu sagen.

»Sollen wir gehen?«, frage ich sie.

»Von mir aus«, sagt sie, und dann schaut sie mir in die Augen und lächelt. Ich nehme sie bei der Hand, und wir spazieren durch den Park davon, während die Stimmen der Gemeinde hinter uns verwehen, in den weiten freien Himmel emporschweben, in die Wolken und das Blau, wo der Staub wirbelt und die Stille bis ans Ende von allem reicht, wo die Toten warten und im Pochen unserer Herzen zu uns sprechen.

Wenn ich nun träum, ich hätte dich, dann hab ich dich,
denn alle unsere Wonnen sind nur Phantasie.
John Donne: *The Elegies*, Elegy 10 »The Dream«

Dienstag, 20. Juni

> Alles, was ich tun kann, ist die Wahrheit sagen. Nein, so ist es nicht – ich hab es falsch gesagt. Es gibt gar keine Wahrheit, die nach dem Weg durch das Bewusstsein nicht trügen würde. Doch trotzdem läuft man ihr immer hinterher.
>
> Jacques Lacan: Vorwort zu
> *Die vier Grundbegriffe der Psychoanalyse*

Heute ist mein Geburtstag. Ich bin 1961 in der Wohnung meiner Eltern in Hampstead geboren worden. Da waren sie acht Monate verheiratet, und vor ihrer Heirat hatten sie sich nicht einmal drei Monate gekannt. Im Sommer vor meiner Geburt hatte meine Mutter meinen Vater zum ersten Mal gesehen, als er in einer Freilichtaufführung von Shakespeares *Sturm* den Ariel spielte. Er kam auf dem Wasser auf sie zugelaufen. (Später erzählte sie mir, dass es nur so aussah, als wäre er auf dem Wasser gelaufen; in Wahrheit wäre ein Laufsteg unter der Wasseroberfläche gewesen.) Da waren sie also, gerade 22 Jahre alt, und dann kam plötzlich ich, einen Monat zu früh, in einer unvorhergesehenen Steißgeburt mit den Füßen zuerst und hepatitisgelber Haut. Damals schrieb mein Vater Theaterstücke und war Schauspieler, was sicher nicht leicht war in einer kleinen Zweizimmerwohnung mit einem schreienden Baby. Ich habe ein Foto aus jener Zeit, auf dem er vor mir sitzt und mich, seine unerwartete Tochter, mit einem erstaunten Ausdruck in seinem jungenhaften Gesicht anschaut. Wir zogen für eine Weile aus London fort, als ich noch ein Baby war, und lebten in einem Mietshäuschen in der Mitte von Nirgendwo, wo er mehr Ruhe und Frieden hatte. Meine Mutter erzählte mir später, dass es dort draußen in der schlammigen Provinz sehr einsam gewesen sei und dass sie oft über dem Eimer mit meinen eingeweichtenWindeln geweint hätte, so sehr hätte sie sich fortgesehnt.

Meine früheste Erinnerung ist die an einen Flug nach Südafrika, auf den mich meine Mutter mitgenommen hatte, um ihre Eltern zu besuchen, die damals in Kapstadt wohnten. Sie war hochschwanger mit Ruth, ich muss also zwei gewesen sein. Nach unserer Ankunft gingen wir im Meer schwimmen, und hinterher versteckte ich mich im Haus meiner Großeltern in einem Kleiderschrank, während draußen eine Kirchenprozession vorbeizog. (Ich hatte als Kind immer ein Faible für Kleiderschränke, lange bevor ich C. S. Lewis' *Chroniken von Narnia* kannte; als ich seine Geschichten gelesen und erfahren hatte, dass die Freiheit gleich hinter der Rückwand eines Kleiderschrankes liegt, verbrachte ich sogar noch mehr Zeit in irgendwelchen Möbelstücken und suchte nach der Welt auf der anderen Seite.)

Nach meinen Erlebnissen mit Schrank und Meer wurde Ruth geboren. Meine Mutter verschwand für einen Tag im Krankenhaus und kehrte wieder heim. Ich ging nach oben, und da lag ein Baby in einem Bettchen im Schlafzimmer. Ich sagte meiner Mutter, dass ich ein Baby gefunden hätte, und sie sagte: »Ja, das ist deine neue Schwester.«

Obwohl Therapeuten mir jahrelang einzureden versucht haben, ich müsste doch eifersüchtig auf Ruth gewesen sein, kann ich mich nicht erinnern, je etwas anderes als Liebe für sie empfunden zu haben. Mein Baby, meine Schwester, mein Kamerad. Ruth und ich, ich und Ruth Arm in Arm gegen den Rest der Welt. Sie hatte lockiges, dunkles Haar und ein breites Lächeln. Wenn andere Leute da waren, gab sie sich immer besonders tapfer und brüllte die Fremden trotz ihrer Angst wie ein Löwe an. Ich wusste aber, dass sie sich genauso fürchtete wie ich, und das machte mich selbst mutig, um ihretwillen.

Wir zogen vom Land wieder nach London zurück; eines Tages lief Ruth im Park davon und fiel in einen See (vielleicht den gleichen See, über den mein Vater als Ariel geschritten war? So bewahre ich es jedenfalls gern in meiner Erinnerung). Eine alte

Dame sprang hinter ihr her, und meine Mutter musste beide retten. Wir gingen zu Fuß zu unserer Wohnung in der Marylebone High Street zurück, Ruth, meine wilde, süße Schwester, tropfnass zwischen uns.

Als ich sieben war, wurde meinem Vater eine Dozentenstelle an der Universität Oxford angeboten, und so zogen wir dorthin, erst wieder in eine Mietwohnung, dann in ein schmales, hohes Haus im Stadtteil Jericho. Ruth und ich schliefen unter dem Dach. Ich hatte oft Angst, dass jemand mitten in der Nacht die Treppe heraufkommen und uns holen würde, ein Geist, ein Bösewicht oder ein Mörder mit einem Messer, von dem Blut tropfte. Manchmal hatte ich Alpträume, in denen ich von dem Messerstecher verfolgt wurde und nicht schnell genug wegrennen konnte, sodass er mich immer schnappte und mir die Klinge in den Leib stach. Wenn ich dann aufwachte und nicht mehr schlafen konnte, blieb ich mit geschlossenen Augen liegen, überzeugt davon, dass die Geister oder der schwarze Mann mich nicht sehen würden, solange ich sie nicht sah.

Einmal kam ich von der Schule heim, und mein Vater wollte mich nicht ins Haus lassen. Er behauptete, ich sei ein von der katholischen Kirche gesandter antisemitischer Spion. Stattdessen ging ich spazieren und wartete, bis meine Mutter nach Hause kam. Am Ende unserer Straße war eine kleine Pforte, die in die Parkanlagen eines Oxford-Colleges führte. Dorthin ging ich gerne, versteckte mich hinter den Bäumen und beobachtete die Enten auf dem Teich. Es gab dort besondere Enten, die »Mandarinenten« hießen. Ich habe sie nirgendwo sonst je gesehen.

Nicht an diesem Tag, glaube ich, aber wenig später wurde mein Vater in die Nervenklinik eingewiesen und mit Elektroschocks behandelt. Er sollte eigentlich dort bleiben, kam jedoch trotzdem eines Abends heim, obwohl er es gar nicht durfte. Er schlug ein Fenster ein, und die Scherben waren mit Blut besudelt. Dabei schrie und weinte er gleichzeitig, und meine Mutter heulte. Ich versteckte mich mit Ruth in einem Winkel, wo er uns nicht finden konnte. In der Schule habe ich niemandem davon erzählt. Es war unser Geheimnis.

Ein andermal nach der Schule – mein Vater lebte schon nicht mehr bei uns und meine Mutter war nicht zu Hause –, rutschte Ruth aus und schlug mit dem Gesicht auf eine Stufe zur Küche im Souterrain. Ihr ganzes Gesicht war blutüberströmt, ich wusste, dass ich sie zum Krankenhaus bringen musste, und das tat ich auch (sicher nicht allein, jemand anders muss uns hingefahren haben). Sie musste über dem Auge genäht werden und hatte dort bis an ihr Lebensende eine kleine Narbe, die mich stets daran erinnerte, dass ich an jenem Tag nicht gut genug auf sie aufgepasst hatte.

Viele Jahre später – genauer gesagt, vor etwa drei Jahren – habe ich Ruth noch gesagt, dass ich alles Böse von ihr abwenden würde, dass ich sie nicht sterben lassen würde, weil ich sie so sehr liebte. Das war im Sommer, als die Tage lang waren, aber der Tumor in ihrer Brust hatte sich bereits auf Lunge und Leber ausgebreitet. Sie musste wieder zur Chemotherapie, wieder Gift in ihre Venen tropfen lassen, und ich saß dabei, hielt ihre Hand und musste mit ansehen, wie ihr das Blut aus dem Gesicht wich. Es nützte alles nichts. Sie starb.

Heute ist mein Geburtstag, ich bin schon wieder ein Jahr älter, obwohl meine Schwester tot ist.

Mittwoch, 21. Juni

Der längste Tag des Jahres; die kürzeste Mittsommernacht, in der jedem, der darauf wartet, etwas Magisches widerfahren müsste, in der der Himmel aufbrechen und etwas herausgeben müsste. (Als ich noch klein war und meine ersten Milch-

zähne verlor, wusste ich, dass es nicht die Zahnfee war, die nach Anbruch der Dunkelheit in mein Zimmer kam und mir insgeheim einen Sixpence mitbrachte, sondern Aslan: ein ersehnter und doch bedrohlicher Besucher, der Löwe, der Narnia regierte. Eine Fee war zu zart, um einen so weiten Weg zurückzulegen.)
Heute träume ich den Traum, der mich immer wieder verfolgt. Ich bin in unserem Haus – ein anderes Haus als das, in dem wir tatsächlich leben –, und während ich die Treppe zum obersten Stock hinaufsteige, weiß ich, dass irgendetwas oder irgendjemand auf mich wartet. Ein Zimmer ist da oben, das ich vorher noch nie gesehen habe, das renoviert werden müsste, eine Rumpelkammer, aber ich fürchte mich zu sehr hineinzugehen, weil ein Geist hinter der Tür lauert. Nicht Ruths Geist – nur ein böser Geist, der das Zimmer beherrscht, der unsichtbar und doch schrecklich ist, und obwohl er keinen Mucks von sich gibt, weiß ich, dass er da ist. Manchmal gehe ich in diesem wiederkehrenden Traum durch die Tür und entdecke, dass ein ganzer neuer Hausflügel dahinter ist mit einer Flucht unbewohnter Zimmer, von denen jedes gefährlicher ist als das vorhergehende. Einige der Zimmer sind mit verstaubten Möbelstücken vollgestellt, andere sind leer bis auf die totenstillen Geister. Am entlegensten Ende des Hauses – da, wo ich nie hingehe – wartet, wie ich sicher weiß, eine Irre auf mich oder vielleicht ein wahnsinniger Mann. Manchmal ist es auch ein verrücktes Kind, das in ein Turmzimmer eingeschlossen ist; die verrückte Person hat jedoch nichts mit mir zu tun, sie gehört nicht zu mir. Ich gehe auf keinen Fall dorthin.

Donnerstag, 22. Juni

Jesus sprach zu ihnen: Wahrlich, wahrlich, ich sage euch:
Wenn ihr nicht das Fleisch des Menschensohns eßt und sein
Blut trinkt, so habt ihr kein Leben in euch.
Wer mein Fleisch ißt und mein Blut trinkt, der hat das ewige
Leben, und ich werde ihn am Jüngsten Tage auferwecken.
Denn mein Fleisch ist die wahre Speise, und mein Blut ist der
wahre Trank.
Johannes 6, 53-55

Heute ist Fronleichnam, ein Festtag, der laut Schaukasten an unserer katholischen Kirche einer besonderen Feier des Abendmahls gewidmet ist, ein Tag zum Gedenken an das heiligste der Sakramente, das Sakrament des Leibes und Blutes Christi, der starb, um uns von unseren Sünden zu erlösen.
Manchmal beschleicht mich die Furcht, auch an Brustkrebs zu sterben, aber ich denke nicht allzu oft daran (nur ausgerechnet an diesem Morgen, was bestimmt blasphemisch, sündhaft und vollkommen unpassend ist am Fronleichnamstag, an dem die Heiligkeit, die die Erlösten umgibt, eigentlich aus dem Kirchenschiff hinaus in mein Haus schweben müsste und vielleicht zu den Sommerwolken empor; aber ich kann nichts dafür und Jesus im Grunde auch nicht).
Ich weiß, dass ich wahrscheinlich zu dem Personenkreis mit »hohem Risiko« zähle, wie die Genetiker sagen, aber andererseits kommt es mir so vor, als wäre Ruth schon für uns beide gestorben. Im medizinischen Fachjargon bin ich die »überlebende Schwester«. Selbst in einer Familie mit hohem Risiko muss jemand überleben. Einen Monat nach Ruths Tod hatte ich einen Knoten in meiner linken Brust – es war aber nichts, nur eine harmlose kleine Geschwulst, die dort in grotesker Sympathie oder Symmetrie völlig unnötigerweise gewachsen war.

Wo in unserem Blut ist der Code für Brustkrebs angelegt? Was hat den Krebs bei Ruth ausgelöst, bei mir jedoch nicht? Warum teilen wir dieses Geheimnis nicht?
Es muss etwa um diese Jahreszeit gewesen sein vor drei Jahren, als ich sie zu einem anderen Londoner Krankenhaus brachte, wo sie eine zweite Meinung zu der Diagnose »unheilbar« einholen sollte. Der Morgen draußen war sommerlich klar, doch die Fenster des Wartezimmers schirmten uns von der Außenwelt ab, während wir auf einen berühmten Professor der Onkologie warteten. Als wir schließlich in sein Sprechzimmer geführt wurden, schien er irgendwie peinlich berührt zu sein, uns zu sehen, als hätte das Sterben dort keinen Platz. Er sprach von der Chaostheorie, von den Mustern erblicher Krebsformen in der jüdischen Bevölkerungsgruppe und von den mathematischen Modellen dieser anscheinend zufällig auftretenden Krankheit, aber Hoffnung konnte er uns nicht machen. Hinterher sagte Ruth: »Bisher habe ich immer gedacht: ›Warum ich?‹ Jetzt denke ich: ›Warum nicht?‹«
»Aber warum nicht *ich*?«, dachte ich, ohne es laut zu sagen. Damals begann ich, wohlweislich manches geheim zu halten vor der Schwester, der ich sonst immer alles erzählt hatte. Manchmal fehlten mir einfach die Worte. Ich hatte das Gefühl, als suchte ich die Lösung für ein Puzzle – und der Schlüssel dazu läge vielleicht in unserem Fleisch und Blut oder in einer dunklen Vergangenheit –, aber inzwischen denke ich, dass immer noch Teile des Puzzles fehlen und dass es, wenn ich sie finden würde, trotzdem nichts nützen würde. Die Lösung – die Wahrheit, nach der ich suche – ist die, dass Ruths Tod ein Mysterium ist. So einfach ist das.
Aber ich habe deshalb meine Suche, die mich in Kreisen an meinen Ausgangspunkt zurückführt, nicht etwa aufgegeben. Vielleicht tue ich das auch für uns beide.

Samstag, 24. Juni

»Werde ich jemals die Geschichte noch einmal lesen dürfen, die, an welche ich mich nicht mehr erinnern kann? Wirst du sie mir erzählen, Aslan? O bitte, bitte, bitte.«
C. S. Lewis: »Das Buch des Zauberers«
aus *Die Reise auf der Morgenröte*

Ich habe einen Telefontermin mit Rita Rogers, die wegen ihrer Lesungen für die mit ihr befreundete Prinzessin Diana und ihrer Zusammenarbeit mit der Polizei bei Mordfällen wohl das bekannteste Medium in diesem Land ist. Sie hat sich bereit erklärt, heute Nachmittag mit mir zu reden (wir haben eine gemeinsame Bekannte), obwohl die Wartezeit für einen Termin bei ihr normalerweise weit über zwei Jahre beträgt (und sie mittlerweile bestrebt ist, etwas weniger zu arbeiten). Sie hat mir einen Zeitpunkt genannt, an dem ich sie zu Hause in Derbyshire anrufen soll; die Leitung ist besetzt, als ich den ersten Versuch mache, aber ich drücke so lange auf die Wahlwiederholungstaste, bis sie endlich den Hörer abhebt.

Rita sagt, dass sie meinen Familiennamen nicht kennt und ihn auch gar nicht wissen will: »Ich habe nicht viel für Namen und solche Dinge übrig, ich will nicht zu viele Informationen über Sie haben.« Irgendetwas habe ihr gesagt, dass sie mit mir eine Lesung halten müsse, meint sie. »Ich bekomme fünfzig Briefe pro Tag von Menschen, die eine Lesung haben wollen. Wenn ich jeden Termin wahrnehmen würde, um den ich gebeten werde, wäre ich zehn Jahre im Voraus ausgebucht. Aber ich wusste, dass ich mit *Ihnen* sprechen musste.«

Etwa zwanzig Minuten lang plaudert sie nur mit mir. »Ich habe schon mit Geistern gesprochen, als ich vier Jahre alt war«, sagt sie, »und nächstes Jahr werde ich sechzig. Aber schon als Vierjährige wusste ich, dass die Menschen nicht sterben – ich hasse das Wort *sterben* –, die Menschen gehen hinüber.« Sie hat die Gabe von ihrer rumänischen Großmutter geerbt. »Sie liegt uns im Blut«, sagt sie. Dann erzählt sie mir ein wenig von Diana. »Sie sagte immer: ›Warum bringt meine Gegenwart den Leuten Unglück?‹ Di war der Meinung, sie sei eine Hiobsbotin.«

»Ich kenne das Gefühl«, sage ich, lasse mich aber nicht weiter darüber aus.

»Als sie zu mir ins Haus kam, war es wie bei der Königstochter und dem Bettler«, erzählt Rita. »Aber sie hat sich nie aufgespielt. Sie war mit Kaffee und Bananen vollauf zufrieden – die mochte sie nämlich besonders gern, müssen Sie wissen.«

»Haben Sie ihren Tod vorausgesehen?«, frage ich (ohne ihr zu erzählen, dass Ruth, als Diana drei Wochen vor ihr starb, zu mir sagte: »Die Nächste bin ich.«).

»Di hat mich kurz vor ihrem Tod mit Dodi zusammen mit dem Hubschrauber besucht«, sagt Rita. »Er wollte eine Lesung von mir, und ich muss sagen, dass mir nie so eisig kalt war wie bei dieser Sitzung mit Dodi. Er saß auf dem Sofa, beide Hände hinter dem Kopf verschränkt. Er war ein Mensch, der nicht viel Worte machte, das war Dodi. Plötzlich empfing ich den Geist seiner Mutter, und die Mutter gab eine Warnung durch. Ich sagte: ›Nimm immer deinen eigenen Fahrer, Dodi.‹ Ich erwähnte auch einen Tunnel, Wasser und Frankreich – und bat ihn, all das zu vermeiden, weil ich wusste, dass es einen schrecklichen Unfall geben würde. Er dachte, ich meinte den Tunnel von Frankreich zur Schweiz. Gewarnt habe ich ihn also – aber ich sollte ihn wohl nicht davor bewahren.«

Sie seufzt ins Telefon, ein leiser Seufzer, hundert Meilen weit entfernt. »Am Tag bevor sie starb, rief Di mich nachmittags um vier aus Paris an. Ich sagte: ›Di, komm jetzt nach Hause.‹ Sie sagte: ›Ach, Rita, ich kann nicht.‹ Ich sagte: ›Ich wünschte, du würdest nach Hause kommen, Di.‹ Und wie sehr ich das wünschte, wie sehr. Aber was geschehen soll, geschieht. Ich spüre, dass sie jetzt glücklich ist, und nur darauf kommt es an.«

Dann sagt sie in dem gleichen Plauderton: »Ich sehe da einen Herrn und eine Dame auf der Seite Ihrer Mutter. Die Dame heißt Patricia und der Herr Frederick, sie hatten Vorfahren katholischen Glaubens.«

»Meine Großeltern hießen Patricia und Frederick«, sage ich.

»Ich weiß, meine Liebe«, sagt sie. »Das haben die beiden mir bereits erzählt. Und jetzt kommt ein Anfangsbuchstabe, ein R ... Ruth. Sie ist bei Ihren Großeltern. Sie sagt, dass sie wunderschönes lockiges Haar hatte, das ausgegangen ist, als sie an Krebs erkrankte. Sie will, dass Sie erfahren, dass es wieder nachgewachsen ist, und sie sendet allen ihre Liebe ... Sie ist nah bei Ihnen. Sie hat Ihnen öfters ins Gesicht gehaucht, damit Sie merken, dass sie da ist. Und sie flattert dauernd um ihre Kinder herum. Sie liebt die Kinder über alles. Sie lässt Ihnen sagen, Sie sollen darauf achten, dass sie gutes Schuhe tragen.«

Jetzt ist Rita in Schwung gekommen und spricht ununterbrochen, ohne meine Antworten abzuwarten. Sie redet und redet, ein sanfter, beruhigender Monolog. »Ihre Schwester Ruth schreibt gern Geschichten«, sagt sie. »Sie liest den Geisterkindern Geschichten vor. Und sie sagt, Sie hätten immer treu zu ihr gehalten. Sie möchte Sie wissen lassen, dass sie sich sehr vor dem Sterben gefürchtet hat, aber jetzt ist alles gut. Und Michael, wer ist Michael? O ja, sie sagt, das ist Ihr Vater. Er hat einen sehr unruhigen Geist, steht immer unter Strom. Zwischen euch Mädchen und ihm gab es eine gewisse Entfremdung– Ihre Eltern sind geschieden, sie sind keine Seelenverwandten, nicht wahr? –, aber Ruth hält jetzt ein Auge auf ihn. Sie sagt, Sie und Ihr Vater müssten Frieden miteinander schließen. Er wird schließlich nicht ewig leben, wissen Sie ... Eines Tages wird er sich davonmachen.«

Ich höre ihr zu, bis sie eine Pause macht, als horche sie auf jemanden, den ich nicht hören kann. »Jetzt ist noch eine andere Dame hier für Sie«, sagt sie. »Sie heißt Kimberley, und sie sagt, dass ihre Tochter Juliette gerade bei Ihnen im Haus ist.«

»Stimmt«, sage ich und muss schlucken, denn Juliette spielt tatsächlich oben mit meinen Kindern.
»Also diese Dame Kimberley sagt danke schön. Sie war völlig am Boden, bevor sie hinübergegangen ist – in ein tieferes Loch kann man wohl kaum fallen. Aber jetzt ist sie im Licht, und alles ist wunderbar. O je, jetzt reden sie beide auf einmal, die zwei, Kimberley und Ruth, sie haben Ihnen beide so unendlich viel zu sagen. Auch Ihre Großmutter Patricia. Sie sagt, ihr ältester Sohn, Ihr Onkel, hieße Richard. Er ist der gute Katholik. Und dann war da noch ihre Mama und deren Zwillingsbruder, dessen Name mit T anfängt ... ach ja, Timothy.«
Namen über Namen fallen – von Lebenden und Toten –, eine leise heruntergebetete Familienchronik. Daran ist nichts Weltbewegendes, außer vielleicht der Tatsache, dass die meisten dieser Menschen offenbar über die Telefonleitung von Derbyshire aus ihren Gräbern auferstanden sind. (Oder kann sie vielleicht Gedanken lesen? Spricht sie das aus, was ich ungesagt lasse, das, was ich nicht laut herausbringe?) Ich weiß nicht, was ich sagen soll. Ich weiß auch nicht, wem ich es sagen soll. (Soll ich mit Ruth sprechen, als sei Rita gar nicht da, oder umgekehrt?)
Als es für Rita Zeit wird, das Gespräch zu beenden, sagt sie: »Wenn sie alle tot und vergangen sind, mit wem spreche ich dann hier? Ich führe bestimmt keine Selbstgespräche, so viel ist gewiss.«
»Ich danke Ihnen sehr«, sage ich.
»Schon gut, meine Liebe«, sagt sie. »Auf Wiederhören.«
Ich lege den Hörer auf. Ich begreife nicht, wie ein Telefon funktioniert – wie auf mechanischem Wege zwei Stimmen über so viele Meilen hinweg miteinander verbunden werden. Das andere verstehe ich noch weniger. Als ich später einem Freund von diesem Erlebnis berichte, sagt er, Rita hätte sich doch all diese Informationen aus dem Internet holen können, aber wahrscheinlich hätte sie einfach schon einmal etwas über Ruth gelesen. Ich sage

ihm, dass sie meinen Nachnamen gar nicht wusste. »Das glaubst *du*«, meint er vielsagend.
»Jedenfalls sind die Namen meiner Großeltern auf keiner Website zu finden, und niemand wusste, dass Juliette während der Lesung gerade bei uns im Haus war«, sage ich. »Dann müsste es versteckte Kameras und Spitzel auf unserer Straße geben. Offen gestanden finde ich, dass solche Verschwörungstheorien mindestens genauso abwegig sind wie die Tatsache, dass Rita Rogers mit Toten sprechen kann.«
»Dann glaubst du also jetzt daran?«, fragt mein Freund erstaunt und etwas missbilligend.
»Ach, ich weiß nicht«, sage ich. »Ich wollte, ich könnte es. Ich wollte, Ruth würde direkt mit mir sprechen, ohne solche Umwege. Dann wäre alles viel leichter.«
»Die Stimme der Bekehrten«, sagt mein Freund. Einen Augenblick lang weiß ich nicht, ob er Ruth meint oder mich.

Donnerstag, 3. August

Ich sitze in unserem Haus in Norfolk, und es ist so still, dass ich hören kann, wie der Wasserhahn in der Küche tropft, das feuchte Holz im Kaminfeuer zischt und die Hündin im Schlaf seufzt. Mein jüngerer Sohn Tom schläft mit Juliette zusammen in einem Zimmer oben. Mein Mann Neill ist in London. Jamie, mein älterer Sohn, ist weit weg in Amerika bei Neills Mutter. Die Zwillinge Lola und Joe sind mit Matt und seiner Partnerin Anna ebenfalls in Amerika. Es ist fast Mitternacht. Ich bin der einzige Mensch, der wach ist in diesem Haus, vielleicht sogar der einzige weit und breit in diesem einsamen, nächtlichen Land ...
Ich muss plötzlich an Ruth denken. Sie nimmt mich physisch so vollkommen ein, dass ich spüre, wie Adrenalin in meinem Blut zu kreisen beginnt und es mir den Atem verschlägt, mir die Luft aus-

geht und ich hier in dieser Stille in Panik gerate. Ich schaue aus dem Fenster ins Dunkel draußen. Auf der Scheibe ist ein Handabdruck.

»Ruth?«, frage ich.

Keine Antwort.

»Ruth, um Gottes willen, was machst du?«

»Nichts«, sagt eine Stimme in meinem Kopf, aber ich weiß nicht, ob es ihre oder meine oder eine völlig fremde Stimme ist.

»Nichts?«, flüstere ich in die Stille. »Du musst doch irgendwas machen.«

»Ich verblasse schnell«, sagt die Stimme.

»Nicht für mich, absolut nicht«, erwidere ich.

»Lass mich doch«, sagt die Stimme. Mein Herz hämmert und hämmert. »Lass mich, lass mich ...«

Ich schließe die Augen und sehe, dass auch Ruth die Augen schließt, wie damals, als sie im Sterben lag, als sie nicht mehr richtig atmen konnte, als sie mit der Sauerstoffmaske auf dem Gesicht nach Luft rang. Mein Nacken ist so kalt, als blase jemand darauf, als sei das geschlossene Fenster hinter mir aufgegangen. Ich fürchte mich. Ich sage laut: »Ich habe Angst.«

»Wovor?«, fragt die Stimme in meinem Kopf.

»Vor Ruth ... vor Ruths Abwesenheit«, antworte ich.

An der Zimmerdecke ist ein dunkler Fleck vom Rauch einer längst abgebrannten Kerze. Nur der Kerzenleuchter ist noch da. Ist das alles? Ist es das? Ich bin wieder da, wo ich angefangen habe, bei den Schatten, bei der Asche.

Dienstag, 15. August

Heute ist Mariä Himmelfahrt, der Tag, an dem die Jungfrau Maria in den Himmel aufgenommen wurde: nicht nur ihre Seele, sondern auch ihr Leib. Das weiß ich noch durch die Besuche der christadelphischen Sonntagsschule in meiner Kindheit.

Aber was ist damit eigentlich gemeint? Der tatsächliche Aufstieg in den Himmel oder nur die Annahme, dass so etwas dereinst stattgefunden hat? (Als ich zur Klärung dieser Frage meine Freundin Lola um Rat bitte, die streng katholische Patentante meiner nach ihr benannten Nichte Lola, erklärt sie mir: »An Mariä Himmelfahrt wird der Zeitpunkt gefeiert, an dem Maria leiblich gen Himmel auffuhr, an dem ihr Leib verklärt wurde.« Doch dann schickt mir Richard Garnett, der ältere Bruder meiner Mutter und ein gläubiger Katholik, eine E-Mail mit einer anders lautenden Erklärung:

Nach dem Katechismus der katholischen Kirche wird an diesem Tag das Dogma der Kirche gefeiert, dass Maria nach Vollendung ihres Erdenlebens mit Leib und Seele in die himmlische Herrlichkeit entrückt wurde, wo sie bereits teilhat an der glorreichen Auferstehung des Sohnes und so die Auferstehung aller Glieder seines Leibes (d. h. der Gemeinschaft der Gläubigen) vorwegnimmt.

Während ich diesen Satz lese, wird mir klar, dass ich noch nicht zu den Gläubigen gehöre und auch nicht auf dem Weg dazu bin, sondern auf höchst unbefriedigende Art hin und her schwanke. Könnte es das sein, was die Kirche unter einer verlorenen Seele versteht?)

Als ich am frühen Abend mit Tom auf dem Heimweg bin und wir gerade das Ende unserer Straße erreichen, sehe ich einen jungen Mann auf uns zukommen. Er trägt einen purpurroten Anorak, und Blut läuft ihm aus den Augen die Wangen hinab wie Tränen. In der Hand hat er ein Messer, von dem ebenfalls Blut tropft. Zwei andere Passanten gehen an ihm vorbei, und er schreit sie an und fuchtelt mit dem Messer herum. Sie rennen weg. All das passiert in wenigen Sekunden, vielleicht noch schneller. Ich frage mich, ob ich verrückt geworden bin – ob ich mir nicht ewas einbilde, denn wie kann es blutende Männer in Purpurrot in dieser netten kleinen Straße geben –, und dann ziehe ich Tom dicht an mich und verstecke mich mit ihm, wir kauern uns hinter die Hecke eines Nachbarn, damit uns der Mann nicht entdeckt, obwohl er wahrscheinlich sowieso nichts sehen kann durch die blutigen Tränen. Als er an uns vorbei ist, rennen wir die Straße entlang zu unserem Haus, und drinnen lege ich zur Sicherheit die Kette vor die Haustür.

»Mami, zieh auch die Vorhänge zu«, sagt Tom, der ganz bleich im Gesicht ist. »Der Mann guckt vielleicht durchs Fenster.« Ich ziehe die Vorhänge zu, und Tom klettert mir auf den Schoß. »Alles in Ordnung, mein Schatz«, sage ich. »Alles in Ordnung. Er kann uns nicht sehen.«

»Wir haben *ihn* gesehen«, sagt Tom.

»Ja, aber er hat uns nicht gesehen«, sage ich.

Blutstillung, Zauberspruch zum Blutstillen, aus einem Heilkundebuch von 1610: »There were three Maryes went over the floude; The one bid stande, the other stente bloude: Then bespake Mary that Jesus Christ bore, Defende gods forbod thou shouldest bleede anye more ...« (Drei Marien gingen über die Flut, die eine blieb stehen, die andere stillte Blut. Da sprach Maria, die Christus gebar: Dein Blut sei gestillt, helf Gott immerdar.)
Iona Opie und Moira Tatem:
A Dictionary of Superstitions

Sonntag, 20. August

Lolas und Joes fünfter Geburtstag. Sie sind noch immer in Amerika. (Ruth hat sich kurz vor ihrem Tod – gleich nach dem zweiten Geburtstag der Zwillinge – in ihrer beschwingten, großzügigen Schrift, die aber wegen des Hirntumors nicht mehr so sicher war wie früher, eine Notiz gemacht. »ZIELPUNKTE«, schrieb sie, »Lolas und Joes erster Schultag. Lolas und Joes fünfter Geburtstag.«)

An diesem Morgen träume ich im ersten Dämmerlicht des Morgengrauens, dass Ruth in einem leeren Zimmer im Bett liegt. Sie ist sehr still, sehr ruhig, sehr blass. »Ruth?«, sage ich. Sie antwortet nicht. Sie schläft, vielleicht ist sie dem Tode schon nahe.

»Ruth«, sage ich, »wenn es dir nicht so gut geht, brauchst du nicht nach Amerika zu reisen.«

»Mir geht es nicht so gut«, sagt sie.

Ich streichle ihr Gesicht, und da bemerke ich im Schatten neben ihrem Bett eine Frau. Ich sehe nur ihren nackten Rücken – und dann ihre Hand. Sie hält eine Tablette – eine Tablette, die meine Schwester töten wird. Ich schlage der Frau die Tablette aus der Hand und stoße sie weg.

Dann ist in meinem Traum Ruth verschwunden, aber dafür steht meine Mutter in dem leeren Zimmer. Sie hat einen Brief von Ruth in der Hand. »Ruth ist in Amerika«, sagt meine Mutter. »Sie hat einen Hirntumor, aber sie lebt noch, obwohl sie von uns allen – von dir, von mir, von Lola und Joe – nichts mehr weiß. Sie hat ein neues Leben begonnen.«

Danach träume ich, dass ich in einem Flugzeug sitze. Ich weiß nicht, wohin die Reise geht. Das Atmen fällt mir schwer. Ich brauche Sauerstoff. Jemand ist neben mir. Ich kann ihr Gesicht nicht sehen. Sie glaubt, dass sie Durst hat – wir haben beide Durst, aber ich weiß, dass wir kein Wasser brauchen, sondern Sauerstoff. Wir keuchen, bekommen keine Luft mehr, und die junge Frau neben mir, deren Gesicht ich nicht sehen kann, greift nach einem Glas Wasser, sie trinkt es aus, aber es ist das falsche Glas, und sie stirbt daran wie an einem Schluck Gift. Die Leute schauen zu und lachen, ohne ihr zu helfen, und ich kann ihr nicht beistehen, denn ich ringe nach Luft und bin ebenfalls dem Tode nahe. Per Zufall greife ich nach dem richtigen Gegenstand – dem Gegenstand, der mich retten wird –, einer Sauerstoffmaske wie Ruth sie aufhatte, als sie im Sterben lag (die sie allerdings

nicht gerettet hat). Ich setze die Maske aufs Gesicht und bleibe am Leben. Ich lebe. Ich bin die Überlebende.
Ich wache auf und ringe noch immer nach Luft. Es ist Lolas und Joes fünfter Geburtstag. Ich lebe noch, aber meine Schwester ist nicht mehr. Ich hole aus der Nachttischschublade eine Schachtel Tabletten. Ich nehme eine Prozac ein – nur eine, das genügt – und spüle sie mit einem Glas Wasser hinunter.

Samstag, 26. August

Ich fahre mit den Kindern für die Ferien nach St. Ives in Cornwall. Neill bleibt zu Hause, er muss arbeiten. Ich komme zum ersten Mal seit meiner Kindheit wieder in diesen Ort; damals sind wir zu Ostern mit meiner christadelphischen Freundin, ihrem Vater, dem Arzt, und anderen Mitgliedern ihrer gebildeten Familie dorthin gefahren. Im Zug heute rufe ich mir die Erinnerung an diesen Aufenthalt, an die ich bisher nicht gerührt habe, ins Gedächtnis zurück. Lange Zeit wurde mir immer heiß und übel, wenn ich mich zu erinnern versuchte, sodass ich es lieber unterließ. Jetzt erscheint es mir jedoch nur noch seltsam und sehr fern. Es war damals kalt. Wir wohnten in einem kalten Haus, aber mein Vater redete sich in heißen Zorn. Alle seien Antisemiten, sagte er. Juden wie ihn sähen sie am liebsten tot. Und wir seien Hexen, sagte er, meine Mutter, Ruth und ich seien böse katholische Hexen, die in die böse katholische Familie meiner Mutter hineingeboren worden wären. Nachts konnte er nicht schlafen und hinderte auch uns am Schlafen. Tagsüber sah er überall auf der Straße Menschen, die ihn angeblich umbringen wollten. Jeder in roter Kleidung war ein Feind, abgesandt, ihn zu vernichten. Nichts anderes ist mir von jener Ferienreise in Erinnerung geblieben. Es kommt mir so merkwürdig vor, dass es überhaupt je so gewesen sein soll.

Jetzt, dreißig Jahre später, bin ich fest entschlossen, die Ferien unbeschwert zu genießen, aber das ist gar nicht so einfach. So lange die Sonne scheint und ich auf die Kinder aufpasse, während sie im Meer schwimmen, fühle ich mich relativ wohl. Es geht mir ganz gut. Doch kaum regnet es, sodass sich das Meer grau färbt und das kleine Landhaus, in dem wir wohnen, kalt, feucht und zugig wird und ein unangenehmer, fauliger Geruch aus den Abflussrohren dringt, lächele ich die Kinder zwar an, aber sie wissen, dass mich etwas in die falsche Richtung zieht.

»Dad fehlt mir«, sagt Jamie am fünften Tag, als es draußen aus dem Gewitterhimmel nur so schüttet und in der Wettervorhersage von Sturm die Rede ist. »Können wir jetzt wieder nach Hause fahren?«, fragt Tom.

»Jetzt noch nicht«, sage ich und lächele weiter. »Ich weiß etwas: Wir gehen ins Museum und schauen uns die Gemälde an. Das macht Spaß.«

Sie blicken mich zweifelnd an, folgen mir aber den Hügel hinunter quer über den Friedhof mit Blick auf den Strand von Porthmeor. »Kommen hier nachts Zombies raus?«, fragt Tom.

»Nein«, erwidere ich.

»Es ist gruselig«, sagt er, und Jamie starrt die Grabsteine im Regen an.

»Überhaupt nicht«, sage ich. »Friedhöfe sind freundliche Orte.«

Am Fuß des Hügels liegt die Tate Gallery. »Die gab's hier noch nicht, als ich ein kleines Mädchen war«, erkläre ich, während wir hineingehen. Drinnen herrscht großes Gedränge, weil sich viele Leute vor dem Regen hierher geflüchtet haben, aber ich will den Kindern die Bilder von Alfred Wallis zeigen, dessen St. Ives genauso grau und düster ist wie meins. Er hat seine kleinen Boote weit ins kohlschwarze Meer hinausgeworfen, über den Friedhof hinweg, den wir eben überquert haben, und an der St.-Nicholas-Kapelle vorbei, die den Seeleuten im Sturm keine Rettung bringen kann. (In einer Anmerkung des Kurators neben dem Gemälde heißt es, dass Wallis' Zeitgenossen ihn als finsteren, verschlossenen Menschen beschrieben haben, der aggressiv war und von Stimmen in seinem Kopf gequält wurde. Nachdem seine Frau gestorben war, betrat er das obere Stockwerk seines Hauses nie mehr, sondern lebte, schlief und malte in einem Raum im Untergeschoss. In den Dreißigerjahren begann er eine weibliche Stimme in seinem Kopf zu hören –»Douty Mighty« –, die ihn wegen seiner Sünden schalt. Manchmal blieb er die ganze Nacht lang wach und stritt sich mit dieser Stimme und anderen Geistern; am Tage versuchte er dann innerlich zur Ruhe zu kommen, indem er den Schornstein – durch den die Geister eindrangen – von etwas säuberte, das er »Drähte« nannte.)

Hinterher kaufe ich den Kindern ein Eis und mir ein halbes Dutzend Wallis-Postkarten. Später blättere ich sie durch in der unbestimmten Hoffnung, Gründe dafür zu finden, warum ich noch einmal nach St. Ives gekommen bin oder warum mein Vater hier verrückt geworden ist, obwohl mir klar ist, dass meine Suche nach Antworten an diesem Ort womöglich ein Anzeichen meiner eigenen Verrücktheit ist; ich weiß ohnehin nicht, ob mir das, was ich finde, weiterhilft oder ob es mich nur auf eine falsche Fährte führt.

Samstag, 16. September

Einen Tag nach Jamies elftem Geburtstag. Heute Nachmittag ist seine Party. Am Morgen, als ich gerade abwasche, steht Tom in seinem Pokémon-Schlafanzug auf Jamies Geburtstagsgeschenk, einem Skateboard, in der Küche neben mir und lutscht ein Loveheart-Bonbon.

»Im Himmel gibt es Schaukeln«, sagt er, undeutlich, weil er sein Bonbon lutscht.

»Was?«, sage ich verwirrt.

»Ich sagte: Im – Him – mel – gibt – es – Schau – keln«, wiederholt er betont laut und langsam, als sei ich ein Volltrottel.
»Und meinst du, dass es im Himmel auch Fahrräder gibt?«, frage ich.
»Nein, natürlich nicht«, sagt er. »Fahrräder würden doch durch die Wolken fallen.«
»Und Schaukeln?«, sage ich.
»Schaukeln gehen«, sagt er.
»Woher weißt du das?«, frage ich ihn, voller Sorge, dass ihn meine Todesbesessenheit negativ beeinflusst haben könnte.
»Von Angus natürlich«, sagt er. Angus ist sein bester Freund. Ich beuge mich zu Tom, um ihm einen Kuss zu geben, aber er hat immer noch seine Süßigkeit im Mund und streckt die Zunge heraus, um es mir zu zeigen. Auf dem Loveheart-Bonbon steht »Triff mich«. Ich überlege, ob ich das als ein Zeichen von Ruth betrachten soll, obwohl mir klar ist, dass ich mich dadurch möglicherweise auf noch gefährlicheres Terrain begebe. (Mein imaginärer Therapeut lässt durchblicken, dass die Entdeckung von Botschaften auf Konfekt ein erstes Anzeichen von Schizophrenie ist ...)

Freitag, 22. September

Nachts um halb eins. Vor drei Jahren um diese Zeit war Ruth schon fast tot. »Nicht tot«, sagt die Stimme in meinem Kopf, »nur verwandelt.«
»Nein, nicht tot«, pflichte ich bei und starre in die Flamme der Kerze, die ich heute Nacht für meine Schwester angezündet habe. Sie flackert nicht, sondern brennt ganz hell.
»*Oh my darling, oh my darling, oh my darling Clementine, thou art lost and gone for ever, dreadful sorry, Clementine*«, singt Ruths Stimme in meinem Kopf, ein Lied, das sie als Kind immer

gesungen hat; ein Lied, das sie meinen Kindern und später ihren eigenen vorgesungen hat, selbst als sie zu schwach war, um sie auf den Arm zu nehmen. (Ich kann mich nicht mehr an alle Strophen erinnern, nur noch an einzelne Bruchstücke, aber die gehen mir unentwegt im Kopf herum: »In der Höhle eines Canyons, schürfend hier in einer Mine, haust' ein Bergmann um die fünfzig mit der Tochter Clementine. *Oh my darling, oh my darling, oh my darling Clementine, but I kissed her little sister, and forgot my Clementine ...*«)

Ein paar Monate, bevor sie starb, lag sie mit mir zusammen auf diesem Bett – demselben, auf dem ich jetzt allein liege. Sie kann heute nicht weit von mir weg sein. Sie muss ganz nahe sein. Ich höre ... die Uhr, bloß die Uhr. Ich schalte das Licht aus. Der Kerzenschein erfüllt das Zimmer.

Ich schlafe ein und träume, dass ich die Telefonnummer meiner Schwester bekommen habe und sie jetzt, jetzt gleich dort anrufen kann. Ich schreibe die Nummer auf, und als ich erwache, bin ich sicher, dass sie neben dem Bett liegt. Ich schaue nach, kann aber nichts finden. Es ist noch dunkel, und so knipse ich die Nachttischlampe an, aber es ist nichts da. »Was ist?«, fragt Neill schläfrig.

»Nichts«, erwidere ich.

Montag, 2. Oktober

Judith Chisholm gibt eine Party. Ich bin eingeladen, mit all ihren anderen Freunden, von denen die meisten etwas mit EVP oder ähnlichen parapsychologischen Phänomenen zu tun haben. Heute kommt mir ihr Haus heller vor als bei meinem ersten Besuch, und Judith strahlt; ihr Gemütszustand hat sich gebessert.

Im Wohnzimmer werde ich zuerst Mike vorgestellt, einem geschiedenen Ingenieur der British Telecom. Er wohnt mit seiner

Tochter und einer Schlange, die mit tiefgefrorenen Mäusen gefüttert wird, in Dagenham. (»Wir tauen die Mäuse natürlich erst auf«, sagt Mike, der Wert auf Genauigkeit legt.) Ebenso wie Judith verbringt Mike viel Zeit damit, Experimente mit Tonbandstimmen durchzuführen, erzielt jedoch im Gegensatz zu ihr die besten Ergebnisse, wenn er seine Bänder rückwärts abspielt. Er versucht mir zu erklären, warum das so ist, aber da ich seinen wissenschaftlichen Erörterungen nicht recht folgen kann, setze ich mich und höre einfach nur zu, wie er das Tonbandstimmen-Phänomen mit Judiths Sohn Vic diskutiert, der als Elektriker gut mitreden kann. »Der Punkt ist der, dass die Geisterstimmen Hintergrundgeräusche brauchen, um durchzukommen«, sagt Mike. Die beiden erzählen mir von Dr. Konstantin Raudive, einem lettischen Psychologen und ehemaligen Schüler C. G. Jungs, der in den 1950er und 1960er Jahren Tausende von »Geisterstimmen« im Rauschen eines Radios aufgenommen hat, das nicht scharf auf einen Sender eingestellt war. Dann reden sie von dem Wissenschaftler Nikola Tesla, der um die Jahrhundertwende einen Transformator zur Erzeugung hochfrequenter Wechselströme erfunden hat. »Er war auf der richtigen Spur«, sagt Mike, »er arbeitete in Richtung EVP.«

»Es hat alles etwas mit Magnetismus zu tun«, erwidert Vic.

»Mit Ultraschallempfängern«, sagt Mike.

»Glauben Sie, dass Geister Fahrrad fahren?«, frage ich, als eine kurze Gesprächspause eintritt. Sie schauen mich an, als sei ich nicht ganz richtig im Kopf. Daraufhin entschuldige ich mich und schließe mich einer anderen Gruppe an: Judiths Freundin Andrea, deren Mutter, eine Zeugin Jehovas, Andreas amerikanischer Freund Scott, ein ehemaliger FBI-Agent, der vor kurzem nach London gezogen ist, um näher bei ihr zu sein, und John, früher Gefängniswärter in Strangeways und heute Herausgeber der *Psychic World* und Autor des Buches *Psychic Pets*. »Ich sehe seit meiner Kindheit Geister«, erzählt John, »aber meine Eltern

hatten mir verboten, je darüber zu sprechen. Also habe ich geschwiegen – und bin dadurch krank geworden.«
Andreas Mutter hingegen sagt, sie sei der gleichen Meinung wie Johns Eltern; man sollte sich von diesen Dingen fern halten. »Spiritismus ist Teufelswerk«, erklärt sie, und eine etwas peinliche Stille tritt ein. In diesem Augenblick gesellen sich zwei weitere Gäste zu uns: Joe, der an Elfen glaubt, und Desmond, ein sehr lebhaftes Medium aus Belsize Park. Desmond gibt eigens für mich eine Vorstellung im automatischen Schreiben, wobei er ein Notizbuch auf Armeslänge von sich entfernt hält und, den Kopf in die Gegenrichtung gedreht, etwas Unleserliches hineinkritzelt. »Sehen Sie?«, sagt er. »Ja«, sage ich, und da mir unklar ist, was ich eigentlich sehen soll, frage ich Desmond lieber, ob Geister vielleicht Fahrrad fahren, aber er weiß es auch nicht. »Auf jeden Fall können sie Musikinstrumente spielen«, sagt er und erzählt mir, dass er vergangene Nacht den Geist von Ivor Novello in seiner Wohnung hatte, der mit unsichtbaren Händen jungen Männern das Gesäß tätschelte und Desmonds Klavier leichte Cocktailmelodien entlockte.
Um 23.30 Uhr ist die Party immer noch schwungvoll im Gange, und alle sind ungemein fröhlich, selbst Andreas Mutter, die Zeugin Jehovas. »Sie wirken heute viel glücklicher als bei unserer ersten Begegnung«, sage ich zu Judith, bevor ich gehe.
»Vielleicht sind Sie es, die mich glücklich gemacht hat«, sagt sie, »weil Sie hierher gekommen sind, aufrichtiges Interesse gezeigt und an mich geglaubt haben und all das.«
Noch auf der Heimfahrt lächle ich, und als ich zu Hause bin, schalte ich meinen Computer ein und beschließe, aus einem Impuls heraus, Ruth eine E-Mail zu schicken. Ich schicke drei Stück: eine an Ruth@heaven.com, die zweite an Ruthie@heaven.com und die dritte an Ruthie@heaven.co.uk.
»Bist du da?«, tippe ich ein. »Du fehlst mir. Alles Liebe, Justine.«
Ich schicke die Nachricht ab und warte auf eine Antwort. Ständig

checke ich meine Mailbox, aber es wird immer später, und schließlich gehe ich ins Bett, obwohl ich so aufgedreht bin, dass ich wach bleibe. Nach ein paar schlaflosen Stunden stehe ich mitten in der Nacht auf und schalte den Computer wieder ein. Zwei Nachrichten warten auf mich. Ich öffne sie. Die erste lautet: »Name Service Error bei Domain Himmel: Host nicht gefunden.« Und die zweite: »Bei den folgenden Adressen sind vorübergehende, behebbare Fehler aufgetreten.«
Vielleicht finde ich die richtige Adresse, wenn ich weitersuche?

Freitag, 6. Oktober

Ich rufe meine Mutter an und frage sie, wie es meinem Vater geht. Es wäre ihr gutes Recht, mir zu sagen, ich solle ihn gefälligst selbst anrufen (sie sind schließlich nicht mehr verheiratet), aber sie tut es nicht. »Heute ist das Versöhnungsfest«, sagt sie, »darum nehme ich an, dass er in der Synagoge ist und um Vergebung seiner Sünden bittet, worin die auch bestehen mögen.« Ich äußere mich nicht dazu, und so fragt sie mich freundlich: »Und du, wie geht es dir?«
»Ich frage mich, ob Geister Fahrrad fahren«, sage ich.
»Ich weiß nicht, ob ich dir da weiterhelfen kann«, sagt sie, geduldig wie immer. »Aber ich träume häufig, dass ich mit dem Fahrrad einen Berg hinauffahre, mit dir hinten auf dem Gepäckträger, Ruth vorn im Körbchen und meinen Eltern vor mir auf der Rahmenstange. Es ist ein elender Kampf, ich versuche immer, es irgendwohin zu schaffen, komme jedoch nie an.« Sie hält kurz inne, dann fährt sie fort: »Du wirst dich vielleicht nicht mehr erinnern, aber du bist immer mit deinem Fahrrad draußen auf der Straße vor unserem Haus herumgefahren, als du noch sehr klein warst, immer im Kreis herum. Ruth war damals noch ein Baby.«

Samstag, 14. Oktober

... an welchem Ort der Erde wir auch sterben, es führt doch jeder individuelle Tunnel auf der Erde zu genau demselben Eingang im Jenseits. Dieser Eingang liegt in dem Quadranten, der geografisch der Westküste des nordamerikanischen Kontinents entspricht. Dort heißen unser Geistführer, Engel und andere liebe Menschen uns freudig in der Heimat willkommen.

Sylvia Browne: *Jenseits-Leben: Berichte eines Mediums aus der geistigen Welt*

Ruths Buch wird in Amerika veröffentlicht, und ich werde hinreisen: um in Ruths Namen zu sprechen und nicht zuletzt auch, um nach ihr zu suchen ... Ich habe inzwischen schließlich so oft geträumt, dass sie dort in der Neuen Welt ist und auf mich wartet. So fliege ich also nach New York (wo ich sie vielleicht finde). Außer den Terminen für Interviews, die ich an Ruths Stelle geben muss, habe ich noch zwei Privatverabredungen in Manhattan. Zum einen will ich eine sehr gefragte Gesangslehrerin aufsuchen; allerdings hoffe ich, dass sie mir mit Geistern aufwartet und nicht mit Broadway-Melodien, denn in ihrer Freizeit channelt sie Geisterstimmen. Wegen dieses Talents ist sie mir von einem Freund wärmstens empfohlen worden (von einem eher geschäftsmäßigen Menschen, bei dem man nie damit rechnen würde, dass er sich für Geister interessieren könnte; ich habe festgestellt, dass Personen, von denen man es nie erwarten würde, meine Obsession teilen, und alle aus gutem Grund). Den zweiten Termin habe ich mit einem Rechtsanwalt namens Dale E. Palmer vereinbart, der in Amerika eine Koryphäe in Sachen Tonbandstimmen-Phänomen ist. Wir haben einige vorsichtige E-Mails ausgetauscht (der amerikanische Verband von EVP-Forschern, dem er angehört, scheint seine Geheimnisse erheblich besser zu hüten als sein britisches Pendant). Wie sich herausgestellt hat, wird Mr. Palmer zur gleichen Zeit in New York sein wie ich, was irgendetwas zu bedeuten haben muss – eine glückliche Fügung vielleicht –, denn er lebt eigentlich in Indiana und reist nicht oft an die Ostküste. Ich setze große Hoffnungen in diese Begegnungen; aber zuerst einmal muss ich nach New York kommen, und das ist gar nicht so leicht.

Als ich mich von Neill und den Kindern verabschiede, habe ich Herzklopfen. Ich bin einer Panik nahe, versuche jedoch ruhig zu wirken. Sie setzen mich am Eingang zum U-Bahnhof ab, und mich befällt die Angst, wir würden uns vielleicht nie wiedersehen, obwohl das natürlich lächerlich ist. (Als Ruth sich in ihrer Sterbenacht von Lola, Joe und Matt verabschiedete, wusste sie da, dass es zum letzten Mal war, dass es der letzte Kuss, die letzte Berührung war? »Das ist nicht das Ende«, sagte ich zu ihr, als sie in die endgültige Bewusstlosigkeit sank, »du wirst auch weiterhin immer bei uns sein und wir bei dir, das verspreche ich dir.«)

Draußen regnet es; die Flüsse Südenglands sind über die Ufer getreten; das Wasser steigt, es ist im Begriff, ungeahnte Pegelstände zu erreichen, und ich lasse meine Kinder zurück. Ich muss verrückt sein; aber jetzt ist es zu spät zum Umkehren. Ich fliege nach Amerika. Auf jeden Fall.

Das Flugzeug hebt im Licht der untergehenden Herbstsonne ab, und ein paar Sekunden lang hebt sich auch mein Gemüt bei diesem Sonnenschein. Doch dann fliegen wir in eine graue Wolke hinein und ich sehe nichts mehr; ich höre auch nichts mehr, denn meine Ohren gehen mit einem Knacken zu. Ich kann auch Ruth nicht hören.

»Ruth?«, frage ich in die Stille hinein.

»Ja«, antwortet sie.

»Wo bist du?«

»Bei dir.« Die Stimme in meinem Kopf – ihre Stimme, meine Stimme, wer weiß, was für eine Stimme – fängt zu singen an. *»Oh my darling, oh my darling, oh my darling Clementine, Thou art lost and gone for ever, dreadful sorry, Clementine …«*

»Das tut mir nicht gerade gut«, sage ich.
»Ich bin weiter weg«, sagt sie. »Du bist weiter voraus.«
»Verlass mich nicht«, sage ich.
»Tue ich ja nicht«, sagt die Stimme in meinem Kopf. »Aber du musst allein weiterleben, ohne mich.«
»Das will ich nicht.«
»Weiß ich.«
»Was mache ich ohne Arthur Molinary? Er lässt dich mit mir sprechen.«
»Sprich selbst.«
»Das reicht nicht.«
»Das ist die einzige Möglichkeit ...«
Sie ist weg. Ich kann sie nicht mehr hören. Der Druck in der Kabine steigt (oder vielleicht fällt er auch; ich glaube, ich kann nicht mehr richtig denken). Ich suche nach meinen Kopfhörern – es läuft ein Film mit dem Titel *Frequency* (»Retter in Raum und Zeit«), den ich mir anschauen könnte; darin spielt Dennis Quaid einen Mann, der mit seinem alten Amateurfunkgerät die Stimme seines verstorbenen Vaters empfängt. Ich stelle den entsprechenden Kanal ein, höre jedoch nichts. Dann kommt eine Ansage: »Aufgrund atmosphärischer Störungen können wir den Film auf Kanal 2 nicht bringen.« Kanal 2 ist der Kanal, den ich gewählt habe. Kanal 2 ist der Geisterkanal. Ich kann mir den Film nicht anschauen, und meine Schwester wird nicht mit mir reden.
»Ich *rede* doch mit dir«, sagt sie giftig. »Du musst bloß zuhören, ja?«
»Ich höre zu«, sage ich.
»Eins, zwei, Papagei, drei, vier, Offizier.«
»Na toll«, sage ich. »Wirklich gut. Danke vielmals.«
»Quatsch mit Sauce«, sagt sie. »Blabla und Blödsinn. Reim dir selbst was zusammen.«
»Tue ich ja«, sage ich, »aber es bringt mich kein Stück weiter.«

Ich starre aus dem Fenster; wir fliegen nach Westen, nach Amerika. Am Rand des Himmel, da, wo wir hinfliegen, ist noch ein schwacher roter Widerschein der untergegangenen Sonne. Die Nacht bricht an, aber das Licht im Westen nimmt zu. Hier um uns herrscht Dunkelheit; vor uns ist das Tageslicht. Um Amerika zu erreichen, müssen wir rückwärts in der Zeit. Ich fliege dahin zurück, wo die Sonne im Westen untergeht.

Auf Kanal 2 wird ein anderer Film mit dem Titel *Feld der Träume* abgespielt. Darin wird Kevin Costner mit seinem verstorbenen Vater wiedervereinigt, und ein Team von Geistergestalten spielt auf dem Maisfeld vor seinem Farmhaus Baseball.

»Es ist so schön hier«, sagt einer der Geister. »Fast kommt es mir so vor, als sei ein Traum in Erfüllung gegangen. Darf ich dich etwas fragen? Ist ... ist das der Himmel?«

»Es ist Iowa«, sagt Costner.

»Iowa?«, sagt der Geist. »Ich hätte schwören können, dass es der Himmel ist.«

Sonntag, 15. Oktober

»Wir sind in der Realität schwach, darum sind die Helden der Märchen stark und unbesiegbar; wir sind durch Zeit und Raum in unserem Wissen beengt und gehemmt; darum lebt man im Märchen ewig, ist gleichzeitig an hundert Orten, sieht in die Zukunft und weiß die Vergangenheit. Schwere, Härte, Undurchdringlichkeit der Materie stellen sich uns jeden Augenblick hinderlich in den Weg: im Märchen aber hat der Mensch Flügel, seine Augen durchdringen die Wände, sein Zauberstab öffnet ihm alle Türen.«

Sandor Ferenczi: »Entwicklungsstufen des Wirklichkeitssinnes«
aus *Bausteine zur Psychoanalyse*

Für den Vormittag nach der Sendung im Frühstücksfernsehen, in der ich genau drei Minuten lang von Ruth sprechen durfte, hat der Verlag für mich die Teilnahme an einem Sponsoren-Marsch mit einer Gruppe junger Frauen arrangiert, die sich »Koalition der jungen Überlebenden« nennt und Spenden für die Brustkrebsforschung sammelt. Wir treffen uns im Central Park unter einem blauen Himmel voll rosaroter Ballons. Alle hier reden übers Leben, über Krebsbehandlungen und darüber, wie man die Krankheit besiegt. Es erscheint mir unhöflich, Tote zu erwähnen. (Als Ruth wusste, dass sich der Krebs von ihrer Brust auf Lunge und Leber ausgebreitet hatte, sagte sie einmal, sie fühle sich wie eine »Versagerin«. »Du kannst doch gar nichts dafür«, sagte ich. »Niemand hätte stärker dagegen ankämpfen können als du.« »Wenn irgendjemand noch mal was von ›positivem Denken‹ sagt, schlage ich zu«, erwiderte sie.)

Am Nachmittag nehme ich ein Taxi zur Upper West Side, zu einem Wohnblock in Flussnähe, wo ich Jenny, die Frau, die Stimmen channelt, treffen will, die Geisterspezialistin von New York. Sie hat krauses, kastanienbraunes Haar, das ihren Kopf umgibt wie ein Heiligenschein, sanfte braune Augen und das etwas müde Gesicht eines Botticelli-Engels, der sich urplötzlich in diese Stadt versetzt sieht. Cherubime und Seraphime aller Art (aus Gips, Plastik, Keramik und Stoff) schmücken ihr Musikzimmer, in das sie mich zur Channeling-Sitzung führt. Ihr normaler Job bestehe darin, Menschen zu lehren, »ihre Stimme zu finden«, sagt sie. In einem Regal gegenüber dem Sofa, auf dem ich sitze, stehen Bücher über die Schauspielkunst. (»Schauspieler sprechen über ihr Handwerk«, »Theaterproduktionen«, »Maskenbildnerei«) Spitzengardinen filtern das Laternenlicht von draußen. Den Tisch neben mir zieren grüne Farnwedel und ein großer Keramikfrosch. Auf der gegenüberliegenden Wand hängt ein Spruch: »Ich bin gekommen, um laut zu leben.«

Jeannie erklärt mir, dass sie einen Geisthelfer namens »Shiang« hat. Sie wird in Trance fallen, und dann wird Shiang durch sie sprechen und mir Rat und Weisung geben. Shiang spräche Englisch, sagt Jeannie, weil sie Englisch spricht. Wenn er in seiner Muttersprache reden würde – was immer das sein mag –, wäre sie nicht in der Lage, es mit ihrer Stimme wiederzugeben. Ich würde beim Channeling jedoch den Unterschied hören können, wenn Shiang spricht. »Mein Sprachmuster ändert sich, wenn er anwesend ist«, sagt sie. »Wir sagen *er*, wenn wir von Shiang sprechen, aber er könnte ebenso gut weiblich sein. Shiang berät sich auch mit anderen Helfern und Lehrern und gibt deren Gedanken weiter. Sie sind allerdings nicht besonders gut, was Einzelheiten wie Namen, Daten usw. betrifft. Der Zeitrahmen dieser Wesen ist enorm. Außerdem müssen sie ein unendlich vielfältig strukturiertes, multidimensionales Vorstellungsbild in lineare Sprache übertragen.«

Jeannie schließt die Augen und lehnt sich in ihrem Sessel zurück. Im Zimmer ist es still, bis auf ihren Atem und das Ticken der Uhr. Sie wiegt sich ein wenig hin und her, dann beginnt sie zu sprechen. Zuerst muss ich an mich halten, um nicht zu kichern – wie ein Kind in der Kirche oder bei einer Schulversammlung –, so überrascht mich ihre neue Stimme (die von Shiang). Sie (oder er) spricht Englisch, aber mit einem chinesischen Akzent, der für meine ungeschulten Ohren einen Beiklang von Brooklyn-Slang hat. »Hong Kong Pfui«, singt Ruths Stimme in meinem Kopf. »Sei still«, zische ich lautlos.

Shiang erzählt mir, dass Ruth in einem früheren Leben einmal Schiffskapitän war. Sie hätte gegen Piraten und Stürme angekämpft und sei über die Meere zu unerforschten Ländern gesegelt. In *noch* einem anderen Leben wären wir Schwestern im mittelalterlichen Europa gewesen; damals sei ich zuerst gestorben und hätte Ruth in Trauer um mich zurückgelassen. Jahrhundertelang hätten Ruth und ich einander immer geliebt. Auch jetzt, da sie im Reich der Geister lebe, liebe sie mich noch ebenso wie ich sie.

Es kommt noch mehr Zeug: vom Lernen, loszulassen und sich der

Strömung zu überlassen, etwas in dieser Art. Es ist zu hoch für mich, aber nett und freundlich. Dann beugt sich Jeannie vor und kommt aus der Trance. »Du liebe Güte, das war eine lange, lange Reise«, sagt sie und schüttelt ihre kastanienbraunen Locken. »Ich muss die Schwingungen der Wesen aufnehmen – ungeheure Energien, die sich in mein kleines Bewusstsein quetschen. Wenn Shiang schließlich geht, fühle ich einen Moment lang eine große Leere. Aber es ist nie auslaugend, es ist immer belebend. Es ist der Urquell aller Energie – wie ein erfrischender Gebirgsbach …« Jeannie gibt mir ein Buch, das mir ihrer Meinung nach weiterhelfen wird (Sylvia Brownes *Jenseits-Leben: Berichte eines Mediums aus der geistigen Welt*). Ich gebe ihr 120 Dollar, das Honorar, das sie für eine Sitzung verlangt.

Draußen ist es dunkel und regnerisch, ich nehme ein Taxi zurück zu meinem Hotel in der Innenstadt. Der Taxifahrer hört einen spanischen Radiosender. Als ich ihn anspreche, versteht er mich nicht; wir regeln unsere Transaktion mehr schlecht als recht durch Zeichensprache. Im Fahrstuhl meines Hotels unterhalten sich zwei Männer in einer Sprache, die Niederländisch sein könnte; ein dritter Mann blickt mich vielsagend an und einer seiner Mundwinkel zuckt. Ich weiß nicht recht, was er mir zu sagen versucht. Im vierzehnten Stock verirre ich mich und muss mir den Weg zum Aufzug zurücksuchen, um auf den Etagenplan zu schauen. Als ich mein Zimmer finde, passt der Schlüssel nicht, und bis ich endlich im Zimmer bin, ist es zu spät, Neill in London anzurufen. Er ist mir fünf Stunden voraus und schläft sicher schon. Ich lege mich ins Bett und starre an die Decke. »Dies ist der Turm zu Babel«, sage ich laut, aber niemand hört mir zu. Vielleicht neige ich einfach zum Dramatisieren. Schließlich bin ich aus freien Stücken hergekommen. Ich nehme eine Schlaftablette, stecke mir Stöpsel in die Ohren und ziehe die Steppdecke über den Kopf. Die Stadt ist sehr laut, selbst in der Nacht.

Es hatte aber alle Welt einerlei Zunge und Sprache.
Als sie nun nach Osten zogen, fanden sie eine Ebene im Lande Schinar
und wohnten daselbst.
Und sie sprachen untereinander: ... Wohlauf, laßt uns eine Stadt und einen
Turm bauen, dessen Spitze bis an den Himmel reiche, damit wir uns einen
Namen machen; denn wir werden sonst zerstreut in alle Länder.
Da fuhr der Herr hernieder, daß er sähe die Stadt und den Turm,
die die Menschenkinder bauten.
Und der Herr sprach: Siehe, es ist einerlei Volk und einerlei Sprache unter-
ihnen allen, und dies ist der Anfang ihres Tuns; nun wird ihnen nichts mehr
verwehrt werden können von allem, was sie sich vorgenommen haben.
Wohlauf, laßt uns herniederfahren und dort ihre Sprache verwirren,
daß keiner des anderen Sprache verstehe!
So zerstreute sie der Herr von dort in alle Länder, daß sie aufhören mußten,
die Stadt zu bauen.
Daher heißt ihr Name Babel, weil der Herr daselbst verwirrt hat
aller Länder Sprache und sie von dort zerstreut hat in alle Länder.

1. *Mose* 11, 1-9

Montag, 16. Oktober

Direkt hinter der Archivhalle, der Weisheitshalle und der Gerechtigkeitshalle erheben sich die Türme, zwei hohe identische Gebäude in zeitgenössischer Architektur. Die wuchtige Fassade dieser verehrungswürdigen Monolithen besteht aus weißem Marmor und blauem Glas. Wasser rieselt die Wände hinunter und legt einen feinen Sprühnebel auf den Jasmin, der seinen Duft in die Umgebung verströmt und die unvergleichliche Gelassenheit ankündigt, die hinter den Toren aus gestanztem Gold wartet ...
Das blaue Glas der Türme filtert das im Jenseits allgegenwärtige konstante Pastell-Licht und ermöglicht einen Frieden und eine Durchtränkung mit der Liebe Gottes, nach denen wir uns auf der Erde immer unbewusst sehnen.

Sylvia Browne: *Jenseits-Leben*:
Berichte eines Mediums aus der geistigen Welt

Ich erwache um fünf Uhr früh, auf der Schwelle zwischen Tag und Nacht, und weiß nicht, ob ich träume oder wache, ob ich laut spreche oder nur im Geiste.
»Ruth«, sage ich, »was hat es denn nun mit den Fahrrädern in der Jenseitswelt auf sich?«
»Die Räder sind Kreise«, sagt sie.
»Du sprichst in Rätseln«, sage ich.
»Aber du bist es doch, die alles mystifiziert«, sagt sie scharf.
»Als ich das erste Mal selbst Rad gefahren bin, konnte ich kaum glauben, wie schnell es ging und wie frei ich mich fühlte ...«
»Genau«, sagt sie. »Und jetzt schlaf ein bisschen.«

6.15 Uhr. Ich kann nicht schlafen und schalte deshalb den Fernseher ein. Ein Fahrrad saust über den Bildschirm. »Denken Sie den ganzen Tag an Räder«, sagt eine Stimme. Dann erscheint ein Wort auf dem Bildschirm: »Guardian« – Hüter. Ich weiß, dass es ein Werbespot für irgendein Produkt sein muss, kann mir aber nicht zusammenreimen, für was. Ich frage mich, ob ich den Spot vielleicht als Omen für den kommenden Tag betrachten soll. (Postkarten, Bonbons, Fernsehwerbung – derzeit nehme ich alles als Zeichen, was ich kriegen kann.)
Ich habe mich mit Dale Palmer um 8.30 Uhr in seinem Hotel verabredet. Es ist nur ein paar Häuserblocks entfernt, darum gehe ich zu Fuß, den Regenschirm unter den Arm geklemmt, und bemühe mich, zu dieser Hauptverkehrzeit niemanden anzurempeln. Dales Hotel liegt am Times Square: ein hoher Wolkenkratzer mit Dutzenden von Leuten in der Empfangshalle und einem Wasserfall mittendrin. Ich nehme den Fahrstuhl aus Gold und Glas zum 45. Stock, wo Dale mit seiner Familie wohnt. Der Aufzug fährt so schnell, dass mir die Ohren knacken und ich nicht weiß, ob ich noch richtig hören kann. Ich steige aus und gehe den Flur entlang. Auf der einen Seite ist eine halbhohe Mauer, von der Pflanzen herabhängen, die echt aussehen (ob-

wohl das unwahrscheinlich ist); ich kann darüber hinweg in die Tiefe schauen, mehr als hundert Meter hinab bis zum Erdgeschoss. Auf der anderen Seite ist Dales Tür. Ich klopfe an.

Der Mann, der mir öffnet, hat silbergraues Haar und trägt ein blaues Hemd; ich finde, er sieht aus wie der Zauberer im *Zauberer von Oos*. Wir geben uns die Hand, und dann bittet mich der Mann – Mr. Palmer, wie ich annehme ist – in die Hotelsuite. Sie ist sehr groß und sehr feudal, ein anonymer Adlerhorst hoch oben in der Luft. Auf einem Schildchen neben dem Telefon steht: »Halten Sie Verbindung zur Welt jenseits Ihres Zimmers«. Am Kopfende eines Mahagonitisches sitzt Dales Enkelin Kelly: schmächtig, still und ruhig. Ich reiche ihr die Hand und begrüße danach seine Frau Kay und die Schwiegertochter Linda, Kellys Mutter. Dale erklärt mir, dass sein Sohn Hunt, also Lindas Mann und Kellys Vater, vor drei Monaten ganz plötzlich an einem mysteriösen Virus gestorben ist. Die Reise nach New York soll sie alle aufheitern. Sie würden sich eine Broadway-Show ansehen, an der Rockefeller Plaza Lunch essen und Abends zum Dinner ausgehen. »Dies ist die Bürgerinitiative ›Bringt Linda zum Lachen‹«, sagt Dale. Aber Linda sieht noch immer bedrückt aus und zieht sich mit Kay in ein Nachbarzimmer zurück.

»Kelly wird mitschreiben und unser Treffen auf Tonband aufnehmen«, sagt Dale. »Zu Hause arbeitet sie als Übersetzerin.« Er hatte mich gebeten, meine Fragen zu seinen Tonbandstimmen-Forschungen im Voraus zu formulieren und ihm per E-Mail zu schicken, und hat schriftliche Antworten für mich vorbereitet. Er reicht mir fünf eng bedruckte Blätter Papier. »Das sind die Antworten«, sagt er und nimmt mir gegenüber am Tisch Platz.

»Soll ich sie jetzt gleich lesen?«, frage ich, ein bisschen betreten wegen der Stille im Zimmer.

»Bitte«, sagt Dale. Kelly hat sich noch immer nicht gerührt.

Ich beginne zu lesen. »Fragen: Wie sind Sie auf das Tonbandstim-

men-Phänomen gestoßen? Wann haben Sie mit Ihren Untersuchungen begonnen? Welche Geräte benutzen Sie?
Antworten: Willis Harmon, der inzwischen verstorbene Präsident des Instituts für Noëtische Wissenschaften, und ich waren Freunde ... Meine Forschungen auf dem Gebiet der ägyptischen Geschichte hatten mich zu der Überzeugung gebracht, dass eine Kommunikation zwischen verschiedenen Dimensionen der Wirklichkeit möglich sein muss und tatsächlich auch an den antiken Mysterienschulen gelehrt wurde. 1994 habe ich Willis gesagt, dass eindeutig eine solche Kommunikation stattgefunden habe und mit entsprechender elektronischer Ausrüstung theoretisch auch heute möglich sein müsste. Willis bat mich, die Sache zu untersuchen und ihm Bericht zu erstatten.
Ich machte mich sofort an die Arbeit und stieß auf Sarah Estep, *die* Ansprechpartnerin für derartige Experimente in den USA. Sie benutzt bereits seit zwanzig Jahren ein herkömmliches Tonbandgerät mit zwei Spulen. Ihre Ausrüstung ist relativ einfach. Sarah Estep sagt: ›Als Tonbandgerät nehme ich immer ein TEAC. Außerdem benutze ich stets ein Mikrofon mit einem Blechtrichter-Vorsatz. Dadurch werden die Stimmen etwas lauter. Das Tonbandgerät ist mit dem Calibrator-Mischverstärker des Tape-Decks meiner Numark-Stereoanlage verbunden. Damit können die Stimmen ebenfalls verstärkt werden ...‹«
Ich höre auf zu lesen. Ich bin erst zur Hälfte mit der ersten Seite fertig , aber schon ziemlich verwirrt. »Macht es Ihnen etwas aus, wenn ich später weiterlese?«, frage ich ihn. »Ich kann mich schlecht konzentrieren.«
Dale nickt ganz leicht mit dem Kopf. Dann zeigt er auf die Seiten und sagt: »Ich bin eigentlich Jurist – ich war ein paar Jahre lang Bezirks-Staatsanwalt in Indianapolis.« Darum nimmt er alles so genau: »Als Staatsanwalt hatte ich vornehmlich die Aufgabe, das Reale vom Irrealen zu trennen.« Es sei eine Fähigkeit, sagt er, auf die er auch bei seinen Untersuchungen der Geisterwelt zurück-

greife. »Einige Medien auf dieser Erde sind durchaus glaubwürdig– da bin ich mir ziemlich sicher. Andere sind es allerdings kaum. Ich habe mehr unglaubwürdige Medien gesehen als überzeugende. Man muss lange suchen.«

Ich verstehe nicht alles, was er sagt. In rascher Folge erzählt er mir von den alten Mysterienschulen und der verloren gegangenen Fähigkeit zur Kommunikation mit den Toten. »Plato erklärt uns beinahe, wie es geht. Ich bin sicher, dass er Absolvent einer Mysterienschule war. Meister Jesus übrigens auch ...« Mittlerweile glaubt er jedoch, dass die Zukunft der Kommunikation mit der Geisterwelt in den elektronischen Medien liege: »Die Logik legt es nahe: Wenn jemand allein in einem Zimmer sitzen und solche Dinge wahrnehmen kann, dann muss es elektromagnetische Wellen geben, die man mit den richtigen Geräten aufspüren kann.«

Und hier sieht Dale seine Aufgabe: Er ist zwar kein Medium und außerdem auch noch schwerhörig, sodass er bei den EVP-Experimenten (er selbst bevorzugt statt EVP den Begriff EDP – *Electronic Disturbance Phenomena* = Elektronische Störungsphänomene), wie sie heute üblich sind und von Judith Chisholm und Sarah Estep durchgeführt werden, nichts mitbekommt. Aber er hat genügend Geld und Begeisterung, um in seiner Heimatstadt Plainfield in Indiana ein computergestütztes Forschungsprojekt ins Leben zu rufen. »Meine Familienstiftung stellt die Mittel dafür zur Verfügung«, sagt er.

Das Projekt steht unter der Obhut von GAIT (Global Association of Instrumental Transcommunication), dem Weltverband für computergestützte Transkommunikation, den er 1997 mit Sarah Estep zusammen gegründet hat. Dales eigene Stiftung heißt Noetics Institute, Inc. (NII). »Wir werden hoffentlich bald über Software wie sonst niemand auf der Welt verfügen«, sagt er und verweist auf Seite vier seiner Dokumentation. »Wir haben Elektroingenieure, die auf den verschiedensten Forschungsgebieten für uns tätig sind. Einer arbeitet an der Entwicklung von Software, die die Stimmlage der Geisterstimmen so verbessert, dass selbst Hörgeschädigte wie ich sie hören können.«

»In der zweiten Phase«, fährt er fort, »sollen nach dem GAIT-Plan Geräte entwickelt werden, die Bilder aus verschiedenen Dimensionen der Wirklichkeit übermitteln können. Unser Leiter dabei ist Erland Babcock, pensionierter Techniker des MIT und der Universität von Massachusetts. Erland hat bereits ein paar schwache, kaum erkennbare Bilder aufgezeichnet.«

»Geister auf dem Computer-Monitor?«, frage ich.

»Erland hat mir Filmmaterial gezeigt, auf dem er Bilder erkennen kann«, sagt Dale.

»Und Sie, haben Sie sie auch sehen können?«, frage ich ihn.

»In diesem Fall konnte ich leider nichts erkennen«, sagt Dale. »Betrachten Sie manchmal die Wolken und sehen Bilder darin?«

»Ja.«

»Nun, so ähnlich ist das.« Ich habe allmählich das Gefühl, in einer Art Irrgarten herumzutappen. Dale kann weder Geisterstimmen hören noch Geisterbilder sehen, aber er scheint zu wissen, dass es sie gibt. Er muss mir meine Verwirrung angesehen haben, denn er fügt hinzu: »Ihnen sollte vorher klar sein, dass Sie nicht verstehen werden, was wir tun, solange Sie keinen geistigen Quantensprung machen. Wir sind alle unglaublich körperverhaftet in unserem Denken. Dabei ist unser Körper nur so etwas wie ein Anzug oder ein Auto, das wir kaufen oder für einen sehr kurzen Zeitraum benutzen.«

Mir ist noch immer mein Unverständnis anzumerken, und so zeichnet Dale einen Punkt auf ein leeres Blatt Papier. »Über 99 Prozent eines Atoms sind leerer Raum«, sagt er. »Hier ist der Atomkern.« Er zeigt auf den Punkt. »Versuchen Sie, sich die Wirklichkeit wie das Atom vorzustellen.« Er zeigt wieder auf den Punkt. »Der Punkt ist das physische Universum – unsere derzeitige Wahrnehmungsgrenze.«

»Hmm«, brumme ich.
»Sie und Kelly haben Glück«, sagt er und lächelt seiner stillen Enkelin zu. »Sie werden vielleicht viel Neues zu sehen bekommen – wie etwa den Übergang von einer Dimension in die andere. Ich glaube, er führt durch das Nullpunktfeld ...«
»Wie steht's mit E-Mails?«, frage ich. »Könnte ich meiner Schwester eine E-Mail schicken? Oder Sie Ihrem Sohn?«
Er verweist mich erneut auf Seite vier des Antwortenkatalogs. »Da steht's«, sagt er. »Sie haben alles schriftlich.«
Ich fange wieder an zu lesen von dem Abschnitt an, den er mir gezeigt hat. »Wir planen, nächstes Jahr eine Website einzurichten, in die sich jeder auf dieser Welt, der einen Computer und Internetzugang hat, einloggen kann, um kostenfrei eigene Experimente durchzuführen. Außerdem soll die Möglichkeit eröffnet werden, im Computer einen persönlichen Identifikationscode zu speichern. Irgendwann in den kommenden Jahren wird jeder nach seinem Übergang unter Angabe seines persönlichen Codes die Kommunikation mit dieser unserer Dimension wieder aufnehmen können. In diesem Fall wird sein Code im NII-Computerzentrum überprüft.«
»Heißt ›Übergang‹ Tod?«, frage ich. Kelly zuckt leicht zusammen. Dale nickt. »Ruth könnte mir also eine Nachricht senden – ihren Code –, und ich wüsste, dass sie es ist? Über den Computer?« Dale nickt wieder.
»Das ist ja erstaunlich«, sage ich.
»Den Computer habe ich schon«, sagt Dale, »aber er ist noch nicht programmiert. Das wird ein Riesenjob.«
Dale hat noch andere Pläne. »Das NII hat Dr. Edvaldo Cabral, Professor für Elektrotechnik an der Universität von São Paulo, ersucht, seine Theorie der Emotonen auf Englisch zu verfassen. Sie wird auf der Website erscheinen und der Welt die wissenschaftlichen Grundlagen all dieser Ereignisse offenbaren. Seine Theorie erklärt alle so genannten paranormalen Phänomene.«

»Ich verstehe nicht ganz«, sage ich.
»Maschinen sind nicht chaotisch«, sagt er und zeigt dabei auf sein Tonbandgerät. »Sie folgen einer Ordnung …«
»Ich wünschte, Sie hätten meinen Großvater kennen gelernt«, sage ich. »Ich selbst habe ihn nicht mehr richtig erlebt, aber ich glaube, Sie wären gut miteinander ausgekommen. Er hat Gedichte geschrieben, er hat sogar bei einem Wettbewerb einen Lyrikpreis gewonnen, und er war ebenfalls Spiritist. Ich glaube nicht, das meine übrige jüdische Verwandtschaft Gefallen daran fand.«
»Eigentlich bin ich Methodist«, sagt Dale, »aber meinen Ansichten nach bin ich eher Buddhist.« Er lächelt mich an, und plötzlich spüre ich, wie Tränen in meinen Augen aufsteigen.
»Ich muss jetzt gehen«, sage ich.
»Kommen Sie doch morgen wieder«, sagt er. »Wir können zusammen frühstücken.«
Ich stehe auf und umarme ihn (ich weiß nicht genau, warum – er ist ausgesprochen förmlich, und ich tue so etwas im Allgemeinen nicht so schnell –, aber es erscheint mir angemessen). Er fühlt sich sehr fest, sehr stabil, sehr real an. »Ich danke Ihnen«, sage ich. »Ich komme gern morgen wieder …«
Ich verabschiede mich und nehme den Fahrstuhl 45 Stockwerke abwärts zurück zum Erdboden. Dann nehme ich ein Taxi, denn ich muss noch ein Fernsehinterview geben. Der Fahrer führt unterwegs ein langes, verwickeltes Gespräch mit einem unsichtbaren Wesen auf dem Nebensitz (oder mit sich selbst). Früher hätte mich das verstört. Heute ist es vollkommen in Ordnung. Ich frage mich, ob ich langsam dem Irrsinn anheimfalle wie mein Vater oder mein Großvater. Wenn ja, dann ist es immerhin nicht allzu erschreckend. Vielleicht ist Irrsinn nur eine Zwischenstation auf dem Weg zur anderen Seite.

Lieber Herr Professor!
... Wir werden auch den Okkultismus zu erobern haben ... In diesen dunklen Ländern gibt es wunderseltsame Sachen. Lassen Sie mich bitte ohne Besorgnis in diesen Unendlichkeiten herumschweifen. Ich werde reiche Beute für die Erkenntnis der menschlichen Seele heimbringen. Ich muß mich eine Zeitlang an magischen Düften berauschen, um ganz verstehen zu können, was für Geheimnisse das Unbewußte in seinen Abgründen birgt ...
Mit herzlichsten Grüßen
Ihr ganz ergebener
C. G. Jung

Brief vom 8. Mai 1911
aus Sigmund Freud/C. G. Jung: *Briefwechsel*

Donnerstag, 17. Oktober

Ich bin wieder am Times Square, um mich mit Dale und Kay Palmer zu treffen; diesmal hat Dale keine Liste von Antworten auf meine Fragen vorbereitet, das scheint mir ein Zeichen für ein gewisses Vertrauen zu sein. Es ist acht Uhr – Mittagszeit in London, Frühstückszeit in New York. Wir essen im Restaurant seines Hotels unweit des Fahrstuhls aus Glas und Gold, der zum 45. Stock hochfährt. Dale erzählt mir von seiner fernen Kindheit: 1933, als sein Vater starb, war er zehn Monate alt. »Meine Mutter konnte keine Anstellung finden, und so kam ich 1936, kaum vier Jahre alt, in Pflege.«
»Haben Sie denn Ihre Mutter wiedergesehen?«, frage ich.
»Von Zeit zu Zeit«, erwidert er.
»Das muss schlimm für Sie gewesen sein«, sage ich, »und für Ihre Mutter auch.«
Er nickt. »Sie dürfen nicht vergessen, dass es in den dreißiger Jahren war, im Süden von Indiana«, sagt er. »Es gab keine guten

Straßen, keine Telefone, keinen Strom und nichts zu essen. Jeden Freitag musste meine Mutter sechs bis sieben Kilometer zu Fuß zur Armenfürsorge laufen, um etwas zu essen für uns zu holen ...« Dale hatte eine vier Jahre ältere Schwester, die bei der Mutter blieb. »Meine Schwester und ich standen uns sehr nahe«, sagt er, »aber sie ist 1960 gestorben.«

»Sie haben schon viele Todesfälle erlebt«, sage ich.

»Es gibt keinen Tod«, erwidert er, das ernste Gesicht zu mir gewandt. »Das hat auch Meister Jesus gesagt. Sie müssen Ihre Denkweise verändern – Sie müssen sich das Leben wie diesen kurzen Besuch in New York vorstellen –so flüchtig ist es. Sie sind nur ein paar Tage hier, und dann gehen Sie heim.«

»Mir fällt es schwer, so zu denken«, sage ich, denn ich sehe keinen Grund, mich vor diesem Mann zu verstellen. »Ich kann nicht anders, als mir zu wünschen, dass meine Schwester noch am Leben wäre.«

»Das heißt auch nicht, dass ich meinen Sohn nicht furchtbar vermissen würde«, sagt er.

»Haben Sie nach seinem Tod Kontakt mit ihm gehabt?«, frage ich.

»Ich habe ihn gefühlt«, sagt Dale, »aber richtig kommuniziert ... nein. Und wie ist es bei Ihnen? Spricht Ihre Schwester mit Ihnen?«

»Ich bin nicht ganz sicher«, sage ich. »Vielleicht, wenn ich im Flugzeug sitze. Aber vielleicht ist es auch nur meine eigene innere Stimme ...«

»Nein, ich glaube, dass sie die Möglichkeit hat, Ihre Umgebung im Flugzeug zu manipulieren«, sagt er. »Sie sind dort weit weg von der Erdschwere. Bedenken Sie: Wenn alles eine Art von Schwingung ist, dann sind wir hier auf der niedrigsten Schwingungsebene. Bei einem Menschen, der den Übergang vollbracht hat, steigt die Schwingungsrate an. Ich spreche hier von Physik, das hat nichts mit Medien zu tun.«

»Haben Sie je die Stimme eines Verstorbenen gehört?«, frage ich.

»Nur einmal«, sagt er. »Bei einem EDP-Experiment, als ich fragte: ›Ist Dr. Raudive da?‹, und die Antwort bekam: ›Er ist hier.‹ Das war alles – aber mehr war auch nicht nötig. Die Sache ist die, dass ich hörgeschädigt bin, wie Sie ja wissen, und die richtige Technologie brauche, um solche Stimmen hören zu können. Zurzeit können einige Menschen sie mit ihrem Geist dekomprimieren, aber nur, indem sie sich die Bänder zehn- oder zwanzigmal anhören.«

Wir beenden unser Frühstück; Kay macht ein Foto von Dale und mir, wie wir beide in die Kamera lächeln, und dann verabschieden wir uns voneinander. Die Palmers reisen heute wieder nach Plainfield in Indiana zurück (der Name hat es mir angetan; es muss ein kleiner, sauberer Ort sein, und ich stelle mir vor, dass ihn Maisfelder und Träume säumen). Ich selbst bin noch zwei Tage länger in New York, wünsche mir jedoch fast, ich könnte mit ihnen weiter nach Westen fliegen. Ich weiß noch immer nicht, was mich so stark zu diesem Sonderling mit dem sympathischen Gesicht hinzieht – Übertragung, würde ein Therapeut vielleicht sagen; die Identifikation mit meinem unbekannten Großvater Louis, der davon träumte, die Toten würden sich unter die Lebenden mischen, durch seine Séancen schweben und die Neue Welt von Johannesburg bevölkern, in die er als kleiner Junge aus Russland, der Alten Welt, gekommen war. Ich habe keine Fotos von Louis und nur eine ganz verschwommene, ferne Erinnerung daran, wie ich zaghaft neben einem Mann mit silbergrauen Haaren stehe, der in einem großen Zimmer mit Blick auf eine fremde Stadt auf einem geschnitzten Stuhl sitzt.

Mittwoch, 18. Oktober

Ich bin bei einem Fernsehsender namens *Oxygen* und habe das Gefühl, keine Luft zu bekommen. Ich sitze in einem kleinen Raum hinter zwei großen Computern, und auf dem Bildschirm direkt vor mir ist Ruths Gesicht zu sehen. Die Redakteurin der Sendung zeigt mir eine Filmmontage aus Fotos von Ruth, und dann muss ich etwas über Ruth und ihren Kampf gegen den Brustkrebs erzählen, was als Einleitung für diesen Teil der Sendung gedacht ist. »Eine echte Oprah-Sendung«, sagt die Redakteurin. Sie sieht mir an, dass ich das nicht verstehe, und erklärt mir, dass *Oxygen* der berühmten Talkshow-Moderatorin Oprah Winfrey gehört. Ich fange zu weinen an, lautlos und so, dass es kaum jemand sieht, denn es ist bis auf Ruths Gesicht auf dem Computerbildschirm dunkel hier drin. Es ist das erste Mal seit Monaten, dass ich weine; ich wische mir die Tränen mit der Hand weg und lecke das Salz ab.

Ich spreche meinen Text, und dann werde ich ins Zimmer für die Gäste gebracht. Vor mir wird Uma Thurman interviewt, und ich schaue auf dem riesigen Fernsehbildschirm über dem Tisch zu. Gestern ging es um einen Inlineskate fahrenden Schimpansen. »Hat der Schimpanse sich vor der Kamera wohl gefühlt?«, frage ich die Redakteurin, die mich in das Studio bringt, in dem das Interview stattfinden soll. »Das weiß ich nicht«, sagt sie. »Schwer zu sagen, was der Schimpanse empfunden hat.«

Ich soll live von einer sehr hübschen blonden Sängerin interviewt werden, die ich von MTV her zu kennen glaube. Ehe die Kameras auf uns gerichtet werden, geht sie kurz die Fragen mit mir durch

»Ich werde als Erstes fragen, wie alt Ihre Schwester war, als die Krankheit sie einholte, ja?«

Ich blicke wieder etwas verständnislos drein, weil ich nicht genau weiß, was sie meint. »Meinen Sie, als sie hörte, dass sie Brustkrebs hatte?«, frage ich nach.

»Nein, als sie ... äh ... verschieden ist«, sagt die Moderatorin.

Mir wird auf einmal klar, dass sie von Ruths Tod spricht. »Tut mir Leid«, sage ich, »aber es ist auch wirklich etwas verwirrend ... niemand scheint das Wort ›tot‹ gebrauchen zu wollen.«

»Ist vermutlich eine amerikanische Eigenart«, sagt die Moderatorin.

Sie nennt mich mehrmals Ruth. Das macht mir nichts aus. Auch Ruths Freunde nennen mich häufig aus Versehen Ruth, selbst heute noch, drei Jahre nach ihrem Tod. Es kommt oft vor. Manchmal merken sie es und entschuldigen sich bei mir; meistens fällt ihnen jedoch ihr Fehler gar nicht auf, und ich sage auch nichts. Meine Schwester und ich haben offenbar fast die gleiche Stimme (ihre ist allerdings verschwunden, wie sehr ich mich auch bemühe, sie wieder zum Leben zu erwecken). Wie klingt ihre Stimme? Ich möchte Ruths Stimme hören, die von meiner Ruth, nicht meine eigene.

Das Interview ist schnell vorbei. Hinterher weiß ich nicht mehr, was ich eigentlich gesagt habe. Ich komme mir vor wie eine Schlafwandlerin. »Das war *ausgezeichnet* – sehr klar, sehr anrührend und sehr gut«, sagt die Redakteurin. »Recht herzlichen Dank!«

»Ich danke auch«, sage ich wie ein gehorsames Kind.

Später am Abend gibt es eine große, glanzvolle Party zur Feier der Veröffentlichung von Ruths Buch und um Spenden für die »Koalition der jungen Überlebenden« zu sammeln. Miss Amerika kommt, vielleicht ist es auch Miss USA – ich weiß nicht mehr, welche. Die Frauen, die ich bei dem Marsch im Central Park kennen gelernt habe – die Überlebenden –, sind alle hier und tragen heiße rosa Federboas. Ich bekomme auch eine. Ich lege sie um den Hals. Die Federn kitzeln und kratzen ein bisschen, obwohl sie so weich aussehen. »Das hätte Ruth gefallen«, sage ich. »Sie liebte Partys. Und Rosa.« Ich frage mich, ob sie heute Abend hier ist, ob sie zwischen den rosaroten Ballons herumfliegt und über den mit rotem Samt gedeckten Tischen schwebt, getragen von den aufsteigenden Champagnerbläschen. (Besser als draußen im unaufhörlichen Dauerregen ...) Ich hoffe jedenfalls, dass sie all die Leute sieht, die nur ihr zu Ehren hier sind. Mir ist zum Weinen, aber stattdessen lache ich. Schließlich ist das eine Party. Es ist *ihre* Party.

Die Bororo praktizieren die doppelte Bestattung. Eine erste Beerdigung findet auf dem Dorfplatz statt, und die Eltern begießen den Leichnam mehrere Monate lang, um die Verwesung zu beschleunigen. Wenn diese weit genug vorangeschritten ist, wird das Grab geöffnet und das Gerippe so lange gewaschen, bis kein Fleisch mehr daran ist. Die Knochen werden rot angemalt, mit Federmosaiken beklebt, in einen Korb gelegt und feierlich auf den Grund eines Flusses oder Sees versenkt, »den Aufenthalt der Seelen«. Wasser und Tod werden also vom Eingeborenendenken stets miteinander verbunden. Um das eine zu erhalten, muss man den anderen erleiden.

Claude Levi-Strauss: *Mythologica I*
Das Rohe und das Gekochte

Donnerstag, 19. Oktober

Im Flugzeug nach Hause, irgendwo über dem Atlantischen Ozean, lese ich das parapsychologische Handbuch von Sylvia Browne, das mir Jeannie nach dem Geisterstimmen-Channeling zum Abschied geschenkt hat. »Es wird Ihnen auf Ihrer Reise vielleicht von Nutzen sein«, hatte sie gesagt; und sie hat Recht, es ist ein sehr interessantes Buch. Kaum habe ich darin zu lesen begonnen, kann ich nicht mehr aufhören. Sylvia Browne sagt, dass uns die Geisterwelt – die »Heimat«, wie sie auch genannt wird – näher ist, als wir gemeinhin glauben: Sie liegt angeblich nur knapp einen Meter über dem Boden. Wir können sie jedoch nicht sehen, weil die Schwingung dieser anderen Dimension viel höher ist als unsere, und was das Geisterhafte betrifft, sind im Grunde wir die Gespenster in der Welt der Geister; wir teilen uns zwar den gleichen Raum mit ihnen, sind aber im Vergleich zu ihnen unwirklich, denn nur in der Geisterwelt sind alle Wesen voll und ganz »lebendig«. Im Jenseits regnet es nie, vielmehr ist das Wetter stets mild und klar bei Temperaturen von etwa 25 Grad Celsius. Menschengeister brauchen keinen Schlaf, obwohl sie einen ganz realen Körper mit Organen wie Herz, Lunge usw. besitzen, die sich allerdings »auf der anderen Körperseite« befinden, »seitenverkehrt sozusagen«, und damit ein exaktes Spiegelbild der menschlichen Anatomie abgeben. Leider finde ich keinen Hinweis darauf, ob Geister im Jenseits Fahrrad fahren. Laut Sylvia Browne bewegen sie sich normalerweise durch »Gedankenkraft« überall hin, und nur gelegentlich benutzen sie ein Fahrzeug, »eine Kombination aus Golfwägelchen und Luftkissenfahrzeug, atomgetrieben und seitlich offen, das sich ein paar Zentimeter über dem Boden bewegt«. Auch sollen die Geister Freude an körperlosen Sportarten haben, für die laut Sylvia Browne in der Heimat »herrliche Sportstadien, Golf- und Tennisplätze, glitzernde Skiabfahrten mit ewigem künstlichem Schnee, zum Surfen perfekte Wellen, die sich an blendend weißen Stränden brechen, und Einrichtungen für jede andere erdenkliche Form organisierten Sports« zur Verfügung stehen.

Sylvia Brownes Buch, das neben mehreren anderen von ihr verfassten Titeln zum Thema Spiritismus einen festen Platz auf der *New York Times*-Bestsellerliste hat, gibt sehr klare Anweisungen für die Möglichkeit, angenehme Begegnungen mit dem Jenseits zu arrangieren, so oft es einem beliebt. Durch ein Glas Rotwein an Bord des Flugzeugs gestärkt, lese ich die Anweisungen mehrmals durch und rüste mich für die nötigen Schritte.

Sylvia Browne beschreibt den Ort, der mit geschlossenen Augen anvisiert werden sollte, folgendermaßen: »Sie nähern sich einem riesigen, leuchtenden Doppeltor aus Bronze, kunstvoll ziseliert und reich geschmückt, das Schönste, was Sie je gesehen haben ... Im Innern erwartet Sie ein perfekt oval geformter Saal ... Auf den Fußböden aus Edelholz liegen weiße Teppiche, so weich wie Wolken, die Sie als wohltuend empfinden, wenn Sie mit nackten Füßen langsam darüber gehen ...« Es gibt noch mehr zu bestaunen: Kerzen, Jasmin, einen weißen Konzertflügel, eine leichte Meeresbrise, zwei Sessel mit weißen Brokatbezügen und das weiße Licht des Heiligen Geistes. »Sie setzen sich in den linken Sessel, sodass der Sessel zu Ihrer Rechten frei bleibt ... In der Stille zu Ihrer Rechten nehmen Sie eine Bewegung wahr und wenden sich dorthin. Eine Gestalt tritt vor und nimmt auf dem leeren Sessel neben Ihnen Platz. Sie haben keine Angst, denn Sie wissen, dass Ihnen im Schutz des göttlichen Lichts kein Schaden zugefügt werden und nichts Dunkles begegnen kann. Die Gestalt wartet geduldig, still und offen. Sie spüren den Segen ihrer Gegenwart. Schließlich beginnen sie leise zu sprechen ...«

Ich konzentriere mich auf den Saal, versuche, das Flugzeug auszublenden, nur noch das weiße Licht zu spüren und statt der stickigen recycelten Luft Jasminduft zu riechen. Ich sitze auf einem linken Platz. Eine Gestalt nähert sich. Ich habe keine Angst. Ich sehe mir die Gestalt an. Es ist Anna Wintour, die Herausgeberin der amerikanischen Ausgabe der *Vogue*. Verdammt. Ich glaube nicht, dass sie meine Geisthelferin ist; sie dürfte eigentlich gar nicht in dem magischen Raum erscheinen – hier stimmt etwas nicht. Ich trinke noch ein Glas Rotwein und beginne von neuem. Ich öffne das Bronzetor, gehe zu dem Sessel linker Hand und warte auf meinen Geistbesucher. Ich warte ... und warte ... wahrscheinlich bin ich eingeschlafen. Und dann nähert sich mir eine Gestalt. Es ist Louis, mein verstorbener Großvater. Er setzt sich aber nicht in den weißen Brokatsessel. Er will seinen eigenen Stuhl, seinen Dichtersessel aus geschnitztem Holz. Er hat mir nichts zu sagen. Er sagt nicht ein Wort.

Samstag, 28. Oktober

Die Liebe ist eine Art »Zwischenstadium« zwischen Gesundheit und Krankheit der menschlichen Seele.
Sandor Ferenczi: *Die Liebe in der Wissenschaft*

Die Kinder haben Ferien, und wir sind für ein paar Tage nach Wales gefahren und wohnen in einer umgebauten Scheune in der Nähe des Dorfes Battle in Brecon. Es regnet so stark, dass sich der Acker draußen in einen morastigen See verwandelt hat. Selbst unser Hund, der stets hoffnungsvoll auf einen Spaziergang wartet, will nicht hinaus. So fahren wir einfach nach Hay on Wye, einen Ort, der heute mehr Buchläden als Menschen beherbergt, und verstecken uns dort vor dem Regen. Die Kinder verbringen viel Zeit damit, sich Bücher auszusuchen. In einem feuchten Laden in der Nähe der örtlichen Burg entscheidet sich Jamie schließlich für ein Buch aus zweiter Hand, einen dicken Wälzer mit dem Titel *Flugzeugkatastrophen: Aufzeichnungen aus der Black Box.* Auf dem Umschlag ist ein Bild vom 4. November 1993. Es zeigt eine Boeing 747 der China Airlines, die auf dem Flughafen von Hong Kong von der Landebahn ins Meer gerutscht ist, im Schatten der gewaltigen Hochhaustürme der Stadt. (»Plötzlich aufkommende Windböen und Regenwasser auf der Rollbahn, das die Bremsleistung des Flugzeugs beeinträchtigte, waren die Ursache dafür, dass die Maschine beim Landen nach links ausscherte und unaufhaltsam von der Rollbahn abkam.«) Tom findet Gefallen an einem Buch mit dem Titel *Geisterjäger*, das sich zu einem dreidimensionalen Brettspiel auffalten lässt. (»Finde deinen Weg um das Gespensterschloss. Aber Achtung! Die Geister sind los und wollen *dich* fangen!«)

Ich bringe keine Einwände gegen ihre Wahl vor, aber ich habe Schuldgefühle. Ich bin keine gute Mutter. Ich dachte, ich hätte sie vor dem Tod in unserem Leben abgeschirmt, aber das stimmt

wohl nicht. Ich habe mich irgendwo in einer Sackgasse verirrt und sie mitgenommen, und jetzt brauchen sie Kompass und Wegweiser, um selbst wieder herauszufinden.
Auf dem Rückweg nach Battle kaue ich an den Fingernägeln, während die Kinder im aufgeheizten Auto vor sich hin dösen. Wir fahren außen um Brecon herum und überqueren dann die Brücke über den Usk. »Die Brücke muss bald gesperrt werden«, sagt Neill, als wir halb drüben sind. »Der Fluss ist schon weit über die Ufer getreten.« Ich putze ein Guckloch in die beschlagene Fensterscheibe und spähe hinaus. Die braunen Fluten haben fast die Brückenhöhe erreicht, die Uferpfade zu beiden Seiten sind bereits verschwunden.
»Ach du meine Güte«, sage ich, »hier will ich wirklich nicht festsitzen.«
»Das werden wir auch nicht«, sagt Neill, »es gibt immer einen anderen Weg ...«

Sonntag, 29. Oktober

Heute kommen meine Eltern zu Besuch. Sie sind zwar geschieden, leben jedoch nicht weit voneinander entfernt in Wales. Mein Vater ist erst vor kurzem aus Südafrika zurückgekehrt, wo er die letzten dreizehn Jahre verbracht hat. Ich frage mich manchmal, ob er vielleicht nur zurückgekommen ist auf diese Regeninsel, die ihn deprimiert, um den Schaden zu reparieren, den Ruths Tod angerichtet hat, um das Ödland unseres Familienlebens neu zu beleben.
Sie kommen gerade rechtzeitig für ein spätes Frühstück an, und ich brate Eier, Speck und Würstchen, damit wir für den vor uns liegenden Tag gestärkt sind. Es regnet noch immer in Strömen. Ich erzähle meinem Vater von meiner Reise nach New York, von meiner Begegnung mit Jeannie, dem Channeling der Geister-

stimmen und von Dale Palmer. Er blickt skeptisch drein. »Aber Dad, hast du nicht auch Stimmen in deinem Kopf gehört?«, frage ich und begebe mich damit auf gefährliches Terrain.
»Ja«, sagt er lächelnd, »wie alle außergewöhnlichen Leute.«
»Erinnerst du dich noch an unsere Fahrt nach St. Ives«, frage ich, »als wir Kinder noch klein waren?«
Er lächelt immer noch, oder ist es vielleicht eine Grimasse? »Mit einem Haufen Christen zu verreisen genügt vollauf, um jeden in den Wahnsinn zu treiben«, sagt er.
»Aber du warst doch damals wirklich schizophren, oder?«, sage ich.
»Ich hatte Wahnvorstellungen«, sagt er.
Ich weiche seinem Blick aus. Ich habe zu viel gesagt, jetzt ist er an der Reihe. Er hört gar nicht mehr auf zu reden: warum sein Vater verrückt gewesen ist; warum die Juden unterdrückt werden; welche Rolle er als Verrückter in der Jüdischen Gemeinde gespielt hat. Dabei knirscht er mit den Zähnen, und ich habe auf einmal solche Magenschmerzen, dass ich das Zimmer verlassen muss. Als ich ein paar Minuten später zurückkomme, redet er immer noch, wobei er wild mit den Armen herumfuchtelt, und Neill sitzt ihm gegenüber am Tisch und hört ihm zu.
»Wir müssen abfahren«, sage ich. »Im Radio ist eine Sturmflutwarnung durchgegeben worden, und im Wetterbericht ist für heute Abend Windstärke zehn vorausgesagt worden. Manche Böen erreichen bereits hundertvierzig Stundenkilometer.«
»Ihr wollt so schnell wieder weg?«, sagt mein Vater geknickt. »Ich dachte, wir würden uns noch einen gemütlichen Nachmittag zusammen machen.«
»Tut mir Leid«, sage ich, »aber ich muss packen.« Ich gehe ins Nebenzimmer, wo Tom ganz allein mit seinem Gespensterschloss spielt. Ich kann meinen Vater durch die offene Tür weiterreden hören.
»Mein Vater Louis hat Stimmen in seinem Kopf gehört«, sagt er,

»und ihnen eine spiritistische Bedeutung untergeschoben. Er ist nie mit der Wirklichkeit zurechtgekommen. Ich habe ihm empfohlen, Freud zu lesen, aber er hat Madame Blavatsky vorgezogen ...«

»Hast du immer noch Magenschmerzen?«, fragt Neill, als wir sicher im Auto sitzen und die lange Heimfahrt beginnt.

»Schon weniger«, sage ich. »Ich konnte es bloß nicht mehr aushalten mit meinem Vater. Ich habe gar nicht verstanden, was er gesagt hat. Vielleicht wollte ich es auch nicht so recht. Ich weiß nicht ...«

»Ich glaube, er wollte uns klar machen, dass seine geistige Erkrankung im Judaismus einen Platz hat«, sagt Neill. »Dort gilt er wie sein geistesgestörter Vater als ›meschugge‹, wie es genannt wird, und wird akzeptiert. Er fühlt sich in der Jüdischen Gemeinde gut aufgehoben.«

Ich seufze, ohne etwas zu erwidern. Die Uhren wurden heute in den frühen Morgenstunden wieder auf Winterzeit zurückgestellt, und es wird nachmittags gegen fünf schon dunkel; der Himmel hat jedoch wegen des Sturms bereits jetzt eine Farbe wie Granit. Neill fährt ruhig in östlicher Richtung über Land, an eingebrochenen Flussufern vorbei und um überflutete Straßenabschnitte herum. Ich erbiete mich, die Straßenkarte für ihn zu lesen, aber die Kinder auf der Rückbank sind inzwischen eingeschlafen, und auch ich nicke bald ein. Ich denke an Ruth, wie sie ins Meer hineinschritt bei unserem letzten gemeinsamen Ferienaufenthalt in Wales. Das war sechs Wochen vor ihrem Tod, sie wusste schon, dass sich der Krebs auf ihr Gehirn ausgebreitet hatte. »Ich könnte eigentlich jetzt immer weiter hinausschwimmen und nicht mehr wiederkommen«, sagte sie damals zu mir.

»Tu's bitte nicht«, sagte ich. »Das Meer ist hier auch viel zu schmutzig.« (Als Kinder hatten wir mehrere Sommer hintereinander in den Sanddünen am Strand gezeltet, als das Meer noch klar und sauber war. Einmal hatten meine Eltern einen heftigen

Streit. »Was hast du da im Wasser gemacht?«, hörte ich meinen Vater immer wieder zu meiner Mutter sagen, während ich mit zugekniffenen Augen im Zelt lag und so tat, als wäre ich taub, die Arme fest um meine schlafende Schwester geschlungen. »Ich habe überhaupt nichts gemacht!«, erwiderte meine Mutter. »Ich weiß gar nicht, wovon du redest. Du bist verrückt, und mich treibst du auch in den Wahnsinn.« Nach dem Streit war meine Mutter nach Oxford zurückgefahren, während wir mit meinem Vater in den Sanddünen blieben, bis unser Zelt von einem Sturm mit Windstärke zehn fortgeblasen wurde. Damit war der Sommer vorbei. Ich erinnere mich nicht mehr, was dann passierte.)

Ich weiß nicht, warum ich wieder an diesen Strand wollte, als Ruth todkrank war, aber wir sind hingefahren auf der Suche nach irgendetwas, nach was, weiß ich nicht, vielleicht nach der Vergangenheit. An jenem letzten Tag unserer letzten gemeinsamen Ferien an dem Strand, an dem wir so viele Jahre miteinander gespielt hatten, gingen wir zusammen ins Wasser, mitten in die meterhohen Brecher hinein. »Komm schon«, sagte sie zu mir, »lass uns schwimmen.«

»Die Brandung ist zu stark«, sagte ich, »und kalt ist es auch.«

»Nur keine Angst«, sagte sie und schwamm durch die Wellen ins Meer hinaus. Ich folgte ihr damals, um aufzupassen, dass sie zurückkam. Unsere Kinder bauten gemeinsam Sandburgen am Strand. Gegen Abend, als die Sonne am Himmel sank, schauten wir zu, wie die anbrandenden Flutwellen die Burgen wegschwemmten.

Während ich heute, an diesem bedrückenden Winternachmittag, im Auto vor mich hin döse, merke ich, dass mir die Karte aus den Händen geglitten ist. »Ich habe sie nicht mehr«, sage ich halb im Schlaf zu Neill.

»Keine Sorge«, sagt er, »ich kenne den Weg.«

»Ich habe den Weg verloren, als Ruth gestorben ist«, sage ich mehr zu mir selbst als zu ihm und ohnehin kaum hörbar, weil meine Stimme vom Geräusch der Scheibenwischer übertönt wird. »Und ich weiß noch immer nicht, wo's langgeht.«

Dienstag, 31. Oktober

Hallowe'en, der Abend, der den Übergang vom Herbst zum Winter bildet, scheint von altersher die Jahreszeit gewesen zu sein, da die Seelen der Verstorbenen ihre alte Heimat wieder aufsuchen sollten, um sich an dem Feuer zu erwärmen und an der Heiterkeit zu erfreuen, die ihnen ihre liebevollen Angehörigen in Küche und Wohnstube bereiteten. Es war vielleicht ein natürlicher Gedanke, daß das Herannahen des Winters die armen, klappernden, hungrigen Gespenster aus den kalten Feldern und entlaubten Wäldern in den Schutz des Hauses mit seinem behaglichen Feuer trieb.

James George Frazer: »Die Feuerfeste in Europa«
aus *Der goldene Zweig*

Der Himmel ist blau an diesem Morgen, zum ersten Mal seit Tagen, aber ich bin so unruhig, als würden die Wolken von gestern noch über unserem Haus hängen. Ich habe in der Nacht von meinem Vater geträumt – er hat geredet, geredet, geredet –, aber ich konnte ihm nicht folgen. Ich bin im Traum von ihm weggegangen zum Meer, habe mich dort auf eine Mauer gesetzt und die Wellen beobachtet, bis mir eine Stoffpuppe in die Hände gespült wurde. Ich nahm die schlaffe Puppe, und dann wachte ich auf und fühlte mich betrogen.

Heute ist Halloween; heute Nacht ist die Zeit, wo der Schleier zwischen den Lebenden und den Toten am dünnsten ist. Ich würde ihn gern niederreißen, die Enge von meiner Brust wegreißen, diese Sehnsucht wegfegen, diese Stille, dieses dunkle Nichts, das von mir Besitz ergriffen hat.

»Ruth«, sage ich laut in der leeren Küche. »Ruth!« Das einzige Geräusch kommt vom Wind, der draußen heult. »Ruth.«

Ich habe sie dreimal gerufen. Sie schweigt; doch wenn ich die Augen schließe, kann ich ihr sarkastisches Lächeln sehen.
Ich gehe aus dem Haus zum U-Bahnhof, die Straßen entlang, wo der Klang meiner Schritte vom gefallenen Laub gedämpft wird, und in den Untergrund hinab, wo niemand redet außer einem traurigen alten Mann auf dem Bahnsteig, der etwas vor sich hin murmelt, während alle anderen Leute stumm an ihm vorbeigehen, auch ich. An Hyde Park Corner komme ich wieder in die flüchtige, bleiche Herbstsonne und gehe zum Belgrave Square mit seinen großen weißen Villen, deren Fenster, wie ich beim Blick nach oben feststelle, blind und trübe sind.
Die Nummer 33 beherbergt den Verband der britischen Spiritisten. Ich hatte schon monatelang vor herzukommen, seit mir ein Freund erzählt hat, dass hier an jedem Wochentag nachmittags um 15.30 Uhr eine Vorführung medialer Fähigkeiten geboten wird. Der heutige Tag scheint mir ebenso gut für einen Besuch geeignet zu sein wie jeder andere ... nein, eigentlich müsste der heutige Tag der beste des Jahres sein, um hierher zu kommen. Als ich die mächtige schwarze Eingangstür aufstoße, bin ich so aufgeregt wie in meiner Kindheit auf dem Weg zur Geburtstagsfeier einer Freundin (schließlich bin ich ja hergekommen wegen eines geselligen Beisammenseins mit Toten). Die Dame am Empfang nimmt mein Eintrittsgeld (vier Pfund) entgegen und zeigt die geschwungene Treppe hinauf. »Es ist im ersten Stock, meine Liebe«, sagt sie, »die Tür gleich links.«
Im Saal oben herrscht Dämmerdunkel, denn die Vorhänge sind vorgezogen; Klappsitze, hundert oder mehr, sind reihenweise aufgestellt wie im Kino. Ich nehme ziemlich weit vorn Platz, neben einer Wandtafel, auf der zu lesen steht: »Dieser Saal ist dem Gedenken an Sir Oliver Lodge, Mitglied der Royal Academy of Science, gewidmet, einem großen Förderer physikalischer und parapsychologischer Forschungen.« Das ist ein gutes Omen, finde ich, denn Lodge war nicht nur der Erfinder der Zündkerze,

sondern wurde auch von Judith Chisholm als Vorreiter bei der Suche nach wissenschaftlichen Methoden für die Kommunikation mit den Toten genannt.

Das Publikum besteht aus drei alten Damen und zwei grauhaarigen Männern. Dann kommt laut schnaufend noch eine Frau herein und setzt sich neben mich. Sie trägt eine rosa Mütze, die mit Klammern an ihrem Kopf festgesteckt ist, einen rosa Mantel und darunter einen Jogginganzug aus rosa Velours mit malvenfarbenen Blütenapplikationen vorn. Ich schätze, dass sie über achtzig ist.

Das Medium, das heute hier auftritt, heißt Julie Johnson. Auch sie trägt ein rosa Oberteil – insgesamt ist ihre Kleidung allerdings etwas dezenter als die meiner Nachbarin (sauberer Tweedrock, Strumpfhosen, flache schwarze Schuhe, vernünftiger Sweater). Sie steigt auf das Podium vorn im Saal und öffnet die Vorhänge hinter ihrem Rücken. »So, ich lasse erst mal Licht rein«, sagt sie munter. Neben ihr steht ein Flügel und vor ihr zwischen zwei großen, kunstvollen Blumenarrangements, wie man sie in der Kirche findet, ein Rednerpult. Ich betrachte die Blumen und versuche herauszufinden, ob sie echt oder künstlich sind, aber es lässt sich schwer sagen (einen Augenblick lang bin ich so überzeugt von ihrer Echtheit, dass ich förmlich einen leichten Modergeruch wahrnehme, der den Vasen entströmt, und im nächsten meine ich Staub auf Plastikblüten und -blättern zu erkennen). Julie redet schnell; zuerst spricht sie in der gleichen energischen Art, in der eine Vorsitzende der Frauenvereinigung einer Gastrednerin danken würde, ein Gebet für Frieden und Harmonie. »Ich bin einfach nur das Telefon zwischen Ihnen und Ihren Geistern«, sagt Julie. »Ich kann sie hören, sehen und manchmal sogar riechen.«

Sie schließt die Augen halb – einen Moment lang wirkt sie auf mich wie eine Blinde –, und als sie sie wieder öffnet, zeigt sie auf eine Frau mit steinernem Gesicht auf der anderen Seite des Saals.

Die Frau trägt Schwarz. »Ich sehe eine mollige, freundliche Dame in der Geisterwelt«, sagt Julie zu der Frau. »Sie sitzt in einem roten Samtsessel, und sie häkelt alles Mögliche für ihr Heim. Es muss schön sein, so hübsche Sachen machen zu können. Ach ja, und sie hält ihr Haus penibel sauber und ordentlich. Sagt Ihnen das etwas?«

Die Frau in Schwarz nickt, aber ihr Gesicht bleibt noch unbewegt. »Jetzt sehe ich Sie mit dieser Dame auf Eseln am Strand entlangreiten«, sagt Julie. »Ach, glückliche Zeiten ... Sie hatten so viel Spaß. Sagt Ihnen das etwas?« Die Frau nickt wieder, und diesmal werden ihre Züge weicher. »Sie liebt Sie sehr«, sagt Julie. »Sie ist Ihr Tantchen, stimmt's?« Zwei Tränen rollen der Frau über die Wangen, und ich kann die Augen nicht von ihr wenden. Als sie jedoch meinen Blick bemerkt, ist es mir peinlich, und ich starre schnell zur Decke hoch, als suchte ich beim Kristalllüster Rat. An der Decke sind große feuchte Flecken, als seien alle in diesem Saal geweinten Tränen zum Himmel aufgestiegen, wären aber stattdessen im Putz stecken geblieben.

Jetzt wendet Julie sich an mich. Ich bin dran! Ich setze mich kerzengerade hin und bin wieder ganz aufgeregt; ich konzentriere mich auf die Erinnerung an Ruths Lächeln, will sie unbedingt zu einem dramatischen Auftritt hier am Belgrave Square bewegen – Himmel noch mal, es ist schließlich Halloween! »Ich sehe Ihren Großvater«, sagt Julie, »den Vater Ihrer Mutter.«

»Oh«, sage ich und bin ein bisschen enttäuscht.

»Er zeigt mir all seine Pläne, Dokumente und Schriftstücke«, sagt sie. »War er Rechtsanwalt?«

»Nein«, sage ich und bemühe mich, nicht trotzig zu klingen, »er war Bauingenieur.«

»Er macht sich Sorgen um Timothy«, sagt Julie. »Sagt Ihnen das etwas?« In der Tat. Timothy ist der Zwillingsbruder meiner Mutter, allerdings spricht sie nie über ihn und ebenso wenig mit ihm.

Sie hat einmal beiläufig erwähnt, dass er der Liebling ihrer Eltern war, aber mehr hat sie eigentlich nicht geäußert.
Die Erwähnung Timothys ist recht beeindruckend, aber ich bin trotzdem enttäuscht – wo bleibt Ruth? Doch Julie ist schon weiter, und wieder bekomme ich ein wenig von den Geschichten und den Geistern anderer Leute mit. Es ist, wie wenn man sich die unverständlichen Träume anderer Menschen erzählen lässt, nur dass einem die Details irgendwie vertraut vorkommen; es sind Dinge aus dem häuslichen Leben und keine Schauergeschichten von Toten. Julie erzählt der Dame in Rosa neben mir, dass die Geister wissen, welche Sorgen sie sich um die Regenrinnen an ihrem Haus macht. »Aber keine Angst, Sie werden das Problem schon in den Griff kriegen; am besten nehmen Sie den Mann, der Ihnen bereits einen Kostenvoranschlag gemacht hat. Er ist billig und sehr vertrauenswürdig.«
Nachdem sie die Hausprobleme der Dame in Rosa geklärt hat, richtet Julie ihre Aufmerksamkeit auf den nervös wirkenden grauhaarigen Mann hinter mir. »Ich sehe einen Geist direkt neben Ihnen sitzen, Sir«, sagt sie, »und wie er aussieht, dürfte er Ihr Vater sein.« Ein schwaches Lächeln huscht über das Gesicht des Mannes. »Ihr Vater sagt, Sie hätten ein Hobby, aus dem Sie einen Beruf machen könnten«, fährt Julie fort. »Sie sind ein bisschen niedergedrückt – fühlen sich wohl bei der Arbeit nicht recht anerkannt –, aber Ihr Vater sagt, dass Sie sich keine Sorgen machen sollen, weil alles gut gehen wird.«
Die braven Geister spenden auch weiterhin beruhigenden Rat – zu Frisuren, Reiseangelegenheiten, Neubauten, Ferien. Auf solche freundlichen Ratschläge verstanden sich auch die Eltern meiner Mutter immer gut – ruhige, gütige Ermahnungen, zu denen es Milchtee und Diätplätzchen gab. Meine Großeltern würden sich hier zu Hause fühlen, denke ich, falls sie sich überhaupt irgendwo auf dieser lauten Welt zu Hause fühlen könnten. Vielleicht sollte ich öfter auf ihre leisen, längst verklungenen Stimmen lau-

schen ..., statt zuzulassen, dass meine Sehnsucht nach Ruth alle anderen aus meinem Kopf verdrängt.

Nach einer Stunde beendet Julie die Vorstellung und dankt uns und den anwesenden Geistern für das heutige Erscheinen. Sie trabt hastig davon, wobei sie etwas von einem dringenden Termin murmelt, und ich bin ein wenig in Versuchung, hinter ihr herzulaufen und sie um eine Zugabe zu bitten, mich an ihre Fersen zu heften, weil sie vielleicht weiß, wie man durch eine Lücke in der Zeit schlüpfen kann, durch ein verstecktes Kaninchenloch, das ins Wunderland der Toten führt. Aber die Dame in Rosa hat Schwierigkeiten, sich zu erheben, und so helfe ich ihr auf die Beine und trage ihr die Plastiktüte. »Ich heiße Elsie«, sagt sie zwischen zwei Schnaufern. »Und Sie?«

»Justine«, sage ich.

»Ein hübscher Name«, sagt sie und nimmt mich bei der Hand.

»Kommen Sie oft hierher?«, frage ich sie, während wir langsam die Treppe hinuntergehen.

»Nicht so oft, wie ich es gern täte«, sagt sie. »Der Weg ist mir zu beschwerlich. Aber es lohnt sich jedes Mal. Und wissen Sie was? Ich habe mir tatsächlich Sorgen um meine Regenrinnen gemacht!«

Bevor ich gehe, lasse ich mir noch einen Termin für eine Privatsitzung bei Julie geben, in zwei Tagen, nur sie und ich (und keine fremden Geister, die herumhängen und die Sicht versperren). Als ich wieder zu Hause bin, haben die Kinder einen Kürbis ausgeschabt und sind gerade dabei, sich ihre Halloween-Kostüme anzuziehen. »Wir sind Teufel«, sagt Tom, »aber auch so was wie Gespenster und Vampire.« Sie haben sich künstliches Blut um die von Aufregung und weißem Puder bleichen Gesichter geschmiert. Sie stürmen zu einer Horde anderer verkleideter Kinder in die Dunkelheit hinaus. »Trick or Treat!«, schreien sie. »Leerer Sack, Schabernack!«

Ich verteile Süßigkeiten an alle Kinder, die mit Laternen und Plastikmistgabeln in den Händen an unsere Tür kommen – weiße

Schokoladengespenster, rote Bonbons, die wie blutgetränkte Zähne aussehen, grüne Gummibabys und gefüllte Augäpfel. Später, zur Schlafenszeit, als ich am Bett meines jüngeren Sohnes sitze, sagt er schlaftrunken: »Was ist eigentlich ein Schabernack?« Aber er ist eingeschlafen, noch ehe ich darauf antworten kann. Mein älterer Sohn schläft auch schon, obwohl seine *Harry-Potter*-Kassette weiterläuft, wie jeden Abend, endlos, bis ich sie abstelle.

Für heute Nacht habe ich meine Geister und Teufel zur Ruhe gebettet. Das rede ich mir jedenfalls ein.

Mittwoch, 1. November, Allerheiligen

Eine E-Mail von meinem Vater kommt an. Er schreibt:

Trauer: Beim normalen Trauern wird die Person, deren Verlust beklagt wird, in Wahnvorstellungen idealisiert und falsch wahrgenommen oder, wie am häufigsten der Fall, als Stimme erlebt. Wenn du bei Freud über Trauer und Melancholie im Zusammenhang mit Bindungsverlusten in der Kindheit nachliest, wirst du vielleicht entdecken, dass die Qual eines Kindes bzw. Trauernden über den Verlust ein Wunschdenken auslöst – eine Halluzination von dem geliebten Menschen ...

Für den Schamanen/Medizinmann/Exorzisten sind die Ahnen ebenso lebendig wie für den noch lebenden Verwandten, der sie verärgert hat, weil er den lange schon oder erst kürzlich Verstorbenen nicht genügend Respekt erwiesen hat und dafür zur Strafe von Geistern besessen und von entsetzlichen Wahnvorstellungen und Halluzinationen heimgesucht wird. Beim heutigen, rational denkenden Menschen tritt die Stimme des Gewissens als zeitgemäßes Relikt an die Stelle der kollektiven Stimme der Ahnen und besonders der kürzlich Verstorbenen. Religiöse Rituale können einen von den verlorenen Seelen befreien: der Verzehr der Hostie, des Leibes und Blutes Gottes, der gestorben ist, um verinnerlicht werden zu können – dieser

Gott ermöglicht es dir, die Last der Schuld, die dir der Tod auferlegt hat, zu tragen, weil du ihn zu dir genommen hast und so durch ihn geheiligt worden bist.
Bei einer Depression, der exzessiv übersteigerten Trauer, wird nach Auffassung Freuds und Melanie Kleins das geliebte »Objekt« auf sadistische Weise internalisiert – »verzehrt« und so assimiliert ..., indem es innerlich verdaut wird. Der Kannibalismus war die triumphale Verdauung des toten Feindes; wir hegen die Phantasievorstellung, irgendetwas, das wir getan haben, könnte zum Tod des geliebten Menschen beigetragen haben, und verdrängen unsere Ängste, indem wir den geliebten Menschen verzehren, ihn in uns aufnehmen. Das verschafft uns das Empfinden, dass er nicht tot ist und dass er zu uns spricht ...

Habe ich meine Schwester verzehrt? Das will ich nicht hoffen. Ich suche meinen Mann und frage ihn, ob er meint, dass ich eine Kannibalin geworden bin, zumindest im Hinblick auf meine tote Schwester.
»Nein«, sagt er, »ich glaube, es ist anders herum – du wirst von deiner Trauer um sie verzehrt.«

Donnerstag, 2. November, Allerseelen

»Der Herr schenke ihnen den ewigen Frieden.«
Requiem aeternam dona eis, domine.

Es ist nämlich ein weitverbreiteter Glaube, dass die Seelen der Toten
ihre alte Heimat in einer Nacht des Jahres wieder aufsuchen,
und bei dieser feierlichen Gelegenheit treffen die Leute Vorbereitungen
zu dem Empfange der Geister, indem sie Speisen für sie hinstellen ...
James George Frazer: »Das Ritual des Osiris«
aus *Der goldene Zweig*

Am Morgen in aller Hergottsfrühe, wohlig eingehüllt in einen Kokon aus Schlaf und Heizungswärme, träume ich von Ruth. Ich stehe mit anderen Frauen, die ich nicht kenne, in einer Schlange für Tee, Gebäck und Kuchen an. Dann sehe ich meine Schwester hinten im Raum; sie lächelt mir zu. Ich strecke die Arme nach ihr aus, und wir umarmen einander. Ich kann ihren Körper in meinen Armen fühlen, warm und weich und wirklich. »Du fehlst mir, du fehlst mir so sehr«, sage ich, während ich meine Wange an ihre drücke. »Wie kann ich ohne dich leben?«

Ehe sie etwas sagt, werde ich von Tom geweckt, der mir das Gesicht tätschelt. Ich brauche alle meine Kraft, um aus der Traumumarmung ins fahle Morgengrauen aufzutauchen; aber als ich endlich wach bin, ist es, als sei die Berührung meines Sohnes die Antwort auf meine Frage.

Nachdem ich die Kinder zur Schule gebracht habe, gehe ich noch einmal zu Julie am Belgrave Square. Der Regen ist heute noch stärker; es blitzt und donnert über mir, und der dunkle Morgenhimmel ist so wild bewegt, dass es aussieht, als würde er bald aufreißen. (Als Kind, ich war vielleicht fünf und hockte mit Ruth auf der Rückbank unseres Wagens, während sich unsere Eltern vorn darüber stritten, warum wir uns verirrt hatten – wir haben uns tatsächlich alle so oft verirrt –, kam mir der Himmel ebenso dunkel vor, aber ein Lichtstrahl schien aus den Wolken herab. »Das ist der Himmel«, flüsterte ich damals Ruth ins Ohr. »Was ist das, der Himmel?«, fragte sie. »Zauberei«, sagte ich. »Eines Tages werden wir gemeinsam dorthin gehen.«)

In Nummer 33 beim Spiritistenverband ist nichts, wie es sein soll. Julie hat sich verspätet. Sie ist nicht da. Sie ist auch nicht erreichbar, und wer weiß schon, wo sie steckt? (»Warum wissen Sie es nicht? Sie sind doch angeblich alle medial veranlagt!«, möchte ich der Empfangsdame am liebsten an den Kopf werfen, unterdrücke den Impuls jedoch, weil es unter den gegebenen Umständen sicher nichts bringen würde.) Zu allem Überfluss hatte Julies

Kollege, der ebenfalls heute Lesungen abhalten sollte, einen Unfall. »Er ist auf dem Laub ausgerutscht«, sagt die Empfangsdame und schüttelt dabei kummervoll den Kopf. Am Telefon ist ein wütender Anrufer. »Warum sind die Leute bloß so aggressiv?«, sagt sie und blickt noch bedrückter drein.

Ich setze mich auf einen kleinen vergoldeten Sessel mit rotem Samtpolster, der vor dem Arthur-Conan-Doyle-Raum neben dem schwarzen Brett steht, und warte. Eben will ich mir den Termin für den nächsten spiritistischen Vortrag am Freitag, dem 17. November, notieren (»Warum haben Egoisten scheinbar immer Erfolg, und was bedeutet das?«). Aber ich werde von einem zweiten Mitarbeiter am Empfang abgelenkt, einem jungen Mann, der einen Anruf auf Lautsprecher geschaltet hat, zum Vergnügen seiner Kollegin. »Ich will meinen eigenen Mini-CD-Spieler zur Sitzung mit dem Medium mitbringen«, dröhnt eine geharnischte Männerstimme durch das Vorzimmer. »Das ist mir nämlich sehr wichtig, verstehen Sie?«

»Kein Problem, mein Herr, das verspreche ich Ihnen«, sagt die Empfangsdame, während ihr Kollege kichert. Ich bin leicht schockiert – dies soll doch schließlich ein Ort des Mitgefühls und der Hilfsbereitschaft sein –, aber vielleicht hätte ich gar nicht mithören dürfen, denn nachdem der gereizte Anrufer abgefertigt ist, kommt der junge Mann mit verärgertem Gesichtsausdruck zu mir und sagt, dass ich hier nicht sitzen dürfte, sondern im Wartezimmer Platz nehmen müsste.

Das Wartezimmer liegt am Ende des Flurs. Drei Stühle stehen darin, und darauf sitzen bereits drei Frauen, sodass ich stehen bleiben muss. Ich lese das Schild an der Wand:

Mitteilungen an Sitzungsteilnehmer

Jede Mitteilung an Sitzungsteilnehmer hat Versuchscharakter.

Es ist einem Medium nicht möglich, einem Sitzungsteilnehmer auf Anforderung bestimmte Informationen zu liefern.

Aufgabe eines Mediums ist es, Beweise für ein Leben nach dem Tod zu erbringen, nicht aber die Zukunft vorauszusagen.
Eine Kostenerstattung kann nur geleistet werden, wenn das Medium vor Verlassen des Raumes persönlich darum gebeten wird.

Das Zimmer ist bläulich grün gestrichen und die Luft angstgeschwängert wie im Wartezimmer eines Krankenhauses. Es gibt keine Fenster, nur eine Uhr und die Stühle. »Ist es normal, dass man jedes Wort von nebenan mithören kann?«, fragt eine der Frauen. Die Frage bezieht sich auf Gesprächsfetzen, die vom Gang her zu uns dringen, wo gerade irgendwo eine Sitzung stattfindet. »Wer ist Mary?«, fragt das unsichtbare Medium. Man hört Antwortgemurmel. »Jetzt höre ich eine Elizabeth, wahrscheinlich eine Betty«, fährt das Medium fort. »Vielleicht eine Krankenschwester?«
Nach 45 Minuten trifft Julie endlich ein. »Tut mir Leid, dass Sie warten mussten«, sagt sie und wirkt nervös. »Ich bin von weither gekommen, von Tunbridge Wells, und die Züge sind schrecklich, einfach schrecklich – und gestern war ich erst um ein Uhr nachts zu Hause, um gleich frühmorgens wieder aufzubrechen, und das bei all dem Regen, schrecklich, einfach *schrecklich*. Wissen Sie, ich habe sechzig Tage an einem Streifen durchgearbeitet, Tag und Nacht.«
Ich bekomme allmählich Schuldgefühle, dass ich überhaupt hier bin – als ob ich mich einem überarbeiteten Assistenzarzt aufdrängen würde, der vor Erschöpfung dem Umfallen nahe ist–, und es wird noch schlimmer, denn ein herumstreunender Geist namens Elizabeth taucht hier im Wartezimmer auf, statt nebenan zu bleiben, wo er zweifellos hingehört. »Sagt Ihnen der Name Elizabeth etwas?«, fragt Julie.
»Hm, nein«, sage ich.
»Sie ist aber *Ihretwegen* hier«, sagt Julie und blickt mich verstört an, weil ich den Geist, der mich besuchen kommt, nicht erkenne.

»Eine sehr gebildete Dame!«

Zehn Minuten später sind wir immer noch kein Stück weiter, und Julie schlägt vor, die Sitzung zu beenden. »O bitte nicht«, sage ich noch schuldbewusster. »Eigentlich wollte ich gern in Kontakt mit meiner Schwester Ruth treten.«

»Dass man mit jemand Bestimmtem kommunizieren will, ist oft ein Hindernis«, sagt Julie missbilligend. »Sie wissen ja, Sie können Ihr Geld erstattet bekommen.«

»Ich will mein Geld nicht zurückhaben«, sage ich. »Aber vielleicht sollten wir Ruth einmal beiseite lassen und es stattdessen mit meiner Freundin Kimberley versuchen. Sie ist oft zu einer spiritistischen Versammlung gegangen, bevor sie starb. Ich bin sicher, dass sie gern mit mir Kontakt aufnehmen würde.«

»Die Sache ist nur die, dass *Elizabeth* mit Ihnen sprechen möchte«, sagt Julie.

»Ich *kenne* aber keine Elizabeth«, sage ich.

Julie schließt in scheinbarer Verzweiflung die Augen. »Aber Elizabeth kennt eindeutig Sie«, sagt sie.

»Na schön«, sage ich, »und wie steht's mit meinem Großvater Louis? Er war auch Spiritist.«

»O ja«, sagt Julie und sieht erleichtert aus. »Er hatte etwas mit Schafen zu tun, nicht wahr? Und wohnte in einem Haus direkt neben einer Kirche – in Wales vielleicht?«

Ich bringe es nicht übers Herz, ihr zu erzählen, dass Louis Jude und erst Lehrer, dann Dichter war und im obersten Stock eines Mietshauses in Johannesburg wohnte. Darum nicke ich nur, während sie weiter von den Schafen, der Kirche und einem Kellerraum plappert, in dem ich angeblich ein Bild von Louis finden würde, wenn ich gründlich suchte. (Ich habe gar keinen Keller, aber auch darüber will ich nicht mit ihr streiten.)

»Nun hat es sich am Ende doch noch gelohnt«, sagt Julie. »Ich bin froh, dass wir noch etwas erreicht haben, meine Liebe.«

Als ich gehe, schaue ich kurz auf mein Handy, das ich vor meiner

Verabredung bei den Spiritisten abgeschaltet hatte, und finde die dringende Nachricht vor, dass Juliette, Kimberleys Tochter, mit einer Blinddarmentzündung ins Krankenhaus eingeliefert wurde und ich sofort dorthin kommen soll, weil ihr Vater David für einige Tage geschäftlich nach Japan verreist ist. Ich eile im Laufschritt zur Hyde Park Corner und schwöre mir, nie mehr ein Medium aufzusuchen, *nie wieder*. (Wenn ich je eine Bestätigung für die Vergeblichkeit eines solchen Unterfangens brauchte, dann habe ich sie heute an Allerseelen erhalten.)
Später, viel später, während ich darauf warte, dass Juliette aus dem Operationssaal herausgeschoben wird, rufe ich meinen Mann an und erzähle ihm von der fehlgeschlagenen Kontaktaufnahme. »Hm, ja, da scheint etwas schief gelaufen zu sein«, sagt er. Dabei will ich ihm eigentlich erzählen, dass ich, obwohl Kimberley heute Morgen nicht erschienen ist, ein Gefühl habe, als sei sie jetzt hier im Krankenhaus, als schwebe sie still neben mir und Davids Partnerin Eileen (deren Mutter ebenfalls Selbstmord begangen hat – was die Frage aufwirft, wie viele Geister wohl heute Abend in diesem Wartezimmer beisammen sind). Am Ende erzähle ich meinem Mann doch lieber nichts davon, zumindest nicht am Telefon. Ich werde es auf später verschieben, auch wenn das noch lange dauern kann. Hier vergeht die Zeit langsamer, ebenso schleppend wie damals, als ich bei Ruth am Krankenbett saß; die Minuten dehnen sich zu Stunden, und der Tag geht unmerklich in die Nacht über, bis man sich kaum noch vorstellen kann, jemals wieder nach draußen zu kommen. Ich knabbere ein Mars und lese Eileen unsere Horoskope aus einer Zeitung vor, die jemand liegen lassen hat. (Merkurs Einfluss nimmt ab, was für uns beide sicher nichts Gutes bedeutet.)
Als Juliette endlich aus der Narkose aufwacht, beuge ich mich über ihr bleiches, müdes Gesicht und küsse sie. »Ich habe dich wirklich gern, mein Schatz«, sage ich und nehme eine ihrer Hände in die meine, während Eileen die andere nimmt. Dieses Mädchen

ist lebendig, warm und wirklich, es ist ebenso lebendig wie Ruth in meinem Traum letzte Nacht; ebenso reizend wie das Lächeln seiner Mutter auf dem Foto, das es zu Hause neben dem Bett an der Wand hängen hat; so geliebt, wie ein Kind nur geliebt werden kann von seinem Vater, von Eileen, von mir und allen Geistern, die uns umgeben am Ende dieses langen, langen, merkwürdigen Tages.

Sonntag, 5. November

»Remember, remember the fifth of November«, singt Jamie um neun Uhr früh, den Vers, der an die Pulververschwörung erinnert, und marschiert dabei in der Küche herum. »An welchem Tag ist deinem Vorfahren eigentlich der Kopf abgehackt worden, Mami?«

»Das weiß ich nicht«, sage ich.

»Wahrscheinlich haben sie es sofort getan«, sagt Jamie, »oder ist er erst gefoltert worden?«

»Das weiß ich auch nicht«, sage ich.

»Warum weißt du das nicht?«, sagt er. »Er ist doch dein Vorfahre, oder nicht?«

Mir wird bewusst, dass ich niemanden mehr über Henry Garnett ausfragen kann, den armen, toten Priester aus der Familie meiner Mutter, der geköpft wurde, weil er die Namen der Männer, die ihm ihre Beteiligung an der Pulververschwörung gebeichtet hatten, nicht preisgab. Später wurde er selig gesprochen, weil in einem Tropfen seines Blutes, der bei seiner Hinrichtung zu Boden fiel, das Antlitz Christi erschienen war . Alle, die vielleicht mehr über die Legenden gewusst hätten, die sich um seine Gestalt ranken, sind ebenfalls längst tot. Wie dem auch sei, ich muss die Pfannkuchen weiterbacken, das Lieblingsfrühstück von Juliette, die aus dem Krankenhaus entlassen worden ist, und Jamie muss

zu seinem Karatekurs, und dann kommt noch Kimberleys Mutter, um Juliette zu besuchen. »Kimberley konnte immer wunderbar Kuchen und Plätzchen backen «, sagt sie und sieht zu, wie ich den Pfannkuchenteig rühre.
Das Gespräch geht hin und her über halb geleerten Teetassen, während der Regen an die Fenster klatscht. »Wann wird sie schmerzfrei sein?«, fragt mich Kimberleys Mutter leise.
»Mein Bauch fühlt sich schon viel besser an«, sagt Juliette, die am anderen Tischende sitzt.
»Ist er aufgeschnitten worden?«, fragt Tom. »Hat es geblutet?«
»Eine Freundin hat mich zu einer Spiritistenversammlung in Bayswater mitgenommen«, sagt Kimberleys Mutter. »Aber ich kann nicht behaupten, dass etwas Spektakuläres passiert wäre.«
Die Stimmen gehen ineinander über, bis sie keinen Sinn mehr ergeben und ich mich frage, ob ich vielleicht dabei bin, den Verstand zu verlieren. Ich halte mich lieber an den Eierkuchenteig, denke ich, während ich noch eine Portion Pfannkuchen für die Kinder mache; der besteht schließlich aus ganz normalen Zutaten, ist flüssig und bereit für seine unspektakuläre, alltägliche Transformation.

Donnerstag, 23. November

Am Nachmittag ruft Rita Rogers unerwartet und sehr zu meiner Freude an. »Hallo, meine Liebe«, sagt sie. »Rita hier.« Ich wage nicht zu fragen, warum sie gerade heute anruft. (Rita weiß alles, und wer bin ich, dass ich an ihrer Weisheit zweifeln dürfte!) Als Erstes erzählt sie mir von einer Lesung, die sie für eine Mutter abgehalten hat, deren Tochter gestorben ist. »Ich wusste wirklich nur das, meine Liebe, sonst nichts, aber gleich zu Beginn der Lesung sagte ich: ›O Gott, Ihre Tochter ist ermordet worden!‹ Und tatsächlich, Liebes, während ich mit der armen Mutter sprach, sah ich alles vor mir, das Mädchen ist in einem Park vergewaltigt und ermordet worden, es hat geschrien, aber keiner hat etwas gehört, und der Mann hat ihm die Hand auf den Mund gelegt, oh, es war schrecklich, einfach schrecklich ...«

Während sie mir die Geschichte erzählt, höre ich einen leisen Schrei im Telefon, anscheinend von ihrem Ende der Leitung.

»Was war denn das?«, unterbreche ich ihren Redestrom.

»Was?«, fragt sie.

»Der Schrei. Ich habe gerade einen Schrei gehört.«

»Oh, das muss der Geist gewesen sein, Liebes«, sagt Rita, als wäre es das Normalste von der Welt. »Das passiert schon mal, wenn ich telefoniere.«

»Aber *ich* habe es gehört«, sage ich.

»Ja, mag sein«, sagt Rita. »Also«

»Klingen die Geisterstimmen auch für Sie so?«, unterbreche ich sie noch einmal. »So als wären sie nicht im Kopf, sondern außen, irgendwo neben einem?«

»Ja«, sagt sie. »Im Augenblick versuchen gerade zwei Stimmen, mit mir zu sprechen, Ihre Schwester und Kimberley, beide durch ein Ohr, und da Sie gleichzeitig mein anderes Ohr beanspruchen, ist es ziemlich schwierig, ihnen zu folgen.«

»Was erzählen sie denn?«

»Irgendetwas von einem John. Kennen Sie einen John?«

»Nein«, sage ich. »Nein ... doch, ich habe einen Freund, der John heißt und Krebs hat. Und dann hatte ich noch einen Freund namens Jon, der im Mai an einem Gehirntumor gestorben ist. Ruth kannte ihn auch, aber Kimberley nicht.«

»Du meine Güte, kennen Sie viele Tote«, sagt Rita. »Vielleicht ist gar nicht er gemeint, sondern jemand anders, dessen Name mit J anfängt. Die Geister machen sich Sorgen um diese Person; sie leidet.«

»Jamie? Das ist mein älterer Sohn. Aber er ist nicht krank ...«

»Nein, der nicht«, sagt Rita.

»Juliette?«, frage ich. »Kimberley war ihre Mutter.«
»Juliette!«, sagt Rita. »Ja, das könnte sein. Ihr ging es nicht besonders, stimmt's?«
»Ja, stimmt«, sage ich. »Sie hatte eine Blinddarmentzündung.«
»Aha, dann hat sich ihre Mama wohl Sorgen gemacht«, sagt Rita. »Üble Sache, so eine Blinddarmentzündung.«
»Rita«, sage ich und wechsle abrupt das Thema, weil ich möglichst viel in dieses überraschende Gespräch hineinpacken will für den Fall, dass sie wieder verschwindet (und mir wie eine unzuverlässige Märchengroßmutter ganz verloren geht), »fahren Geister Fahrrad?«
»Aber sicher, meine Liebe«, sagt sie, »sie fahren Rad. Und sie gehen gern angeln. Es gibt Gewässer dort in der anderen Welt, und sie fahren mit Booten herum. Sie haben Boote und Häuser und Fahrräder – sie leben wie Sie und ich –, und Pferde sind auch da, und natürlich Fahrräder, ja.«
Nach Beendigung des Gesprächs, als ich eben den Hörer aufgelegt habe, höre ich in der Küche etwas zersplittern; Cate, die heißgeliebte Tagesmutter meiner Kinder, die sie zweimal in der Woche von der Schule abholt, steht da, umgeben von Glasscherben, Blut und Essig. »Ich weiß nicht, wie das passiert ist«, sagt sie und hält sich die blutende Hand. »Diese Flasche Essig ist mir einfach so aus dem Küchenschrank entgegengefallen, und die Scherben haben mich verletzt ...«
Wir wickeln ihr ein Handtuch um die Hand, und ich fahre sie zum Krankenhaus, weil die Blutung nicht zu stillen ist. Auf dem Weg dorthin lasse ich mich über Ruths Blutphobie aus, was Cate nicht gerade gut tut, aber auch mir sitzt der Schrecken noch in den Knochen. (»Beim Anblick ihres eigenen Blutes ist sie immer in Ohnmacht gefallen«, sage ich. »Mir ist auch ein bisschen schwindelig«, sagt Cate.) Dann erzähle ich ihr von meinem Telefongespräch mit Rita. »Man sollte doch meinen, die Geister hätten uns vor deinem schlimmen Unfall warnen können, statt etwas von

einer leidenden Person zu faseln, deren Name mit J anfängt«, sage ich etwas missgelaunt.

»Ich heiße ja Julia«, sagt sie, halb lachend, halb weinend. »Mich nennt bloß jeder Cate. Vielleicht wollten sie uns doch warnen!«

»Na ja, können sich Geister nicht etwas klarer ausdrücken?«, sage ich. »Es ist immer alles so vage und wenig hilfreich – wie an dem Tag, als ich ins Krankenhaus musste, weil Juliette am Blinddarm operiert wurde – da hat mir *am selben Morgen* noch ein Medium gesagt, jemand namens Elizabeth wolle mit mir sprechen. Hätten die Geister nicht einfach sagen können: ›Juliette ist schwerkrank. Geh sofort zum Krankenhaus?‹ Das wäre doch das Vernünftigste gewesen, nicht wahr?«

Wir treffen am Krankenhaus ein, und ich begleite Julia/Cate zur Notaufnahme; wir lassen eine Blutspur hinter uns. Auf der einen Seite neben uns sitzt eine junge Mutter mit einem bleichen, teilnahmslosen Säugling. Auf der anderen sitzt ein Mädchen mit gesenktem Kopf und weint, die Fäuste in die verschwollenen Augen gedrückt. »Hölle und Teufel«, sage ich nach einem Blick auf all die Jammergestalten und Verdammten im grellen Neonlicht dieses Wartezimmers. »Verfluchte Geister!«, und dann marschiere ich davon, um eine Krankenschwester zu suchen, während mich die Leute anstarren, als hätte ich nicht mehr alle Tassen im Schrank.

Ich finde niemanden, der helfen könnte, aber ich kann immerhin eine mürrische Krankenschwester überreden, mir Verbandsmull zu geben. Als ich zurück bin, blutet Cates Wunde noch stärker; ich verbinde sie, um die Blutung zu stoppen. »Kann denn niemand helfen?«, frage ich, aber anscheinend muss ich allein klarkommen. Das Blut sickert bereits wieder durch den Verband, und so gehe ich erneut zu der mürrischen Krankenschwester, hole noch mehr Verbandszeug und Pflaster und lege Cate ungeschickt einen weiteren Verband an.

»Ich hätte nie gedacht, dass mein Blut so rot ist«, sagt Cate, die von Sekunde zu Sekunde bleicher wird, mit einem Blick auf die roten Spritzer und Kleckse auf dem Fußboden um sie herum. Es ist keine große Wunde, aber sie ist sehr tief – man kann tatsächlich das Fleisch sehen. (Ich war bei Ruth, als sie mit einem Kaiserschnitt entbunden wurde, und sah nichts von dem Schnitt, weil ich ihr in die Augen schaute, die ihre Angst widerspiegelten. »Sing mir ein Lied vor«, sagte sie, »oder erzähl mir eine Geschichte.« Ich sang Wiegenlieder für sie, und dann malte ich ihr die Picknicks aus, die wir mit unseren Kindern am Strand machen würden, mit Lagerfeuer, gebackenen Kartoffeln und gerösteten Marshmallows. »Und Schokoladenplätzchen«, sagte sie, »vergiss die Plätzchen nicht.«) Ich frage mich, wie lange es wohl dauern würde, bis jemand hier beim Warten auf einen Arzt verblutet: fünf Stunden? Sechs?

»Wenn ich nun Aids hätte?«, sagt Cate. »Habe ich nicht, aber das weiß hier ja keiner, und alles ist jetzt voller Blut, und niemand kümmert sich darum.«

Irgendwann untersucht endlich jemand die Wunde und lässt sie röntgen, und nach einer weiteren guten Stunde heißt es, sie muss genäht werden. Ich lasse Cate in der Obhut ihres Ehemanns John (John!) zurück, der gerade von der Arbeit gekommen ist. »Vielleicht war das das J«, murmele ich vor mich hin, während ich allein wieder nach Hause fahre, »obwohl es unwahrscheinlich ist. Egal, ich habe genug davon. Wirklich genug. Schluss mit den Medien. Das führt zu nichts, ich mache mich verrückt damit und laufe nur im Kreis herum. (»Und Selbstgespräche führst du auch schon«, sagt mein innerer Therapeut. »Das wird allmählich ein Problem ...«)

Ich bin etwas mitgenommen am Abend und habe noch immer niemanden, mit dem ich sprechen kann, denn Neill ist nicht da, und Ruth ignoriert mich. Also suche ich die fernen Räume des Internets ab, wühle mich immer tiefer hinein, surfe durch die endlosen Websites amerikanischer Medien, die zu Halbstundenpreisen von 200 Dollar aufwärts Sitzungen anbieten (und trotzdem bis nächstes Jahr ausgebucht sind). Schließlich entdecke ich ein verheißungsvolleres Ziel im Netz – »The Living Energy Universe«, das sich mit der Arbeit von zwei amerikanischen Forschern in Arizona befasst, Professor Gary Schwartz und seiner Frau Dr. Linda Russek, die mit wissenschaftlichen Tests die Treffsicherheit von Medien untersuchen. Heute Nacht sind sie nicht mehr zu sprechen, aber ich schicke eine E-Mail an die Vorsitzende ihrer Forschungsgruppe, das bekannte kalifornische Medium Laurie Campbell. (Ich bitte sie, mich anzurufen, sobald sie Zeit hat, weil ich mit ihr über all die Toten in meinem Kopf sprechen müsste, ganz zu schweigen von den Unmengen Blut, die immer dann in meinem Leben auftauchen, wenn ich es am wenigsten erwarte.)

Inzwischen ist es zwei Uhr nachts, und ich stöbere durch obskure katholische Websites, um mehr über Henry Garnett in Erfahrung zu bringen. (Wie sich herausstellt, war er Jesuit, aber das ist auch alles, was ich über ihn finde.) Meines Erachtens ist es langsam an der Zeit, dass irgendetwas einen Sinn ergibt – das Blut, die Toten, das ganze verdammte Zeug –, aber es ist ein einziges Durcheinander. Meine Augen beginnen vor Müdigkeit zu tränen, alles auf dem Bildschirm ist unscharf, nichts hilft mir weiter, was bleibt, sind die verschwommenen Computertexte von Fremden auf der anderen Seite der Welt. Sonst herrscht Stille.

Sonntag, 26. November

Ich träume wieder von Ruth. (Wohin führen diese Träume? Ich glaube, wenn man jemanden immer noch liebt, muss die Liebe ein Ziel haben und Ausdrucksmöglichkeiten finden, selbst wenn der Gegenstand dieser Liebe tot und im Dunkel der Vergangenheit verschwunden ist ... Ich habe das Gefühl, ein Doppelleben zu führen, zur Hälfte tags, zur Hälfte nachts, und manchmal vermischen sich die beiden.) In meinem Traum sind Ruth und ich im obersten Stock eines Hochhauses im Empfangszimmer eines Büros. Sie spricht kaum mit mir, aber ich sage ihr, wie froh ich bin, sie zu sehen, und wie sehr sie mir gefehlt hat. Sie sieht gut aus – kein Krebs, kein Hirntumor, und ihr Haar ist wieder lang, dunkel und lockig. Allerdings wirkt sie auch ein bisschen misstrauisch. Sie erzählt mir, dass sie in Amerika lebt.

»Kann ich deine Telefonnummer haben?«, frage ich sie in freundlichem Ton.

»Die will ich eigentlich niemandem geben«, sagt sie und schaut über meine Schulter in die Ferne.

Ich bin verärgert, erwidere aber nichts – ich habe Angst, ihr zu zeigen, wie wütend ich auf sie bin; auch nach Weinen ist mir zumute, weil sie mich nicht mehr liebt, weil sie nicht mehr mit mir reden will. Um uns herum sind massenweise fremde Menschen – ein Strom von Leuten, der mir vorher gar nicht aufgefallen war –, und irgendwie werde ich von ihr weggedrängt. Ich gehe weiter, bin ihr immer ein Stück voraus. Ich habe keine andere Wahl, als weiterzugehen, und es dauert nicht lange, da habe ich sie verloren. Auf einmal bin ich in einem Aufzug, der zum Erdgeschoss hinunterfährt. Ich erhasche noch einen flüchtigen Blick auf sie, wie sie draußen steht, bevor sich die Türen schließen. Dann ist sie verschwunden.

Als ich an diesem trübseligen, fahlen Sonntag aufwache, sieht Neill genau so aus, wie ich mich fühle: tief besorgt, mit Ringen unter den Augen und aschgrauem Gesicht. »Was ist los?«, frage ich ihn.

»Ich hatte einen schrecklichen Traum«, sagt er. »Ich war mit jemandem zusammen – mit einer Frau, aber nicht mit dir ... einer Sängerin, glaube ich, aber ich konnte ihr Gesicht nicht sehen. Wir waren in einem Garten, und dann war sie plötzlich verschwunden.«

»Wo war sie denn hin?«, frage ich.

»Sie war tot«, sagt er. »Ich wusste einfach nur, dass sie tot war, obwohl ich sie nicht sterben gesehen habe. Und ein Mann stand da, wo sie gestanden hatte, ein ganz normaler Mann, aber ich wusste, dass es der Tod ist. Und nachdem er die Frau geholt hatte, kam er nun zu mir. Dann bin ich aufgewacht – es war dunkel, und Tom war zu uns ins Bett gekrabbelt –, aber ich konnte noch immer die Stimme des Mannes hören. Er wusste, dass ich Durst hatte, und sagte: »Willst du hinuntergehen, dir ein Glas Wasser holen und unten in der Küche sterben, allein? Oder willst du jetzt sterben, mit deinem Sohn an deiner Seite?«

»Und du hast gedacht, du wärst wach?«, frage ich, erschüttert über seinen Traum.

»Ich *war* wach«, sagt er. »Ich habe schlaflos dagelegen bis zur Morgendämmerung und mich nicht zu rühren gewagt.«

»Es war nur ein Traum«, sage ich, um ihn zu beruhigen, wie er mich schon oft beruhigt hat. »Du hast nur geträumt ...«

Mittwoch, 13. Dezember

Ich habe einen Besuchstermin in der Bibliothek des Freud-Museums in Hampstead vereinbart, dem Haus in Maresfield Gardens, in das Freud nach seiner Flucht aus Wien 1939 gezogen ist. Obgleich ich seine Werke gelesen habe (wie könnte es auch anders sein mit einer Therapeutin als Mutter und einem Vater, der schon beim Frühstück den Ödipuskomplex zu zitieren pflegte!), habe ich mich doch jahrelang gegen ihn gesträubt – eine kindische Reaktion auf die Ansichten meiner Eltern, nehme ich an. (Meine Ablehnung muss für meinen Vater ein Problem gewesen sein, ebenso wie einstmals seine Weigerung dem eigenen Vater gegenüber, dessen spiritistische Neigungen zu akzeptieren. Diese Streitbarkeit und Kompromisslosigkeit scheint unserer Familie

im Blut zu liegen ...) Inzwischen bin ich der salbungsvollen Sprache des Spiritismus so überdrüssig, dass ich stattdessen eine Prise Freud brauche. Ich will aber nicht das suchen, was mein Vater an Freud fand – die Erkenntnis, dass alles, was wir über uns selbst wissen müssen, in unseren eigenen Köpfen enthalten ist und nicht etwa in einer mystischen, magischen Außenwelt. Vielmehr will ich die Bestätigung dafür suchen, dass Freud tatsächlich Interesse am Okkulten hatte, und vor allem dafür, dass sich nach seiner privaten Überzeugung, die er der Öffentlichkeit vorenthielt, das Unbewusste manchmal dem Zugriff der rationalen Medizin oder der materiellen Wissenschaft entzieht. Wohin mich das führen wird, weiß ich nicht. (Falls zurück zum Spiritismus, bin ich wieder im Kreis gegangen. Aber anscheinend bin ich ja auch derzeit zu nichts anderem fähig.)
Ich erinnere mich von früher her noch dumpf an diese Straßen. (Ich bin ganz in der Nähe, in einer Straße namens Frognal geboren worden. Meine Eltern hatten dort ihre erste gemeinsame Wohnung gemietet und gewöhnten sich daran, mit einem Baby, mit dem sie so früh in ihrem Leben nicht gerechnet hatten, in einer fremden Stadt zu leben.) Als ich in Maresfield Gardens ankomme, spüre ich, wie mir vor Aufregung der Hals eng wird wie damals, als ich zum ersten Mal zum College für parapsychologische Studien ging. Häuser bergen ebenso Geheimnisse wie Menschen; dies hier ist ein Ort, wo sich Türen zu anderen Welten öffnen können. Ich habe Freuds Haus schon einmal einen virtuellen Besuch im Internet abgestattet (einem Raum, in dem ich immer häufiger nachts herumschweife auf der Suche nach irgendetwas, das mit Ruth in Zusammenhang steht, erpicht darauf, einen Blick auf das zu erhaschen, was auf der anderen Seite der Glasplatte hinter dem Computerbildschirm liegt).
Jetzt bin ich in dem realen Haus und steige die Treppen zur Freudschen Bibliothek hinauf, zum Dachgeschoss, wo zwischen den Bücherreihen Geister leben. Ich bin sicher, dass ich die Ant-

wort auf alles erfahre, wenn ich nur das richtige Buch finde – oder den richtigen Geist? All der Wirrwarr um mich herum und in mir selbst wird dann einen Sinn ergeben, und ich werde endlich ein wirkliches Ziel haben. Oder etwas Ähnliches.
Die Briefe, die ich lesen möchte, stammen aus der Korrespondenz von Sigmund Freud mit seinem psychoanalytischen Mitarbeiter Sandor Ferenczi. Es war Ferenczi (ein ungarischer Arzt, siebzehn Jahre jünger als Freud), der seinen Mentor ermahnte, bei dem entschlossenen Versuch, die Psychoanalyse als Wissenschaft zu etablieren, das Okkulte – das, was jenseits des Erwarteten liegt –, nicht aus den Augen zu verlieren. In einem 1899 veröffentlichen Essay mit dem Titel »Spiritismus« schreibt Ferenczi:

Heutzutage haben die meisten der sogenannten Intelligenz die Grundlagen des atomistischen Materialismus bereits während ihrer Ausbildung in sich aufgesogen. Danach ist die Welt nichts weiter als eine unendlich große Masse unsichtbarer Teilchen unterschiedlicher Größe, deren Schwingungsbewegungen Licht, Wärme, Elektrizität usw. erzeugen. Das menschliche Bewußtsein ist bloß eine Folge bestimmter Hirnzusammenballungen. Ach, welch eine Aufgabe ist unseren Physiklehrern zugefallen, als sie uns diese Ideen mit absoluter Überzeugungskraft vermitteln mußten! Wie leicht erschien uns alles, wenn wir nur ihren Erklärungen Glauben schenkten: sechzig bis siebzig Atome (seitdem gibt es zehn neue Elemente!), acht bis zehn Ätherschwingungen. Das ist das Wesen der Welt. Wer von Kongruenz, Geist, Metaphysik zu sprechen wagt, muß verrückt sein ...

Seither ist Ferenczi, der es wagte, von Geistern und Hellseherei zu sprechen, von orthodoxeren Analytikern als »verrückt« bezeichnet worden. Mir jedoch scheint, dass Ferenczi eine wichtige Beobachtung gemacht hat, als er in demselben Essay schrieb: »Ich glaube, daß diese Phänomene einen wahren Kern enthalten, auch wenn es sich eher um subjektive als um objektive Wahrheit handelt ... Die Spiritisten sind im Besitz alchemistischen Goldes,

eines verborgenen Schatzes; ihre Wissenschaft hat jede Chance, reiche, unerwartete Ernte einzubringen auf einem Gebiet, das bisher noch nicht kultiviert wurde: auf dem der Psychologie.«
Während Freud für meinen Vater die wissenschaftliche Vernunft repräsentierte – den Rationalisten an dem einen Ende des Spektrums, an dessen anderem Ende er seinen Vater, meinen Großvater, den irrationalen Spiritisten ansiedelte –, ist das, was ich in dieser Bibliothek suche, vielleicht ein Kompromiss zwischen diesen gegensätzlichen Positionen. Freuds Darstellung des Unbewussten enthält vielleicht auch das bisher noch Unbekannte. Und wenn ein Psychoanalytiker manchmal auch Medium sein kann und umgekehrt, dann könnte es zwischen meinem Vater und meinem Großvater (ganz zu schweigen von meiner Mutter, der Therapeutin, und mir) am Ende Gemeinsamkeiten geben. Vielleicht ist in diesem Dachgeschoss für uns alle Platz. Vielleicht schließen wir hier Frieden miteinander.
Aber zuerst muss ich den Schlüssel dazu in der Lebensgeschichte eines anderen Menschen finden. (Mein Lehrer in den ersten Grundschuljahren in Oxford, der freundliche Mr. Hood, der mir damals uralt vorkam, obwohl er wahrscheinlich gerade mal so alt war wie ich heute, lehrte uns, dass wir die Zukunft auf der Vergangenheit aufbauen könnten. Wir bastelten römische Villen aus Pappkarton zusammen: Es schien wirklich ganz einfach zu sein; und obwohl ich mir nicht sicher war, wie die Zukunft in einen solchen Karton passen könnte, brachte ich Stunden damit zu, meine Villa mit zusammengeklebten Mosaiken aus alten Readers-Digest-Heften zu schmücken und mir nachts, wenn ich nicht schlafen konnte, kunstvolle Anbauten auszumalen.)
Aus den Briefen vom Dachgeschoss geht hervor, dass Freud, Jung und Ferenczi im August 1909 gemeinsam aus der Alten in die Neue Welt, nach Amerika, reisten, wo Freud eine Reihe von Vorträgen hielt. Kurz nach ihrer Rückkehr nach Europa, am 5. Oktober, schrieb Ferenczi an Freud: »Amerika ist wie ein

Traum.« Was ihre Aufmerksamkeit jedoch wirklich fesselte war, wie sich herausstellte, nicht diese Reise nach Übersee, sondern diejenige, die Ferenczi unternahm, als er wieder in Budapest war und dort ein Medium besuchte, Frau Seidler. Zu meinem größten Verdruss fehlt der erste Teil des Briefes, in dem Ferenczi Freud von diesem Erlebnis berichtet; dabei hatte ich mir eingeredet, ihn in dieser Bibliothek finden zu können. Immerhin finde ich Freuds Antwortschreiben vom 11. Oktober 1909 über die mysteriöse Frau Seidler. Darin vertritt er die Auffassung, dass sie die Bilder von Schiffen und Reisen wahrscheinlich symbolisch mit einem Todesfall in Verbindung brachte, was sonst vielleicht korrekt gewesen wäre, während dieses Mal ein wirklicher Amerikareisender vor ihr saß, wovon sie keine Kenntnis hatte. Er überlegte, ob man sich jetzt aufgrund dieser Erfahrung dem Okkultismus verschreiben sollte, verwirft den Gedanken jedoch, weil es sich wohl nur um eine Sache der Gedankenübertragung handle, und plädiert für absolutes Stillschweigen darüber.

Im Großen und Ganzen hielt Freud sich in seinen Schriften daran, nichts zu verbreiten, was die wissenschaftliche Seriosität seiner Werke zweifelhaft erscheinen lassen könnte. Doch in seinem Privatleben scheint er bisweilen einen Hang zu magischen Denkweisen gehabt zu haben: Er opferte rituell Lieblingsbesitztümer, um seine Kinder vor Katastrophen zu schützen, und maß den Zahlen 28 und 23 in seinem Leben eine besondere Bedeutung bei. Sein Freund und Biograph Ernest Jones, ein überzeugter Skeptiker, schrieb:

> In den Jahren vor dem Ersten Weltkrieg führte ich mit Freud mehrmals Gespräche über den Okkultismus und verwandte Themen. Besonders nach Mitternacht tischte er mir gern seltsame oder unheimliche Erlebnisse mit Kranken auf, vorzugsweise solche, bei denen viele Jahre nach einem Wunsch oder einer Vorhersage Unglück oder Tod eingetroffen war. An solchen Geschichten konnte er sich besonders ergötzen, und gerade das

mysteriöse Element beeindruckte ihn sichtlich. Wenn ich bei manchen von den zu unglaubhaften Geschichten protestierte, pflegte Freud mit seinem Lieblingszitat zu antworten: »Es gibt mehr Ding' im Himmel und auf Erden, als eure Schulweisheit sich träumt.«

Ernest Jones: »Okkultismus« aus
Das Leben und Werk von Sigmund Freud

Jones fährt in seiner mittlerweile leider vergriffenen, im Museum aber noch einsehbaren Freud-Biographie fort, er habe, wenn es sich bei den Mitternachtsgeschichten Freuds um Erscheinungen von den Geistern Verstorbener handelte, seinem Mentor vorzuwerfen gewagt, er neige aufgrund fadenscheiniger Beweise dazu, an Übersinnliches zu glauben. Worauf Freud zu erwidern pflegte: »Ich mag das alles nicht, aber irgend etwas Wahres ist daran«, ein kurzer Satz, in dem beide Seiten seiner Natur zum Ausdruck kamen.

Nachdem ich mir ein paar Sätze aus den Briefen abgeschrieben und mir einige Seiten aus der Freud-Biographie von Jones fotokopiert habe, verlasse ich das Dachzimmer und wandere noch ein wenig in den anderen Räumen des Museums umher. Ich weiß im Grunde nicht recht, was ich mit diesen Zitaten anfangen soll. Sie sind der Beweis für ... für was eigentlich? Dass jedem von uns so abstruse Dinge passieren? Oder dass Freud, der Mann, den mein Vater als den Gipfel der rationalen Erforschung menschlicher Irrationalität betrachtete, vielleicht doch mit meinem magiegläubigen Großvater ins Gespräch gekommen wäre?

Ich verlasse das Museum und gehe die Straße entlang; ich konzentriere mich so sehr darauf, keine lauten Selbstgespräche zu führen, dass ich nicht bemerke, wohin ich meine Schritte lenke. Irgendwo biege ich falsch ab und komme nicht, wie ich gedacht habe, an der U-Bahn-Station aus, sondern an einem Ladenlokal, das ich nie zuvor gesehen habe. Obwohl ich absolut nicht damit gerechnet habe, ist es mir doch so bekannt, dass ich lachen muss.

»JUDEN FÜR JESUS«, steht auf dem Schild an der Tür – ein wahr gewordener Familienwitz. Als mein Vater davon sprach, dass sich sein Vater dieser Organisation angeschlossen hätte, war ich fest davon überzeugt gewesen, sie sei reine Erfindung – eine Mitternachtsgeschichte, ein Gleichnis für den eigentümlichen Glaubenswandel meines Großvaters; nie hätte ich gedacht, dass sie wirklich existieren würde.

Nach kurzem Zögern betrete ich den Raum. Die Frau drinnen ist offenbar erfreut über mein Erscheinen. »Kann ich Ihnen helfen?«, fragt sie.

»Ich weiß nicht«, erwidere ich.

»Wo gehen Sie denn zum Gottesdienst?«, fragt sie.

»Ich gehe nicht in die Kirche«, sage ich.

Die Frau sieht mich erstaunt an. »Und wo wohnen Sie?«, fragt sie.

»In Crouch End«, antworte ich.

»Oh, da gibt es eine hübsche Kirche ganz in Ihrer Nähe«, sagt sie, »oben auf dem Hügel. Bestimmt wird man Sie dort gern willkommen heißen. Sie werden sich wie zu Hause fühlen.«

»Eigentlich wollte ich nur etwas über meinen Großvater in Erfahrung bringen«, sage ich. »Er hat sich vor vielen Jahren Ihrer Organisation angeschlossen.«

»Ich weiß nicht, ob ich Ihnen da weiterhelfen kann«, sagt sie. »Wahrscheinlich wäre es besser für Sie, Ihre Zeit in der Kirche zuzubringen.«

Am Abend zu Hause erstatte ich Neill Bericht von meinem merkwürdigen Tag. »Ich bin im Freud-Museum gewesen«, erzähle ich ihm, »und habe dort wirklich interessante Briefe gefunden, aus denen hervorging, dass der Mann halbwegs an das Okkulte geglaubt hat, und dann bin ich auf dem Rückweg auf das Büro der ›Juden für Jesus‹ gestoßen. Ein seltsames Zusammentreffen!«

»Wieso Zusammentreffen?«, sagt Neill.

»Weil mein Großvater dieser Organisation beigetreten ist und selbst Spiritist war und mein Vater immer gesagt hat, er hätte lieber Freud lesen sollen, statt seine Zeit mit all dem Quatsch zu verschwenden.«

»Und?«, sagt Neil.

»Das ist alles«, sage ich gedankenverloren.

»Ich kann nichts Besonderes daran entdecken«, sagt Neill. »Keine Ahnung, was du meinst ...«

Ich seufze. »Es muss etwas zu bedeuten haben«, sage ich. »Ich weiß nur nicht genau, was.«

Lexikon für Skeptiker

Apophänie: Es gibt momentan eine kontroverse Diskussion darüber, ob ungewöhnliche Erlebnisse Symptome einer geistigen Störung sind, ob geistige Störungen die Folge solcher Erlebnisse sind, oder ob Menschen mit geistigen Störungen besonders anfällig für oder sogar aktiv auf der Suche nach solchen Erlebnissen sind. Apophänie ist die spontane Wahrnehmung von Zusammenhängen und Sinnfälligkeiten zwischen unzusammenhängenden Phänomenen ... In der Statistik wird Apophänie ein Typ-1-Fehler genannt, bei dem Muster gesehen werden, die in Wirklichkeit gar nicht existieren. Höchstwahrscheinlich ist die scheinbare Bedeutsamkeit vieler ungewöhnlicher Erlebnisse und Erscheinungen, wie Tonbandstimmen-Phänome, Numerologie und viele andere paranormale und übersinnliche Erfahrungen, auf Apophänie zurückzuführen. Siehe auch Pareidolie.

Pareidolie: Eine Form der Illusion oder Sinnestäuschung, bei der ein verschwommener, undeutlicher Reiz als etwas Klares, Deutliches wahrgenommen wird. So wird zum Beispiel in den Brandflecken einer angebrannten Tortilla das Antlitz Christi, auf einem Rosinenbrötchen das Bild der Mutter Teresa oder im Mond das Gesicht eines Mannes gesehen.

Robert Todd Carroll: *SkepDic.com*

Sonntag, 17. Dezember

Wieder kommt eine E-Mail von meinem Vater an. Er scheint diese Art der Kommunikation vorzuziehen. Auf dem Bildschirm äußert er sich ruhig und gelassen, und es schleichen sich keine scharfen Töne in unsere Gespräche ein, in denen wir uns sonst gegenseitig zu zerfleischen pflegen. (Wenn in einer Familie jemand stirbt, arrangieren sich die Überlebenden auf überraschende Weise neu, sie finden neue Wege des Umgangs miteinander und umgehen so die spitzen Fußangeln der Trauer. Dieser Versuch, die einzelnen Teile einer auseinander gebrochenen Familie wieder zusammenzufügen, ist unter Umständen ebenso verwirrend wie das, was man bei einer Séance erleben kann.) Mein Vater schreibt:

Justine,
ich halte demnächst einen Vortrag über jüdische Mystik (Kabbala) – aus rein psychologischer Sicht, ohne Magie –, und ich dachte, das könnte dich interessieren. Hoffe, die offenkundige Verbindung zwischen Archäologie und der Erforschung des Unbewussten bei Freud war anregend für dich. Diese alten Plastiken aus dem Nahen Osten in seinem Haus in Maresfield Gardens entsprechen (in kondensierter, verfremdeter und symbolisch verbrämter Form) den Symptomen unbewusster historisch-religiöser Konflikte und, parallel dazu, der Geschichte unserer Schuldneurose.
Alles Liebe, Dad

Dienstag, 19. Dezember

... selbst wenn alle Teile eines Problems zusammenzupassen scheinen wie die Teile eines Verwirrspiels, ist zu bedenken, dass das, was wahrscheinlich ist, nicht unbedingt die Wahrheit ist und dass die Wahrheit nicht immer wahrscheinlich ist.

Sigmund Freud: *Fragen der Gesellschaft, Ursprünge der Religion*

Ich will vor den Kindern zu Hause sein, aber ich sitze immer noch im Auto, denn ich bin in den Stau der Weihnachtseinkäufer auf der Upper Street geraten, also rufe ich Neill an und sage ihm, dass ich mich verspäte. Ehe ich einen Ton herausbringen kann, höre ich ihn schluchzen. »Kirsty ist tot«, sagt er. Seine Schwester ist tot. »Sie ist im Wasser gestorben«, fährt er fort, »im Meer ... Sie ist im Meer umgekommen.« Seine Stimme bricht, ich kann ihn kaum noch verstehen. Ich muss mich verhört haben. Das kann doch nicht sein. *Meine* Schwester ist tot, nicht seine. »Neill?«, sage ich. Stille. »Halt durch«, sage ich, »ich bin gleich zu Hause. Halt einfach durch ...«

Ich treffe zu Hause ein, als die Kinder gerade mit Cate von der Schule unsere Straße entlang kommen. »Kirsty ist tot«, sage ich leise zu Cate. Sie ist schockiert. Mit leerem Gesichtsausdruck schließe ich die Haustür auf, und wir gehen ins Haus. Neill sitzt am Küchentisch vor einer Flasche Rum und hält durch ... Ich umarme ihn, diesen Mann, den ich liebe, meinen Fels, und es fühlt sich an, als würde er sich in meinen Armen auflösen. Ich lotse ihn aus der Küche auf dic Straße und bis in die nächste Bar. Ich bestelle ihm schwarzen Kaffcc. Er will Whisky und ein paar Garnelen.

»Sie hat in Mexiko Ferien gemacht«, sagt er. »Sie war mit den Kindern tauchen. Sie ist von einem Rennboot überfahren worden.« Sein Gesicht verzieht sich. »Das ist doch so unwahrscheinlich! Von einem beschissenen Boot getötet zu werden...« Er vergräbt sein Gesicht in den Händen. Am Nebentisch feiern ein paar Leute eine Weihnachtsparty, und sie starren zu uns herüber. Ich möchte am liebsten aufstehen und ihnen kurz sagen: Hört mal, mein Mann hat gerade erfahren, dass seine Schwester tot ist, starrt ihn also bitte nicht so an. Aber ich halte ihn im Arm und kann deshalb nicht aufstehen.

Er trinkt den Whisky, aber die Garnelen stößt er beiseite. »Mir wird schlecht davon«, sagt er. Wir gehen wieder nach Hause; das

Telefon klingelt und klingelt und klingelt. Kirsty war ein halbwegs berühmter Popstar, und die Nachricht von ihrem Tod wird in spätestens einer Stunde im Radio zu hören sein. Eine Freundin aus einer Zeitungsredaktion ruft an und sagt: »Die Meldung kommt gerade übers Kabel.« Ich stelle mir vor, wie sich Kabel von Mexiko nach London spannen, stramm, stahlhart, kalt und scharf genug, um einen zu zerschneiden, während die Worte darauf balancieren wie Stare auf den Stromleitungen.

Ich gehe nach oben in die Dachkammer, um Anrufe entgegenzunehmen und Leute anzurufen, die wissen sollen, was passiert ist, bevor sie es in den Nachrichten hören. Es ist sechs Uhr, und wie durch einen Nebel höre ich das Telefon klingeln. Ich hebe ab, es ist Laurie Campbell, das Medium, dem ich im vergangenen Monat eine E-Mail geschickt habe, Tausende von Kilometern weit entfernt in Amerika, wo es noch Morgen ist (ich überlege: Wenn acht Stunden zwischen London und Kalifornien liegen, wie groß ist dann der Zeitunterschied zwischen hier und Mexiko? Wie weit zurück ist die mexikanische Uhrzeit? Könnte Kirsty dort noch am Leben sein? Könnte der Unfall noch bevorstehen?)

Ich reiße mich zusammen und sage Laurie, dass ich heute nicht mit ihr sprechen kann. »Meine Schwägerin ist tot«, sage ich. »Sie ist heute Morgen getötet worden. Von einem Boot. Sie ist im Wasser überfahren worden.«

»Mein Gott, es ist so furchtbar«, sagt Laurie. »Es muss sehr schnell gegangen sein ... im Nu ... ein Schlag vor den Kopf –«

»Woher wissen Sie das?«, frage ich.

»Ich fühle es«, sagt Laurie. »Ich kann sie sehen ... das Blut –«

»O verdammt«, sage ich, »tut mir Leid, dass ich Ihnen die komische E-Mail über das Blut geschickt habe. Sie müssen glauben, dass ich verrückt bin.«

»Nein, es war das Blut Ihrer Schwägerin im Wasser«, sagt sie. »Sie haben es vorausgesehen.«

»Meine E-Mail war Hellseherei?«, sage ich verwirrt. »Aber Sie müssen mich jetzt bitte entschuldigen, ich muss gehen. Ich rufe Sie nächste Woche an.«

Ich bin immer noch ziemlich verwirrt, als ich hinuntergehe, nicht nur von meinem Gespräch mit Laurie, sondern von allem, einfach *allem*, das Ganze ist ein einziger Scherbenhaufen, und ich kann nicht mehr richtig denken und nicht mehr richtig sprechen, mir fehlen die Worte ... Irgendwie kommen wir überein, dass ich Neill nach Südlondon zu seinem Bruder fahre. Neill sitzt auf dem Beifahrersitz und starrt aus dem Fenster Leute auf der Straße an, die gerade nach Hause gehen und ihr Leben leben. »Jeder Tod erinnert einen an den letzten Tod«, sagt er. »Es ist wie beim Verlieben. Du weiß nicht, wie es ist, bis du es zum ersten Mal erlebst. Hinterher glaubst du vergessen zu haben, was für ein Gefühl das ist, aber dann passiert es wieder. Und wieder ...«

Als wir die Blackfriars Bridge überqueren, sagt er: »Warum fahren wir immer über diese Brücke, wenn jemand gestorben ist?«

»Nicht immer ... nur als Ruth gestorben ist«, sage ich.

»Mein Freund Tony ist hier ganz in der Nähe in den Fluss gegangen und ertrunken«, sagt er. »Am Südufer, zwischen dieser Brücke und Waterloo, glaube ich ... Es sollte einen Blackfriars-Wächter geben, so was wie den Fährmann am Styx.«

Im Haus seines Bruders Calum ist bereits die jüngere Schwester Kitty, das blasse Gesicht nass und verquollen vom Weinen wie ein vom Regen aufgeweichter Pilz; auch ihre Mutter Peggy (sie ist nicht Kirstys Mutter) ist gerade aus Amerika angekommen. (Neills Familienverhältnisse sind kompliziert: Sein verstorbener Vater Ewan hatte drei Frauen und fünf Kinder. Neill und Kirsty sind sieben Monate auseinander. Sie standen sich einerseits sehr nahe und andererseits wieder nicht. Sie hatten große Ähnlichkeit miteinander, und manchmal sangen sie mit klaren, sehr ähnlichen Stimmen, die sich verwoben und wieder trennten. Meine Kinder haben das gleiche rote Haar wie Kirsty. Sie sagte immer, sie sähen ihr ähnlicher als Neill.)

Jeder in diesem Haus außer mir hat schon jede Menge Whisky intus. Alle reden gleichzeitig. Peggys Partnerin Irene, eine Irin, versucht mir zu erzählen, was sie vor kurzem geträumt hat. »In meinem Traum habe ich einen Boxer gesehen, er wurde hart getroffen, richtig hart, und ging zu Boden – auf weißes Segeltuch –, und dann stand etwas in der Zeitung von diesem berühmten Boxer – wie war doch gleich sein Name? Ich habe vergessen, wie er heißt – er hat im Koma gelegen – sein Unfall hat sich erst nach meinem Traum ereignet, warum habe ich von ihm geträumt?«

»Ich weiß es nicht«, sage ich.

»Ist der Boxer – der wirkliche Boxer – auf einen weißen oder blauen Boden gefallen?«, fragt sie. »Ich habe geträumt, dass er auf einen weißen Untergrund fällt. Aber auf den Zeitungsfotos sieht es wie Blau aus. War das nun eine Todesahnung oder nicht?«

»Ich weiß es nicht, Irene«, sage ich, »tut mir Leid.«

Calum, der vier Jahre jünger ist als Neill, spricht schnell, er erzählt von den Sonntagen, die sie als Kinder im Haus von Kirstys Mutter verbrachten. »Dad war meistens irgendwo oben, und du bist immer mit Kirsty in den Wald gerannt, und mich habt ihr zurückgelassen«, sagt er mit traurigen Augen.

»Immer sterben die Leute südlich der Themse«, sagt Neill in den Raum hinein. »Ruth, Tony ... na ja, Kirsty nicht, aber sie ist auch auf der anderen Seite des großen Wassers gestorben, im Süden. Und Dads Beerdigung ... ebenso Kimberleys Beerdigung, beide fanden am Südufer der Themse in Mortlake statt – Jons auch. Das verfluchte Krematorium von Mortlake ... ich hasse es.«

»Tony ist *in* der Themse umgekommen«, sagt Kitty und hebt für einen Augenblick den Kopf.

»Jetzt muss ich aber auch mal was dazu sagen«, schaltet sich Calum mit bereits schwerer Zunge ein. »Ruth ist *nicht* auf dem Südufer gestorben.«

»Doch«, sage ich, »sie ist im Trinity-Hospiz in Clapham gestorben.«

»Oh«, sagt er, »tut mir Leid ...«
»Wie ist Kirsty denn gestorben?«, fragt Neill und knetet sich das aschgraue Gesicht, als wäre es Teig. »War da viel Blut? Ist sie am Kopf getroffen worden? Was ist mit ihrem Kopf passiert? Ich muss immerzu daran denken ... ich meine, niemand weiß anscheinend, was wirklich passiert ist.«
Ich schweige. Ich glaube nicht, dass dies der richtige Moment ist, um Laurie Campbells Version der Ereignisse zu schildern. Es ist inzwischen spät geworden, und ich fahre mit Neill wieder nach Hause. Er will nicht reden. »Ich will nur noch schlafen«, sagt er und drückt sich auf seiner Seite ans Fenster.

Doch ach, die Gezeiten wechseln,
meine Liebste ist fort von mir,
der Winterfrost hat mein Herz berührt
und ruht wie ein Fluch auf mir.
Nebelschwaden ziehn über den Fluss,
fließe, süßer Strom, fließe.
Sonne, Mond und Sterne sind fort mit ihr.
Süße Themse, fließe sanft ...
Die Themse eilt hinab zum Meer,
fließe, süßer Strom, fließe,
trägt Schiffe fort und einen Teil von mir,
süße Themse, fließe sanft ...
Ewan MacColl: »Süße Themse, fließe sanft« (1965)

Freitag, 22. Dezember

Um halb elf abends finde ich Neill auf dem Sofa; er starrt ins Leere. Die Kinder schlafen, und so gibt es nichts, was die Stille füllen würde. Heute war der letzte Schultag, es ist Ferienzeit. Es gibt unendlich viel zu tun, und doch ist nichts zu machen.

»Woran denkst du?«, frage ich Neill.
»Ich fühle mich wie in einem gähnend leeren Raum«, sagt er.
Ich seufze und sortiere die heute eingegangene Post in zwei Stapel (Weihnachtskarten rechts, Beileidsbriefe links). »Du musst dir Zeit lassen«, sage ich, »es ist schließlich erst vier Tage her, seit deine Schwester gestorben ist …«
Er antwortet nicht. »Wir kommen schon drüber weg«, sage ich, ohne ihm in die Augen zu schauen. »Ich weiß, dass es einen hart trifft … es ist wie … was soll ich sagen … wie ein Fluch.«
»Es liegt kein tieferer Sinn in alledem«, sagt Neill böse, »kein Muster. Es ist einfach passiert. Solche Sachen passieren nun einmal. So ist es eben. Leute sterben.«
Ich lasse ihn allein und gehe in die Küche, wo die Kinder an einem Puzzle gesessen haben, das ihnen Neills Mutter zu Weihnachten geschenkt hat. Es ist noch nicht fertig, überall klaffen Lücken, und ich vergleiche es mit dem Bild auf der Schachtel. Das Puzzle heißt »Ich liebe New York« und ist ein reines Chaos: Autostaus, Schlaglöcher, Unfälle, Verkehrsinfarkt. Ein Skelett mit großen Augenhöhlen fährt einen Rettungswagen zum Beth-Israel-Krankenhaus, aber an dem Wagen fehlen noch ein paar Teile. Ich kann nicht erkennen, wer darin sein könnte. Ich fange an, in der Schachtel nach den fehlenden Teilen für den Rettungswagen zu suchen. Neill gesellt sich zu mir und hilft mit. Gemeinsam stellen wir das Puzzle fertig. »Trauerberatung?«, sagt er und zieht eine Augenbraue hoch. Wir sind, zumindest in diesem Augenblick, wieder auf derselben Seite.

Samstag, 23. Dezember

Unser Freund und Nachbar David Toop kommt am Abend vorbei, zusammen mit seiner Tochter Juliette zu Fleischpastete und Eis. Später, als die Kinder alle im Bett sind, spielt uns

David (der viele Kuriositäten aus der Geschichte der Tontechnik besitzt) ein Band von Dr. Konstantin Raudive vor, das ihm jemand geschickt hat. Raudive, ehemals Professor für Psychologie an den Universitäten von Uppsala und Riga, glaubte, die Stimmen Verstorbener aufnehmen zu können, wenn er ein Tonbandgerät in einem leeren Zimmer laufen ließ oder ein Mikrofon an ein unscharf eingestelltes Radio anschloss. (Judith Chisholm und Dale Palmer sind Bewunderer seiner Arbeit: dieses Sirenengesangs von jenseits des Grabes, der sie immer tiefer in die geheimnisvollen Forschungsfelder des Tonbandstimmen-Phänomens hineinlockt). Die Aufnahme ist in Deutsch, und da niemand von uns diese Sprache beherrscht, verstehen wir sie ebenso wenig wie die Stimmen der Toten, die auf diesem Band klingen wie zufälliges Gewisper von fernen Radiosendern am anderen Ende der Welt. Während das Band weiterläuft, wächst meine Skepsis, bis ich schließlich wütend werde. »Das ist vollkommen lächerlich«, sage ich, »wie kann man dieses Zeug nur ernst nehmen!«
»Ich glaube ja auch nicht daran, aber das ist nicht der Punkt – interessant ist, dass diese Stimmen für Leute, die nach etwas suchen, eine Bedeutung haben«, sagt David nachsichtig.
»Aber kein Mensch bei gesundem Verstand kann darin irgendeinen Sinn entdecken«, sage ich.
»Es hat etwas mit Magie zu tun«, sagt David.
»Für mich hatte es viel mehr mit Magie zu tun, heute Nachmittag eine CD mit Kirstys Gesang zu hören«, sage ich und esse noch ein Stück Fleischpastete.
Als die Raudive-Aufnahme zu Ende ist, legt Neill die *Grateful Dead* auf, worüber ich lächeln muss, aber dann haben wir, ehe ich weiß, wie es passiert ist, die gleiche Auseinandersetzung wie am gestrigen Abend; ich verstehe gar nicht, warum. »Es gibt kein Muster, das Kirstys und Ruths Tod zugrunde liegt«, sagt Neill kurz und bündig, »keine Symmetrie, nichts Ungewöhnliches. Gott noch mal – ein Kind in Toms Klasse ist an Meningitis gestorben ...«

»Ich sage ja gar nicht, dass es ein Grundmuster gibt«, erwidere ich, »und natürlich sterben viele Menschen plötzlich und unerwartet auf schreckliche Weise, aber es ist doch ungewöhnlich, dass wir beide Schwestern haben, die so jung gestorben sind.«

»Jeder Tod ist anders«, sagt Neill.

»Ich *weiß*, dass jeder Tod anders ist – du weißt, dass ich das begreife – ich bin nicht blöd«, sage ich; ich fühle mich auf einmal wie zerschlagen und gebe auf. Es erscheint mir sinnlos, das Gespräch zu Ende zu führen, und so gehe ich zu Bett und überlasse Neill und David dem Whisky und den Geisterstimmen. Zigarettenrauch kriecht durchs Treppenhaus nach oben und lagert sich in allen staubigen Zimmerecken ab, ein beißender Nachtgeruch, der sich bis zum nächsten Morgen halten wird.

Sonntag, 24. Dezember

... Zwei Arten von Elementen sind in Religionen und Ritualen zu erkennen: einerseits Fixierungen auf die uralte Geschichte der Familie und dessen, was von ihr überlebt hat, und andererseits eine Wiederbelebung der Vergangenheit und, nach langen Pausen, eine Wiederkehr dessen, was vergessen ist ...

Sigmund Freund: *Der Mann Moses und die monotheistische Religion*

Am Nachmittag kommen Lola und Joe zu Besuch, außerdem mein Schwager Matt und, in seltener weihnachtlicher Eintracht, meine Eltern. Wir tauschen Geschenke, Küsse und gute Wünsche für das neue Jahr aus. Lola, die sich für eine Fünfjährige erstaunlich gut ausdrücken kann, ist besorgt um Neill, weil er so traurig ist über den Tod seiner Schwester. »Alles in Ordnung?«, fragt sie ihn beklommen und blickt mit ihrem kleinen, ernsten Gesicht zu ihm auf. »Alles in Ordnung«, sagt er, hebt sie hoch und drückt sie an sich. »Ich mache mir große Sorgen wegen

der Überschwemmungen«, sagt sie. »Überall sind Überschwemmungen. Die Flüsse fließen über. Wenn es so weiterregnet, werden unsere Häuser voll laufen, und dann müssen wir im Dachgeschoss wohnen.«
»Keine Sorge, mein Schatz«, sage ich. »So stark regnet es nicht.«
»Doch«, erwidert sie. »Es hat diesen Winter mehr Regen geregnet als in den letzten dreihundert Jahren. Das hat der Mann im Radio gesagt. Die Sonne ist verschwunden.«
Wir essen Crisps, Sandwiches und Kuchen, und dann holt mein Vater seine Menora, den jüdischen Leuchter, hervor, den er mitgebracht hat, um uns daran zu erinnern, dass heute außer Heiligabend auch der vierte Tag der Chanukka, des jüdischen Lichterfestes, ist. Lola und Joe zünden jeweils eine Kerze an, ebenso Jamie und Tom. »Vier Cousinen und Cousins zünden vier Kerzen an«, sagt Lola, die gern ihre Verwandten zählt, vielleicht, um sich zu vergewissern, dass ihre Menge Stärke bedeutet (oder dass nicht schon wieder jemand plötzlich verschwunden ist).
»Lasst das Licht Gottes ein«, sagt mein Vater.
Danach fährt Matt mit Lola und Joe nach Hause, während ich für die restliche Familie Pilzsuppe koche. Das erscheint mir jetzt angebracht. (Als Ruth starb, hat Neill den Kühlschrank mit Essen gefüllt und jeden Tag mühsam und geduldig für mich gekocht. »Du musst bei Kräften bleiben«, hatte er gesagt. »Du brauchst mehr Vitamine.«)
Nach dem Essen erzählt mein Vater uns von den Frauen, die er durch die Rubrik »Bekanntschaften« im *Guardian* kennen gelernt hat. 29 Frauen hätten ihm auf seine Anzeige, die er vor kurzem aufgegeben hat, geantwortet, sagt er. (»Es hat der alte Mose 'nen Duft wie eine Rose oder: Alles über Eva. Radikaler Jude, Ex-Südafrikaner, früher Akademiker, Dramatiker und Schauspieler, 64, nach Gefühl und Aussehen 50, sucht gute Frau. Hoffe, dass du, Eva, mit mir, Adam, Kontakt aufnimmst. Diesmal ist Gott auf unserer Seite!«) Meine Mutter sitzt schweigend am anderen Ende

des Tisches und zieht immer wieder eine Augenbraue hoch, während mein Vater seine romantischen Abenteuer beschreibt. (»Wir haben uns zum Lunch in einem vegetarischen Restaurant in Bath getroffen. Aber irgendetwas stimmte nicht mit ihren Zähnen ...«) Mein Vater lebt allein in einem kleinen Haus in Cardiff; er kennt noch kaum Leute dort. Er sagt zwar nie, dass er einsam ist, aber ich glaube doch, dass er es ist, obwohl er uns immer erzählt, wie gut er sich mit dem Bepflanzen seines neuen Gartens und den Besuchen in der örtlichen Synagoge beschäftigt. (Anfang des Jahres hatte er noch überlegt, ob er sich als Rabbi ausbilden lassen sollte, aber aus diesen Plänen wurde nichts.)

Die Kerzen auf der Menora sind erloschen, als das Essen vorbei ist. Ich stecke neue auf und zünde sie an. »Ich habe in der Synagoge ein Gebet für Kirsty gesprochen«, sagt mein Vater und seufzt. Dann beginnt er, geistliche jüdische Lieder zu singen, leise, aber mit fester Stimme. »Diese Lieder müssen sie auf dem Weg in die Gaskammern gesungen haben«, sagt er traurig. Neill ist mit den Kindern im Nachbarzimmer verschwunden, um sich *Das zauberhafte Land* im Fernsehen anzuschauen. Mein Vater mag Weihnachten ebenso wenig wie Ostern. Als ich klein war, machte er kein Hehl daraus, dass ihn dieser fremde Feiertag zur Verzweiflung brachte, mit dem die Geburt eines christlichen Königs begangen wurde, in dessen Namen, wie er nicht müde wurde, uns ins Gedächtnis zu rufen, Millionen Juden umgebracht wurden. Dieses Jahr gibt er seiner Geschichte eine neue Wendung. »Als Kind habe ich auch Chanukka gehasst«, sagt er, »denn meine Mutter war so traditionalistisch, dass sie uns nicht einmal das feiern ließ – zumindest gab es keine Geschenke für uns, weil sie fand, dass das zu sehr nach Weihnachten röche. Ich habe also nie etwas geschenkt bekommen ...«

»Aber jetzt magst du Chanukka doch«, sage ich in dem Bemühen, das Gespräch in unverfänglichere Gewässer zurückzusteuern.

»Ja, schon«, sagt er und seufzt wieder schwer. »Hör mal, demnächst halte ich in der orthodoxen Synagoge einen Vortrag über die Kabbala. Du solltest hinkommen.«

»Ich weiß«, sage ich, »ich habe deine E-Mail erhalten. Klingt interessant.« Und dann füge ich – warum bloß, wo ich doch weiß, wie gefährlich das ist – hinzu: »Du glaubst also jetzt an Gott?«

»Du weißt, dass ich das nicht tue!«, explodiert er. »Warum hörst du mir eigentlich nie zu?«

»Es kommt mir einfach merkwürdig vor, dass du nicht an Gott glaubst, obwohl du so oft in die Synagoge gehst«, sage ich und treibe damit den Keil zwischen uns noch tiefer.

»Man muss nicht an Gott glauben, um Jude zu sein«, brüllt er. »Nur Idioten glauben an Gott. *Idioten!* Sechs Millionen Juden sind im Holocaust umgekommen – da war kein Gott, der sie gerettet hätte. Sechs Millionen Juden!«

Ich fange an zu lachen, was natürlich genau das Falsche ist, ein gemeiner, gefährlicher Akt der Provokation, aber ich kann nicht anders, weil mir plötzlich alles so lächerlich vorkommt. »Wie kannst du nur über das Leid der Juden lachen«, sagt mein Vater in hellem Zorn.

»Warum hast du keinen Sinn für Humor?«, entgegne ich.

»Beim Holocaust hört der Humor auf!«, brüllt er mich an.

»O bitte, Schluss damit, nichts mehr vom Holocaust, nicht heute Abend«, sage ich.

»Recht so, weich dem Thema ›Holocaust‹ ruhig aus, wie immer«, sagt er. »Schalte einfach ab, wenn ich darüber zu sprechen versuche ... Dir ist es egal, dir war es immer egal.«

Jetzt springe ich auf und werde ebenfalls laut. »Wie kannst du es wagen, hierher zu kommen und vom Tod zu reden, als hättest du das Thema für dich gepachtet, und das, wo Neills Schwester eben gestorben ist, wie *kannst* du es bloß wagen! Du kannst es nicht ertragen, nicht im Mittelpunkt zu stehen! Du bist ein schrecklicher Egoist!«

Mein Vater sieht jetzt noch wütender aus, allerdings auch verwundet, als hätte ich ihn geschlagen, und ich gehe lieber nach nebenan, wo Neill und die Jungen auf dem Sofa sitzen und Judy Garland noch immer nach dem Zauberer sucht. Neill lächelt mich schief an. Jamie und Tom sind blass und ernst. »Tut mir Leid«, entschuldige ich mich bei ihnen. »Aber ihr braucht euch keine Sorgen zu machen. Manchmal zanken sich die Leute eben in dieser Zeit des Jahres.«

»Ho, ho, ho«, sagt Neill.

Mein Vater geht schweren Schrittes nach oben und zu Bett. Meine Mutter folgt ihm, dann kommt sie wieder herunter. »Er spricht seine jüdischen Gebete«, sagt sie.

»Gut für ihn«, sage ich.

»Er sagt, es wäre besser, wenn er tot wäre«, fügt sie hinzu.

»Ganz meine Meinung«, sage ich zu ihrem Entsetzen. Dann bekomme ich Schuldgefühle und denke, dass ich vielleicht zu weit gegangen bin. »Er wird sich doch nicht etwa heute Nacht umbringen, oder?«

»O nein«, sagt meine Mutter, »er wird uns noch alle überleben.«

Montag, 25. Dezember

Und alsbald war da bei dem Engel die Menge der himmlischen Heerscharen, die lobten Gott und sprachen: Ehre sei Gott in der Höhe und Friede auf Erden bei den Menschen seines Wohlgefallens.

Lukas 2, 13-14

Am Morgen, nachdem die Kinder in ihre Weihnachtsstrümpfe geschaut haben und bevor mein Vater auf ist, fülle ich in der Küche den Truthahn und unterhalte mich dabei mit meiner Mutter. »Schluss damit«, sage ich und stopfe Bratwurstmasse in den toten Vogel, »Schluss mit diesem blödsinnigen So-tun-alsob, als würden wir ein glückliches Familienweihnachtsfest feiern. Du und Dad, ihr seid schließlich geschieden, Himmel noch mal. Warum müssen wir immer zusammen sein? Du bist doch nicht für ihn verantwortlich!«

»Ich habe Schuldgefühle«, sagt sie. »Jemand muss sich um ihn kümmern.«

»Warum um alles in der Welt hast du denn Schuldgefühle?«, frage ich sie scharf. »Wieso bloß, verflucht noch mal?«

»Vielleicht hat es etwas mit meinem Zwillingsbruder zu tun«, sagt sie nachdenklich. »Ich treffe mich nie mit ihm, und stattdessen fühle ich mich für deinen Vater verantwortlich. Einer ist schwieriger als der andere.«

»Warum hörst du nicht einfach auf, deinen Exmann retten zu wollen?«, sage ich noch unfreundlicher. »Es ist unfair, Neill und die Kinder damit zu behelligen. Wir hatten es dieses Jahr schon schwer genug ... und schauerliche Weihnachten hatten wir auch schon reichlich. Denk nur mal daran, als Dad in der Nervenklinik war, da hast du mich und Ruth am Weihnachtstag dorthin geschleppt, und wir saßen den ganzen Vormittag draußen auf dem Gang, während du bei ihm in seiner Gummizelle warst ...«

»Ich hätte euch nie in einer Heilanstalt für psychisch Kranke allein gelassen!«, sagt sie. »Ich glaube, du bildest dir nur ein, dass ich euch im Korridor sitzen lassen habe.«

»Hast du aber wohl!«, sage ich gereizt und kindisch. (Damals, als Kind, ertrug ich es allerdings mit stoischer Ruhe.) »Ich war acht, ich erinnere mich *gut* daran ...« (Sicher erinnere ich mich, und wie gut! Ruth und ich saßen eng aneinander geschmiegt auf einer Bank, und seltsame Gestalten mit hageren weißen Gesichtern und Bärten gingen an uns vorbei. Ein Mann blieb stehen und erzählte uns, er sei Jesus Christus. Er hatte eine Rauschgoldkrone auf dem Kopf. Er sah auch wie Jesus aus, fand ich, nur dass er einen Schlafanzug trug. In der Anstalt roch es nach Kohl. Sogar der Weihnachtsbaum auf dem Flur roch nach Kohl. Auf der

Spitze steckte schief eine Fee, die mit ihrem Zauberstab zur Wand wies. »Nur keine Angst«, sagte ich zu Ruth und hielt ihre kleine Hand fest, »wir gehen bald nach Hause ...«)

Ich nehme mich zusammen, als mein Vater herunterkommt. »Frohe Weihnachten«, wünschen wir einander und umarmen uns zögernd. »Frohe Weihnachten!« Er gibt mir ein Geschenk, ein Töpfchen Hautcreme. Sie besteht aus Blütenessenzen und Kräutertinkturen. Nach der Bescherung widme ich mich bis zum Mittag dem Truthahn, brate Kartoffeln, Würstchen und Speck und bereite Pastinaken, Brottunke, Preiselbeersauce, Erbsen, Sprossen und Bratensauce zu. (Es muss doch auch etwas Traditionelles geben in diesem allgemeinen Chaos!) Für meinen Vater mache ich ein paar Nussschnitzel. »Ich mag eigentlich ganz gerne Speck«, sagt er friedlich, »obwohl ich Jude bin.«

»Das ist das beste Weihnachten, das wir je hatten!«, sagt Tom, der einen Gameboy und einen Roller bekommen hat.

»Danke für deine Großzügigkeit und Gastfreundschaft«, sagt mein Vater merkwürdig förmlich, aber ohne jede Spur von Ironie. »Danke, mein liebes Kind ...«

Nach dem Mittagessen schauen wir uns die Queen im Fernsehen an. (»Na, die hat ja *wirklich* eine gestörte Familie«, sagt mein Vater beglückt.)

Ich gehe früh zu Bett, zur gleichen Zeit wie die Kinder, denn ich habe Halsschmerzen. (»Du hast Halsschmerzen, weil du nicht sagst, was du wirklich denkst«, meint mein imaginärer Therapeut. »Tue ich doch«, erwidere ich. »Wahrscheinlich habe ich gerade deshalb Halsschmerzen, weil ich meinen Vater angeschrien habe. Das hätte ich nicht tun sollen.«)

Als ich am nächsten Morgen aufwache, sind meine Eltern schon fort. Mein Vater hat eine Nachricht auf dem Küchentisch hinterlassen. »Das beste Weihnachten, das wir je hatten!«, schreibt er. »Aber auch das traurigste. Bis zu meinem Vortrag am 10. Januar 2001!«

Sonntag, 31. Dezember

Kinder, es ist die letzte Stunde!
1. *Johannes* 2, 18

Silvester ist mir ein Graus. Ich hasse die Erwartungsfreude, wo doch am nächsten Tag gar nichts anders sein wird. Ich hasse die Kälte, den Regen, die Dunkelheit, den Matsch. Ich hasse es, deprimiert zu sein. Deprimiert – was für ein langweiliges Wort, was für ein langweiliger Zustand. Meine Hände sind ausgetrocknet, meine Fingernägel brüchig. Ich esse und esse, stopfe mich voll mit dem Weihnachtskuchen, den meine Mutter für uns gebacken hat; fülle die Lücken; lasse die Narben in mir zuwachsen.
Neill fährt mit uns nach Norfolk, damit wir mal unter Leute kommen und nicht immer unter uns bleiben. Wir sind bei Freunden untergebracht, in demselben Haus, in dem ich letzten August zu Besuch war (wo der Handabdruck auf der Fensterscheibe im Wohnzimmer war – er ist inzwischen verschwunden). Die Kinder sind ganz aufgeregt, ihre Wangen sind gerötet und ihre Augen glänzen, als hätten sie Fieber. Sie dürfen bis kurz nach Mitternacht aufbleiben, um das neue Jahr zu begrüßen. Vielleicht denken sie, dass das unverdorbene neue Jahr so frisch, rein und spannend wird wie der Schnee, der gestern gefallen ist. Zweitausendeins: mein erstes Jahrhundert ohne Ruth. (»Glaube ich kaum«, sagt die Stimme in meinem Kopf.)
Ich backe Schokoladenkuchen für die Kinder und ihre Freunde. (Backen tut mir gut; wenn der Teig aufgeht, habe ich ein gewisses Erfolgserlebnis.) Am Nachmittag machen wir einen Spaziergang über die gefrorenen Felder. Es ist so kalt hier draußen, dass sogar der Schlamm zu Eis gefroren ist, und das ist viel besser als im aufgeweichten, matschigen London. Jedes Mal, wenn ich meinen Schritt verlangsame, damit ich neben Neill gehen und mit ihm reden kann, wird er schneller. Versuche ich ihn einzuholen, fällt

er wieder zurück. Ich kann es ihm nicht verdenken, dass er mir aus dem Weg geht. Sonst erinnern wir uns doch nur gegenseitig daran, dass wir arme überlebende Geschwister sind, Zwillinge auf Zeit.

Dienstag, 2. Januar 2001

Ich war den ganzen Tag zu Hause, allein bis auf die Katze. Ich bin am Vorabend aus Norfolk zurückgekommen, um einiges zu erledigen, während Neill mit den Kindern dort geblieben ist (überempfindlich, wie ich bin, glaube ich noch immer, dass er mir aus dem Weg geht). Es ist das erste Mal seit langem, dass ich in diesem Haus allein bin, und die Stille beunruhigt mich. Ich schicke eine E-Mail an Dale Palmer nach Indiana, um ihm ein glückliches neues Jahr zu wünschen, und einen Antwortgruß an Sarah Estep in Annapolis, meine neue Computerkorrespondentin. (Sarah beklagt sich nie, obwohl sie alt und oft krank ist. Seit Dale uns nach meiner New-York-Reise im letzten Oktober per E-Mail miteinander bekannt gemacht hat, schickt sie mir jede Woche E-Mails, manchmal sogar öfter. Ich habe sie als *die* EVP-Expertin der Welt gebeten, auf eine Botschaft von meiner Schwester zu achten, und obwohl sie bisher nichts empfangen hat, ermutigt sie mich immer, meine Suche nach Ruth nicht aufzugeben, sondern weiterhin alles daranzusetzen, per Computer oder Tonbandgerät Kontakt mit ihr aufzunehmen. »Wer erfolgreich Aufnahmen machen will, muss unendlich viel Geduld und Durchhaltevermögen haben«, schreibt sie, »aber es lohnt sich, wenn die andere Seite endlich die Kommunikation aufnimmt.« Sie schlägt mir außerdem vor, meine EVP-Bänder rückwärts abzuspielen. »Manche Stimmen sind beim umgekehrten Abspielen, dem Abspielen von der falschen Seite, zu hören. Meines Erachtens sind die umgekehrten Stimmen der beste Beweis dafür, dass sie echt sind. Ihre eigene Stimme, mit der Sie Ihre kurzen Fragen stellen, klingt dann völlig unverständlich, doch die anderen Stimmen sind häufig kristallklar.« Ich bringe es nicht übers Herz, ihr mitzuteilen, dass ich mit den Tonbandaufnahmen aufgehört habe, weil ich den Klang meiner eigenen Stimme in der unveränderten Stille unerträglich fand.)

Danach ist mir seltsam zumute, als wäre ich von der Welt abgeschnitten. Ich unterbreche den Tagesablauf durch leibliche Genüsse. Zwei Schalen Müsli. Fünf Schokoladenplätzchen. Rührei. Noch eine Tasse Tee. Zwei Ingwerkekse. Ich reibe mir die Heilcreme, die mein Vater mir geschenkt hat, auf die trockenen Hände. Meine Mutter ruft an, aber ich komme nicht recht ins Gespräch mit ihr.

»Wie war dein Silvesterabend?«, frage ich sie mit einem Gefühl, als spräche ich eine fremde Sprache.

»Schön«, erwidert meine Mutter. »Man erwartet ja immer, dass man ihn im Kreise seiner Lieben verbringt, aber die Wirklichkeit macht diese Hoffnungen stets zunichte.«

»Hmm«, sage ich. »Ich muss jetzt leider gehen.«

»Ja«, sagt sie, »ich habe jetzt auch eine Klientin.«

»Tschüss«, sage ich.

»Auf Wiedersehen«, sagt sie.

Ich gehe in die Drogerie und kaufe Vitamin C. Zu Hause nehme ich eine Tablette ein in der Hoffnung, mich danach wieder etwas normaler zu fühlen. Es scheint aber nicht viel zu nützen. Um vier Uhr nachmittags wird es schon wieder dunkel. »Warum ist es so dunkel?«, frage ich die Katze. Sie antwortet nicht.

Um sieben entschließe ich mich, irgendetwas zu tun, um die Leere im Haus zu füllen. Ich werde es mit automatischem Schreiben probieren. Zumindest theoretisch weiß ich, wie es geht, denn Neill hat mir zu Weihnachten ein Buch mit dem Titel *Automatisch schreiben lernen* geschenkt. Wahrscheinlich hatte er es als Scherz gedacht, aber ich bin entschlossen, es ernst zu nehmen.

Man soll vor einem Spiegel eine Kerze anzünden und dann in den Spiegel schauen; daraufhin sollen irgendwann die Geister kommen und einem die Hand führen. Also schalte ich überall unten das Licht aus, entzünde in der Küche eine Kerze und schaue in einen Spiegel, in der einen Hand einen Stift und in der anderen achtzehn fotokopierte Seiten aus Ernest Jones' Freud-Biographie (Kapitel 14: »Okkultismus«). Das scheint gutes Schreibpapier zu sein, zumindest die Rückseiten …
Ich schaue in den Spiegel. Was ich sehe, gefällt mir nicht. *Ich* bin da. Nicht Ruth. Irgendwie fülliger als vor Weihnachten. Ein blasses Puddinggesicht. Dunkle Ringe unter den Augen. Ich schreibe die folgenden Zeilen (allerdings ohne dass es sich so anfühlt, als ob meine Hand dabei aus dem Jenseits geführt würde).

Wer ist im Spiegel?
Ich sehe mich selbst.
Ich sehe Kimberleys Leiche in ihrer Wohnung, im Dunkeln.
Ich erschrecke vor meinem eigenen Spuk. Nein, nein, noch einmal von vorn.
Das Haus lebt.
Ich sehe das Abbild des Küchenfensters im Spiegel. Niemand ist da. Mein Nacken ist kalt.
Zurück, zurück, man kann nicht zurückkehren.

Ich höre auf zu schreiben. Nichts von alledem erscheint mir besonders sinnvoll oder bedeutsam. Ich mache einen neuen Versuch, lasse meine Hand einfach über das Papier gleiten, wie es das Buch verlangt. Diesmal habe ich überhaupt nicht das Gefühl, als würde ich Schreiben. Nur Gekritzel. Es ist sehr entspannend, dieses Kritzeln, dieses Gleiten durch die Dunkelheit … Hinterher lese ich, was ich geschrieben habe. Es sieht nach nichts aus. Auf der ersten Seite ist ein Wort, das *jolly*, »lustig«, aber auch *jelly*, »Gelee«, heißen könnte. Die Geisterworte auf dem nächsten Blatt

sind völlig unverständlich (»slesssegsthaly Mslshnnn«). Auch wenn ich sie rückwärts lese, ergeben sie keinen Sinn. Auf dem dritten und letzten Blatt steht ein Wort, das ein bisschen wie *lunacy*, »Wahnsinn«, aussieht, dann noch einige Krakel und zum Schluss »thennnnnnnnnnnn«.
Ich drehe das Blatt um und lese lieber, was Ernest Jones geschrieben hat. Das scheint etwas nützlicher zu sein:

In seiner Schrift *Totem* und *Tabu* hatte Freud gezeigt, daß die animistische Phase, durch welche die Menschheit ohne Zweifel in den frühen Stadien ihrer Entwicklung, wenn auch nur unvollständig, hindurchgegangen ist, im Seelenleben des Kindes wiederkehrt und auch hier noch einmal überwunden werden muß, bevor die Wirklichkeit adäquat erfaßt werden kann. Diese Überwindung bleibt indessen häufiger unvollständig, als man gemeinhin annimmt, und es besteht die Tendenz, unter bestimmten Umständen wieder auf animistische Denkweisen zurückzufallen. Situationen, die diese Denkformen mit ihrem Glauben an animistische Kräfte zum Wiederaufleben bringen, wecken das Gefühl des Unheimlichen ... Bei der Furcht vor etwas schrecklich Mysteriösem und Bösem, das von einer dämonischen oder übernatürlichen Kraft ausgeht, wie zum Beispiel das Erscheinen eines Geists um Mitternacht, haben wir es immer mit dem Ergebnis einer Projektion unbewußter verdrängter Wünsche in die Außenwelt zu tun.

Das Problem ist nur, dass ich einen Geist sehen *will*. Ich habe keine Furcht vor etwas Mysteriösem. Wo bleibt da die Freudsche Theorie der verdrängten Wünsche? Ich brauche eindeutig einen Therapeuten. Ich rufe meine Mutter an. »Mama«, sage ich, »ich bin's. Ist dein Klient weg?«
»Ja«, sagt sie, »schon eine ganze Weile. Bist du noch immer allein?«
»Ja«, sage ich. »Tut mir Leid, vorhin war ich wohl etwas zerstreut.«
»Schon gut«, sagt sie.
»Ich habe mal eine Frage«, sage ich.

»Ja bitte?«, sagt sie.
»Du weißt doch, dass Freud laut Ernest Jones gesagt haben soll, die Furcht, um Mitternacht einen Geist zu sehen, sei das Ergebnis der Projektion unbewusster, verdrängter Wünsche?«
»Ja«, sagt sie. (Die Kenntnis obskurer Freudzitate ist einer der vielen Vorteile einer Mutter, die Therapeutin ist.) »Und?«
»Was hat es denn zu bedeuten, wenn man einen Geist sehen *will*? Wenn man keine Angst davor hat?«
Sie ist einen Augenblick still, als wäge sie ihre Worte sorgsam ab. »Ich glaube, Freud würde sagen, dass der Wunsch, einen Geist zu sehen, mit unaufgearbeiteter Trauer oder unaufgearbeitetem Verlust in Zusammenhang steht. Vielleicht schlägst du mal nach, was er über Narzissmus geschrieben hat. Narzissmus ist gar nicht das, was man darunter meist versteht – er ist eine Entwicklungsphase, der Wunsch, in einem bestimmten Seinszustand zu verharren, und dann darin festzusitzen, statt weiterzuschreiten.«
»Was sonst noch?«, frage ich und bemühe mich, normal zu klingen, damit meine Mutter sich nicht unnötigerweise Sorgen macht; sie soll mir nicht anmerken, dass es so ist, dass ich hier allein und verlassen festsitze und mich selbst im Spiegel anstarre in der Hoffnung, meine Schwester im Jenseits zu erreichen.
»In dem Fall ist man auf eine Welt aus, die sich magisch beherrschen lässt«, fährt meine Mutter fort, »weil sie tröstlicher ist, weil die Wirklichkeit unerträglich ist.«
»Das klingt interessant«, sage ich.
»Du kannst auch noch nachlesen, was Freud über Phantasie schreibt«, fügt sie hinzu.
»Gut«, sage ich, »dann will ich mal ein bisschen lesen.«
Ich bin halbwegs durch das Kapitel »Das Tabu und die Ambivalenz der Gefühlsregungen« in *Totem und Tabu* (»… die Abkehrung von der Realität ist gleichzeitig ein Austritt aus der menschlichen Gemeinschaft«), als das Telefon klingelt.

»Ich bin's«, sagt meine Mutter. »Mir ist gerade noch etwas anderes eingefallen. Lies doch mal, was Freud über Thanatos, den Todestrieb, und Eros, die Lebenskraft, sagt. Du weißt schon, die kartesianische Dualität ...«
»Okay«, sage ich, dabei habe ich in Wahrheit keinen blassen Schimmer von der kartesianischen Dualität.
»Bist du noch immer ganz allein?«, fragt sie mit leichter Besorgnis in der Stimme.
»Ja«, erwidere ich, »aber mir geht's gut.«
»Pass auf dich auf«, sagt sie.
Die Freudschen Ausführungen zum Thema »Narzissmus« sind mir irgendwie zu hoch, besonders das schwierige Zeug über die »libidinöse Hyperkathexis« (wieder ein Beweis – als wenn ich ihn überhaupt noch nötig hätte! – für meine regressive oder vielleicht auch retardierte Unfähigkeit, weiterzugehen); am Ende bleibe ich hoffnungslos an einer Fußnote in *Totem und Tabu* zum Thema »intellektueller Narzissmus« und »Allmacht der Gedanken« hängen. (1 »Bei Autoren zu diesem Thema ist es fast ein Axiom, dass eine Art Solipsismus oder auch Berkeleyismus, wie Professor Sully es beim Kind nennt, im Wilden wirksam wird und ihn dazu bringt, dass er den Tod nicht als Tatsache anerkennt.«) Inzwischen bin ich so müde, dass meine Augen in Tränen schwimmen. Ich sehe alles doppelt. Aber mir ist immer noch bewusst, dass nur ich da bin. »Und ich«, erklingt die Stimme Ruths in meinem Kopf. »Vergiss *mich* nicht.«
»Tue ich ja nicht«, sage ich. »Wie könnte ich dich jemals vergessen!« Ich muss lächeln, breit lächeln, zum ersten Mal seit zwei Wochen oder länger. Ein glückliches neues Jahr ...

Mittwoch, 3. Januar

Ich träume, dass ich auf Kirstys Beerdigung bin. Es ist keine feierliche Angelegenheit, im Gegenteil: Eine Menge Leute stehen vor einer Bühne, unterhalten sich und hören Musik – sie hören Kirsty singen. Nach dem Singen hält ein Mann eine Grabrede auf sie. Zuerst denke ich, es ist ihr Vater Ewan MacColl (wie seine Kinder ist auch er Musiker). Das finde ich merkwürdig, denn ihr Vater, der auch Neills Vater ist, ist tot (und überhaupt: wieso singt Kirsty auf ihrer eigenen Beerdigung?). Der Mann hält seine Rede, er liest sie vom Blatt ab, das er umklammert hält, und ich sehe, dass er beschlossen hat, bestimmte Worte auszulassen – Worte, die ungesagt bleiben müssen. Normalerweise kann ich im Traum nicht lesen (die Buchstaben verschwimmen und lösen sich auf), aber heute Nacht erkenne ich zwei Worte auf dem bedruckten Blatt, das der Mann in Händen hält: »Inneres« und »Äußerstes«. Das sind die Worte, die nicht ausgesprochen werden dürfen. Als ich aufwache, habe ich diese Worte noch immer vor Augen, aber sie ergeben keinen Sinn; sie sind so etwas wie der Schlüssel zu einem kryptischen Kreuzworträtsel (oder vielleicht die Lösung des Rätsels, die ich allerdings nicht verstehe).

Ich schlafe wieder ein und träume von meinem Freund Oscar Moore, der 1996 an Aids gestorben ist: Und auch bei ihm habe ich keineswegs den Eindruck, als wäre er von den Toten auferstanden, vielmehr ist es so, als wäre er nie fort gewesen. Wir gehen in eine Bar und dann zu einer Party (wie wir es früher oft getan haben), und er führt mich durch Straßen, die mir unbekannt vorkommen. Es tut gut, ihn nach dieser langen Zeit so gesund wiederzusehen, so stark und ungerührt und absolut real. Oscar hat immer fest an die Freuden des Diesseits geglaubt statt an die des Jenseits. Im Traum sage ich zu ihm: »Zumindest manche Dinge ändern sich nie.«

Am Morgen wird mir bewusst, dass die Party in der vergangenen

Nacht – die Traumparty – das erste gesellschaftliche Ereignis seit langem ist, an dem ich teilgenommen habe. Vielleicht ist das der Punkt, mit dem ich mich befassen muss: mehr unter Leute zu kommen, statt nächtelang E-Mails mit ergrauten Paranormalen auf der anderen Seite des Atlantik auszutauschen oder mit Toten reden zu wollen.

Donnerstag, 4. Januar

Jamie ist krank, er hat Fieber, alles tut ihm weh, und seine Augen vertragen kein Licht. »Was ist, wenn ich Meningitis habe?«, fragt er mich, nachdem er sich in die Küchenspüle übergeben hat.
»Das hast du mit Sicherheit nicht«, sage ich.
»Woher weißt du das?«, fragt er.
»Ich weiß es einfach«, erwidere ich und umarme meinen zitternden Sohn; gleichzeitig habe ich doch insgeheim Angst, dass vielleicht wieder etwas Schreckliches passiert. (Der Tod ist immer in unserer Nähe; er schleicht sich an uns heran ... Warum sollte nicht noch jemand verschwinden?)
»Sind wir verflucht?«, fragt Jamie, als könnte er Gedanken lesen.
»Natürlich nicht«, sage ich sehr bestimmt. »Wir sind in vieler Hinsicht vom Glück begünstigt.«
»In welcher Hinsicht?«, fragt er.
»In vieler«, sage ich. »Und jetzt gehst du besser schlafen; morgen ist alles wieder gut, ja?«

Freitag, 5. Januar

Kirstys Beerdigung. Bevor wir hinfahren, gehe ich kurz mit dem Hund spazieren. Es nieselt, und der Park ist menschenleer und still; doch dann sehe ich ein Rotkehlchen, und das Rotkehlchen sieht mich, aber es fliegt nicht weg. Während ich seinem Gesang lausche, der so lieblich ist, dass er den Himmel öffnen könnte, habe ich das Gefühl, als wäre der ganze Park plötzlich mit Vogelgesang erfüllt, und eine seltsame, reine, wundersame Freude steigt von den matschigen, zertrampelten Rasenflächen auf wie Dampf, wie der Atemhauch von jemandem. Das Leben ist zerbrechlich, unfassbar ... wir können es nur feiern. Ich kehre um, finde die Pfützen schön und bin überzeugt, dass die meisten Menschen ein gutes Herz haben, selbst der finstere Skinhead mit dem Schäferhund auf der anderen Seite des Fußballplatzes. Zu Hause suche ich Neill. »Ich hatte gerade im Park ein beglückendes Erlebnis«, erzähle ich ihm.

»Schön«, sagt er mit trüber Miene. »Und was war so schön?«

»Ich habe ein Rotkehlchen gesehen«, sage ich und halte gleich wieder inne, weil ich merke, wie platt das klingt, wie der vorgedruckte Spruch auf einer langweiligen Glückwunschkarte. (»Alle Wesen, groß und klein, stimmen in das Lied mit ein ...«)

Als wir bald darauf auf dem Weg zum Mortlake-Krematorium durch die Stadt fahren, ist mein Vorrat an Freude schon wieder eingestaubt und verfallen. London ist grausig im Januar; der Himmel lastet schwer auf der Stadt. Die Leute, die vor dem Krematorium versammelt sind, sehen erschüttert aus, fast wie gelähmt, gramgebeugt stützen sie sich gegenseitig, als litten sie Schmerzen, als würden sie in Stücke fallen, wenn sie sich nicht umschlungen hielten.

Kirstys Sarg ist mit rosaroten und orangefarbenen tropischen Blumen bedeckt; kleine bunte Lichter sind ringsherum um das Gestell gewunden, das an ein Himmelbett aus einer Gute-Nacht-Geschichte erinnert. Ich denke, dass sie die Blumen gemocht hätte, die Feuerlilien in der Farbe ihrer Haare und all die kleinen Lichtchen, aber ich kann sie nicht spüren an diesem Ort, dabei ist sie doch bestimmt hier. Ich starre zur Decke hoch, kann sie jedoch nicht sehen; aber sie spiegelt sich andeutungsweise in den

Gesichtszügen ihrer Kinder auf der anderen Seite des Mittelganges, die sichtlich überrascht sind, sich hier wiederzufinden. Zum Abschluss der Feier füllt Kirstys Stimme für einige Minuten den Raum, als einer ihrer letzten Songs abgespielt wird, hüllt uns ein in den warmen Klang ihres Atems, und dann ist sie fort.

Hinterher gehen wir durch den Friedhofspark; andere Trauernde haben Weihnachtskarten und Kristalle in die winterlich kahlen Bäume gehängt. «Für Omi, sie ruhe in Frieden, ein glückliches neues Jahr», steht auf einer Karte, die mit einem Rosenkranz zusammen an einem Ast befestigt ist. Auf manchen Karten sind die Farben schon ganz ausgeblichen oder vom Regen ausgewaschen. Vergilbte Fotos, die sich durch die Feuchtigkeit hinter dem Glas wellen, hängen da, Kränze aus zarten Blumen liegen auf der nackten Erde vor der Mauer des Krematoriums und welke Rosen, noch in Cellophan verpackt, das mit Kondenswasser beschlagen ist, als sei es von Tränen benetzt. In einer Ecke lehnt ein kleiner, nasser Teddybär an einem Weihnachtsbäumchen aus Plastik als Opfergabe für ein totes Kind.

Neill und ich warten auf seine jüngeren Geschwister Calum und Kitty, die nicht zu der Beerdigung eingeladen waren, aber heute auch noch etwas von ihr wiederfinden wollen. (Was eine Familie trennt, bindet sie zugleich mit unauflösbarem Knoten zusammen; ich glaube, das wissen wir alle.) Die nächste Bestattung ist bereits im Gange, ein anderer Leichenwagen ist eben vorgefahren, und es werden noch mehr sein, ehe der Tag zur Neige geht. (Wie viele Tote werden diesen Ort wohl jahraus, jahrein passieren, gefolgt von schwarzen Wagen, Bestattungspersonal und Menschen mit kummervollen Gesichtern?) So machen wir gemeinsam noch einmal die Runde auf der Suche nach Kirsty, aber es ist nichts mehr da. Blumen und Lichter sind fort. Kein Rauch, kein Feuer, keine Asche. (Manchmal frieren die Lebenden mehr als die Toten.)

Zusammen verlassen wir schließlich das Krematorium und gehen

in der Nähe Tee trinken, im Obergeschoss eines Cafés mit Blick auf die Themse. Die Flut kommt, und das Wasser steigt schnell an. Als es draußen dämmrig wird, fliegt ein Zug Vögel am Fluss entlang nach Westen. »Gestern Nacht beim Einschlafen habe ich von Kirsty geträumt«, sagt Calum. »Wir haben uns nicht unterhalten, wir saßen nur dicht beieinander. Sie fühlte sich so warm an ...« Die Wände des Cafés sind kastanienbraun wie ihr Haar, und wenn jemand lacht, meine ich, dass sie es ist.
Es ist spät geworden, Jamie schläft schon, und ich hoffe, Kirsty hat ihren Frieden und schwebt hoch und immer höher, dorthin, wo ihre Stimme, ihre herrliche Stimme, den Himmel geöffnet hat.

»O Aslan«, sagte Lucy. »Wirst du uns sagen, wie wir aus unserer Welt in dein Land gelangen können?«
»Ich werde es euch immer wieder sagen«, sagte Aslan. »Aber ich werde euch nicht sagen, wie lang oder wie kurz der Weg sein wird; nur, daß er jenseits eines Flusses liegt! Aber habt keine Angst, denn ich bin der große Brückenbauer. Und jetzt kommt; ich werde die Tür im Himmel öffnen und euch in eure eigene Welt schicken.«
C. S. Lewis: »Das äußerste Ende der Welt«
aus *Die Reise auf der Morgenröte*

Samstag, 6. Januar

Also gut, ich werde zu einer Party gehen. Einer richtigen Party. Allein, denn Neill will mit niemandem reden. Aber eine Party bleibt es trotzdem. Auf dem Weg dorthin, mitten in Soho, überfällt mich Angst, ob ich dieses Vorhaben tatsächlich ausführen soll (Geister sind so viel ruhiger als wirkliche Menschen), aber ich zwinge mich, weiter die Dean Street entlangzufahren. Bei der Party angekommen, kann ich kaum sprechen; entweder verdrehe

ich die Worte, oder mir fällt nichts ein. (»Wie geht's denn?« »Gut, mir geht's gut.« »Bestens ...« »Ja ...« »Also bis bald mal.«) Ich versuche, mit einem Mann ins Gespräch zu kommen, der Schauspieler ist; er spielt in einer Kindertheater-Inszenierung des Zauberers von Oos die Vogelscheuche. »Das Stück ist stark vereinfacht«, sagt er, »aber die Kinder sind hingerissen.«
»Gibt es bei Ihnen immer noch eine böse Ost-Hexe und eine böse West-Hexe?«, frage ich ihn.
»Ja«, erwidert er.
»Geht Dorothy von Osten nach Westen?«, frage ich weiter.
»Das weiß ich wirklich nicht«, sagt er und macht sich schleunigst davon.
Gegen Ende des Abends erzähle ich einer Frau von meinen Besuchen beim Verband der britischen Spiritisten, die mich daraufhin besorgt anschaut. »Sie glauben doch nicht an dieses Zeug, oder?«, sagt sie.
»O *nein*, keineswegs«, sage ich mit voller Überzeugung, habe jedoch sofort Schuldgefühle, als würde ich Verrat an Ruth begehen. (Und wenn Ruth jetzt mitbekommt, wie ich ihre Existenz verleugne? Natürlich kann sie mich hören – sie ist ja in meinem Kopf ...) Nach der Party gehe ich zu meinem Wagen, den ich auf einer stillen, unbeleuchteten Nebenstraße geparkt habe, einer Straße, die jetzt, um ein Uhr nachts, etwas Bedrohliches hat. Drei Männer gehen hinter mir, und als der Abstand immer kürzer wird, überkommt mich die Verfolgungsangst, und mir wird flau im Magen. Doch statt loszurennen, rede ich mir ein, sicher zu sein: Mindestens drei Geister begleiten mich – der beste Schutz, den man sich wünschen kann. »Und ob ich schon wanderte im finsteren Tal, fürchte ich kein Unglück«, sage ich laut auf, die Autoschlüssel zwischen den verkrampften Fingern. Die Männer hinter mir gehen langsamer. Wahrscheinlich bin ich ihnen nicht geheuer.
Im Auto kommt mir der Gedanke, dass man sich vielleicht doch

nicht so sehr auf Geister verlassen sollte. Sie sind unberechenbar: geschwätzige, nächtliche Wesen, die im Äther ihr Unwesen treiben. Wo waren die freundlichen Geister, die Kirsty hätten helfen sollen, in der Stunde ihrer Not? Warum lenkte Kirstys verstorbener Vater das Boot nicht ein paar Zentimeter zur Seite, um seine Tochter zu retten? Warum? Warum sie? Warum nicht ...)

Mittwoch, 17. Januar

Bei uns im Haus herrscht eine trübe Stimmung. Selbst der Hund ist krank und rührt sich nicht von unserem Bett weg. Mein Mann trauert und kommt nicht mehr aus dem Dachgeschoss herunter. Mein ältester Sohn ist krank und hört nicht auf zu husten. Der Kleine will zu seinen Freunden, er will überall sein, nur nicht hier. Ich schleiche durchs Haus wie ein Gespenst, ohne eine Spur zu hinterlassen, und räume ohne Erfolg auf. Papierstapel türmen sich auf dem Küchentisch. Schmutzige Wäsche liegt im Badezimmer in einer Ecke. Ich gehe nach oben, um mit Neill zu sprechen; er liegt in einem Schlafsack auf dem Fußboden. »Bist du zum Reden aufgelegt?«, frage ich ihn.
»Nein«, antwortet er und dreht sich zur Wand.
»Meinst du nicht, du solltest dich in Therapie begeben?«, sage ich.
»Nein«, sagt er und schließt die Augen.
(Eine Woche vor ihrem Tod kam Ruth für ein paar Tage aus dem Hospiz nach Hause; ich besuchte sie, um sie zu massieren – reden wollte sie nicht. Ich strich ihr über die dünnen, kraftlosen Arme, rieb ihre eingefallenen Schultern mit Lavendelöl ein, und da wandte sie sich von mir ab, drehte das Gesicht zur Wand und schloss die Augen, geistesabwesend und still ...)
Ich gehe wieder nach unten und brate Lammkoteletts zum Abendessen. Jamie liest in seinem Buch über Flugzeugabstürze.

Es enthält die Wetterverhältnisse bei jedem Absturz, die von der geborgenen Black Box aufgezeichneten Gespräche der Piloten und die Namen der Opfer. »Wo hast du das Buch eigentlich her?«, frage ich ihn.

»Weißt du nicht mehr, dass ich es in Wales gekauft habe, als es immerzu geregnet hat?«, sagt er. »Ich hatte nur bis jetzt keine Lust, es auszulesen.«

»Ist es nicht ein bisschen bedrückend?«, frage ich.

Er antwortet nicht, so sehr nimmt ihn die Verluststatistik gefangen. Später, beim Essen, sagt er: »In der Zeitung habe ich von einem kleinen Mädchen gelesen, das an BSE gestorben ist. Es war in der Babynahrung. Meinst du, dass ich BSE habe?«

»Nein«, sage ich.

»Wetten, dass ich's habe?«, sagt er.

»Ich wette, dass du's nicht hast«, sage ich.

»Um was wettest du?«, fragt er. Ich antworte nicht, und er widmet sich wieder seinem Buch. Ich gehe noch einmal zu Neill hinauf, um mit ihm zu reden. »Ich mache mir Sorgen um Jamie«, sage ich. »Ich finde, er wird immer morbider.«

»Wer sollte ihm das verdenken?«, sagt Neill, der sich inzwischen aus seinem Schlafsack erhoben hat und mit starrem Blick vor dem Computer sitzt.

»Willst du nicht runterkommen?«, sage ich.

»Nein«, sagt er, »ich hab noch zu tun.«

Als die Kinder im Bett sind und das einzige Geräusch im Haus ihr Atem ist, schalte ich meinen Computer ein. Ich wünsche mir sehnlichst E-Mails von jemandem, von irgendjemandem. Ich brauche einfach einen Gesprächspartner. Eine Nachricht wartet auf mich. Sie ist von meinem Vater, dessen Vortrag über die Kabbala ich letzte Woche versäumt habe. Sie ist an »Jay-Bird« adressiert, ein Kosename, den mir meine Mutter gegeben hat, als ich klein war. Seit über fünfundzwanzig Jahren hat mich niemand mehr Jay-Bird genannt. Er schreibt:

Zu jedem Zeitpunkt der jüdischen Geschichte, wenn die Leute von Leid und Exil heimgesucht wurden, gab es eine verständliche Hinwendung zu Mystik und Magie. Natürlich gab es auch gewaltsame Reaktionen auf den militanten Nationalismus, die anfangs noch unterdrückt wurden und sich erst 1948 bei der Gründung des Staates Israel richtig ausbreiteten. So ist die Entstehung der Chanukka, des Lichterfestes, untrennbar mit der griechisch-syrischen Unterdrückung der vorübergehend erfolgreichen Makkabäer-Aufstände verbunden. Mit diesem Teilsieg kam es zum traditionellen Wunderglauben: Der Leuchter brannte acht Tage lang mit dem Öl eines einzigen Tages – ein Wunder, gewirkt durch Gottes heilige Auserwählte.

Im Buch Hesekiel finden sich die Visionen dieses Propheten, niedergeschrieben während der babylonischen Gefangenschaft im achten vorchristlichen Jahrhundert. Die Vision des feurigen Wagens, der, wie berichtet wird, den Propheten Eilija gen Himmel trug, fällt in die Ära der nachsalomonischen Könige im 11. Jahrhundert vor Christus. Elija, so steht es geschrieben, fuhr in dem mystisch-symbolisch verstandenen göttlichen Wagen gen Himmel, ohne dabei tatsächlich zu sterben. Das war der Grundstein dessen, was die Juden später Kabbala – die Überlieferung – nannten, in diesem Fall der mystische Rückzug ins Jenseits mithilfe der Meditation, durch den die rabbinische Gesetzesfrömmigkeit, dieses staubtrockene Pharisäertum, ebenso transzendiert wurde wie die Machtspiele der reichen aristokratischen Sadduzäer zu Jesu Zeiten ...

In diesem Stil geht es noch lange weiter, aber obgleich ich alles fünf- oder sechsmal lese, weiß ich am Ende noch immer nicht, was er mir sagen will. Schließlich schicke ich ihm eine E-Mail und frage ihn, wann sein Interesse an der Kabbala eigentlich erwacht ist. Schon kurz danach erhalte ich seine Antwort:

Justine,

ich begann mich Anfang der neunziger Jahre für die Kabbala zu interessieren, als ich in Johannesburg-Hillbrow lebte und unbedingt meinen Vater und seine seltsam frauenabhängige Persönlichkeit verstehen wollte ... Ich bin

wie Jung der Überzeugung, dass religiöse Archetypen im Unbewussten schlummern. Die Unterteilung in männlich und weiblich ist willkürlich, aber er war von einem desexualisierten Tipharet beherrscht und von seiner Schechina überwältigt – siehe seine romantischen Gedichte. Meine Tante Anne, die am Heiligabend gestorben ist, hat mir voller Verachtung erzählt, »er hätte gar eine Jungfrau heiraten müssen ...« (!)
Dad
DAFD

Ich weiß noch immer nicht, worauf er hinauswill (verstehe auch nicht, was DAFD heißt); aber egal, die reine Tatsache, dass wir miteinander im Gespräch sind, ist ein Fortschritt. Ob ich genauer zwischen den Zeilen lesen muss? Sicherlich spricht Liebe daraus.

Freitag, 19. Januar

»Sir, hat der junge Mann gestanden, mich getäuscht zu haben,
so glaube ich ihm nicht! Er mag bisweilen täuschen;
das liegt in der Natur des ›Mediums‹, denn so sind sie beschaffen,
voll Einbildung und Rachsucht, Feiglinge, die gern die Krallen zeigen.
Und so sind alle Katzen; doch trotzdem ist die Katze jenes Tier,
dem man die seltsamen elektrischen Funken entlockt,
streicht man ihm gegenläufig übers Fell ...«
Robert Browning: »Mister Sludge, The Medium«

Es kommt mir vor, als würde ich meinem Mann gegenüber versagen, weil ich keine tröstenden Worte für ihn finde (aber was nützen jetzt Worte?). Unsere Freunde sind zwar nett, doch auch sie wissen wenig mit Neill und mir anzufangen. Ihre Bemühungen spiegeln meinen eigenen Kampf wider, und es ist, als hätten wir den Bereich normaler Konversation verlassen (es mag auch sein, dass der Tod im dunkelsten Monat etwas Ansteckendes zu haben scheint und man sich deshalb von uns fern hält und nicht mit uns spricht). Zum Teil deswegen habe ich mich am Arthur Findlay College in Essex für einen Kurs zum Thema »Medium« angemeldet: extreme Umstände verlangen verzweifelte Maßnahmen. (Ja, ich bin verzweifelt angesichts meines Unvermögens, mit den Lebenden zu reden, ganz zu schweigen von der wachsenden Zahl der Todesfälle in meinem Leben.) Mir ist klar, dass andere diese Entscheidung vielleicht abstrus finden, darum habe ich außer meinem schweigenden Mann auch niemandem von meinem Vorhaben erzählt. Ich bin einfach losgefahren, und keiner weiß wohin, eine ungewöhnlich befreiende Erfahrung.

Mein Ziel liegt in der Nähe des Flughafens Stanstead, etwa vierzig Meilen nördlich von London, aber ich hätte mich ebenso gut hundert Jahre oder noch weiter entfernen können. Das College ist ein weitläufiges, herrschaftliches Gebäude im neugotischen Stil, erbaut auf den Resten eines Hauses aus dem 15. Jahrhundert, und das Epizentrum des Nationalen Union der Spiritisten: der Ort, an dem sich alle Medien, groß und klein, zusammenfinden, um sich in ihrer Kunst zu vervollkommnen.

Es schneit, und die Bäume, die die lange Einfahrt zum College säumen, heben sich weiß vom dämmrig-grauen Himmel ab. Das Gebäude liegt hinter einem viktorianischen Pförtnerhaus verborgen, außer Sichtweite von der Straße und abgeschirmt von Flughafen und Autobahn. Ich parke meinen Wagen unter einer hohen Tanne und gehe hinein. In der Eingangshalle ist eine Katze ohne Schwanz, und neben dem Kamin, in dem kein Feuer brennt, sitzt ein Mann mit schwarzen Lederhosen und langem, dunklem Mantel und füllt ein Anmeldeformular aus. Es ist sehr kalt; ein schwacher Geruch von feuchtem Katzenfutter liegt in der unbewegten Luft. Der Mann in Schwarz trägt einen außergewöhnlich großen Kristall um den Hals, aber da ich nicht dabei ertappt werden will, wie ich ihn anstarre, konzentriere ich mich lieber auf die Katze, die mit ihren gelben Augen meinen Blick erwidert, ohne auch nur einmal zu blinzeln.

Eine geschäftsmäßige Frau kommt aus einer Tür und nimmt den Platz hinter dem Empfangstisch ein. »Schneit es noch immer?«, fragt sie mich.

»Ja«, antworte ich.

»Gut«, sagt sie lächelnd, »dann sind wir sicher bald eingeschneit.«

Sie reicht mir einen Vordruck mit Fragen, die ich beantworten soll: ob ich schon früher Erfahrungen mit einem Medium gemacht habe; ob ich spiritistische Kontakte habe; was ich mir von den Kurslehrern erhoffe. Ich schreibe, dass ich auf der Suche nach meiner toten Schwester bin und lernen möchte, zwischen wirklichen und eingebildeten Stimmen in meinem Kopf zu unterscheiden.

Sie führt mich über einen holzvertäfelten Flur und durch zwei Türen in den Vortragsraum, einen großen Saal mit Aussicht auf den verschneiten Rasen. Mindestens hundert Leute sitzen dort bereits in Reihen, obwohl das Podium vorn noch leer ist. Ich setze mich, verwundert, dass ich unter so vielen Menschen bin, und schaue mir die düsteren Ölgemälde an den Wänden an: Porträts von Arthur Findlay, dem ehemaligen Besitzer dieses Anwesens, und seiner Familie, wie ich annehme (es war nämlich Findlay, erfolgreicher Börsenmakler zur Regierungszeit König Edwards und später Schriftsteller und Philosoph, der seinen Besitz spiritistischen Freunden als Zentrum für ihre Forschungen vermachte). Bei den Medien in spe um mich herum sind alle Altersstufen vertreten; allerdings sind die Frauen ein wenig in der Überzahl. Ich hatte damit gerechnet, dass die meisten Teilnehmer grauhaarig wären, dabei sind eine beträchtliche Zahl von ihnen in meinem Alter oder jünger: Leute wie ich ... Um 16.30 Uhr kommt Glyn Edwards, unser Kursleiter, in den Saal geschritten, gefolgt von acht Tutoren. In eine Wolke aus Aftershave (oder Heiligkeit?) gehüllt, stellt er sich auf das Podest, während sich die Tutoren im

Halbkreis um ihn herum gruppieren. Fünf der Lehrer sind ältere Frauen, drei jüngere Männer. Einer davon, ein Stämmiger mit Bürstenschnitt, trägt schwere Stiefel, hat Tätowierungen auf den Oberarmen und wirkt unerschütterlich wie ein ehemaliger Soldat. Die anderen beiden Männer machen einen eher schüchternen Eindruck, und die Frauen haben etwas Gemütlich-Theatralisches an sich mit ihren bauschigen Chiffontüchern, ihrem bühnenreifen, verschwörerischen Geflüster und ihrem Modeschmuck, der im schwachen Licht des Raums glänzt. Der Leiter, Mr. Edwards, trägt eine Goldkrawatte und passend dazu ein goldenes Tuch, das in der Brusttasche seiner Tweedjacke steckt. Ich bin wie hypnotisiert von der bemerkenswerten Farbkombination seiner Kleidung: senfgelbes Hemd, makellose braune Hosen, adrette Weste im Hahnentrittmuster, feines Tweedjackett und darauf abgestimmte blitzblanke braune Lederschuhe. Seine Föhnfrisur ist sorgfältig arrangiert, und seine ansehnlichen Koteletten sind sauber geschnitten. »Ein frohes neues Jahr!«, ruft er uns allen zu und zeigt uns die Zähne, was ich als Lächeln auffasse.

Wir erwidern seinen Glückwunsch offenbar nicht selbstbewusst genug für seinen Geschmack, denn er bittet um mehr Lautstärke. *Frohes neues Jahr!»*, rufen wir im Chor wie ein gehorsames Kindertheaterpublikum. Mr. Edwards erste Amtshandlung besteht darin, uns in Gruppen einzuteilen, aber das dauert seine Zeit, weil er schwerhörig ist (»ich habe zwar ein Hörgerät, aber es funktioniert nicht immer«) und wir nicht laut genug für ihn sprechen, außerdem stiften unkorrekt geschriebene Namen auf der Liste, von der er abliest, weitere Verwirrung. Schließlich kommt mein Name an die Reihe, und da er bis zur Unkenntlichkeit entstellt ist, buchstabiere ich ihn laut und deutlich, woraufhin Mr. Edwards in gespielter Verzweiflung die Augen zur Decke aufschlägt und unter stürmischem Gelächter ruft: »Ist denn keiner da oben?«

Danach hält er uns einen Vortrag darüber, wie wichtig harte Arbeit und Verantwortungsgefühl in unserer Ausbildung sind. »Ich bin

Hellseher, meine Damen und Herren, ich sehe *alles*«, sagt er warnend. »Wir gehen dahin zurück, woher wir gekommen sind«, fährt er mit saalfüllender Stimme fort und funkelt uns dabei mit unverhohlenem Widerwillen an. »Kennen Sie Ihren eigenen Geist?«, fragt er uns Zuhörer, die wir inzwischen mucksmäuschenstill sind. *«Kennen Sie Ihren eigenen Geist?»* Noch immer schweigen alle. *«Warum um Gottes willen nicht?»*, donnert er los. »Dieses Wochenende wird alles nach meinen Wünschen ablaufen«, fährt er in seinem leicht aggressiven Ton fort, obwohl niemand etwas eingewendet hat, »und nach den Wünschen der Geisterwelt.« Er senkt die Stimme, und ich bin trotz einer leichten Aversion gegen ihn beeindruckt von seiner bemerkenswerten Redekunst, als er in einer unnachahmlichen Mischung aus Ermahnung und Begeisterung fortfährt: »Heute Abend werden wir Sie daran gewöhnen, sich in der Stille mit der Geisterwelt zu vereinen, Frieden, Ruhe und Zufriedenheit zu empfinden und Ihre persönlichen Geister Kontakt zu Ihnen aufnehmen zu lassen. Sie werden erfahren, wie Sie den Geistern die Kommunikation mit Ihnen ermöglichen können, werden sich bewusst machen, wie Sie von ihnen beeinflusst werden, und beginnen, diese Erfahrungen zu akzeptieren...«
»Sie müssen eigene Erfahrungen sammeln«, sagt Mr. Edwards noch leiser als vorher, um plötzlich wieder so laut zu brüllen, dass ich zusammenschrecke: *«Und das werden Sie dieses Wochenende tun!»* Dann flüstert er mit ersterbender Stimme: »Wenn wir das schaffen, steckt der Schlüssel schon in der Tür ...«
Jetzt, während sein Blick über das hingerissene Publikum schweift, werden seine Gesichtszüge hart. »Wir reden hier von einer Kraft aus der Geisterwelt, von einer Schwingung, einer Energie«, sagt er. »Sie kann sich nur manifestieren, wenn Sie mit ihr kooperieren. Ich interessiere mich für Sie, ich nehme Anteil an jedem Einzelnen von Ihnen, ich spüre, was Sie bewegt – aber Sie müssen auch mir vertrauen, Sie müssen den Geistern vertrauen. Wir machen Türen auf, ein Fenster zur Seele ... Oft, wenn

nichts zu geschehen scheint, tut sich im Hintergrund *doch* etwas. Sie werden langsam aufgeschlossener. Wollen Sie das?«, fragt er uns.

«Ja!», rufen wir im Chor.

Nach dem Vortrag begeben wir uns in den Speisesaal. Ich suche mir einen Platz an einem Tisch mit sechs anderen: drei gut gekleideten Endzwanzigerinnen aus Devon mit unwahrscheinlich heiteren Mienen (eine Krankenschwester, eine Geschäftsfrau und eine Taxifahrerin, die sich bei einer Spiritistenversammlung in ihrem Stadtteil kennen gelernt haben), zwei Medien aus Guernsey, die eigens zu diesem Anlass hierher geflogen sind, und einer 28-jährigen Frau aus dem Speditionswesen. Ein Platz am Tisch bleibt frei. (Ich möchte mir gern vorstellen, dass Ruth ihn eingenommen hat, aber die anderen haben zweifellos auch ihre Geister mitgebracht.)

Meine Tischgenossen reden allesamt begeistert von Mr. Edwards, sie sind mir in ihrem spiritistischen Training weit voraus, deshalb esse ich schweigend (Gemüsesuppe, anschließend Schinkenbraten mit gemischtem Gemüse und dazu jede Menge dünner Tee). Mittendrin läutet Mr. Edwards, der sich inzwischen ein frisches gemustertes Hemd angezogen hat, eine Handglocke, und es wird still im Speisesaal. »Ihre Gruppenarbeit beginnt um 19.45 Uhr«, sagt er. »Seien Sie unbedingt pünktlich ...«

Ich bin einer Tutorin namens Muriel Tennant zugewiesen worden. Um 19.40 Uhr finde ich mich mit den anderen aus meiner Gruppe in einem Raum ein, der bei den Stammgästen des Colleges »Großer Salon« heißt. Wir sind insgesamt vierzehn und nehmen auf harten Kunststoffstühlen Platz, die in der Mitte des riesigen, in hellem Erbsengrün gehaltenen hohen Saals im Kreis stehen. Rote Samtchaiselongues und plüschgepolsterte Lehnstühle sind aus dem Kreis herausgeschoben worden. Vor dem leeren Marmorkamin steht ein ausgeschalteter elektrischer Heizofen, daneben ein altersschwaches Fernsehgerät, dessen Schaltleiste mit Klebe-

band abgedeckt ist. Wir sind still, nur unser Atem bildet kleine, zarte Wölkchen in der Eiseskälte.
Endlich erscheint Muriel und setzt sich zu uns in den Kreis, aber mit ein wenig Abstand. »Bleiben Sie mit den Stühlen lieber auf dem Teppich als auf dem Holzboden«, sagt sie. Einen Augenblick denke ich, dass es sich vielleicht um einen fliegenden Teppich handelt, der mit uns aufsteigen und uns in die Nacht hinaustragen wird; wie sich herausstellt, ist Muriel aber nur darum besorgt, dass das Parkett Kratzer abbekommen könnte.
Muriel erweist sich, ähnlich wie Mr. Edwards, als etwas schwerhörig, brüllt uns jedoch nicht an. Sie ist eine angenehme, freundliche Lehrerin, die mit sanfter Stimme, aber ungewöhnlich deutlicher Aussprache redet. Ich schätze, dass sie in den Sechzigern ist, obwohl sie etwas Altersloses hat. Sie bittet uns, uns einer nach dem anderen im Kreis herum vorzustellen. So können wir Bekanntschaft miteinander machen: Charles, ein seriöser Geschäftsmann, der im Nebenberuf Geisterstimmen channelt und aus Florida angereist ist; Dee, ein schüchternes Hippiemädchen aus Südlondon, das uns andere durch einen Vorhang dunkler Haare betrachtet; John, ein ältlicher Spiritist mit Schlappen und einem gelben Chenillepullover, den er in seine Trainingshosen gestopft hat; Joyce, eine junge Spiritistin in Stiefeln mit Plateausohlen, drall, hübsch und nervös; Margaret, grauhaarig, ängstlich und übertrieben höflich; Yvonne, eine gepflegt aussehende Großmutter, die hier ihre paranormalen Heilungsfähigkeiten weiterentwickeln will; Bev, eine Spiritistin aus Dorset, die etwa genauso alt ist wie ich; Daniel, ein Student aus Taiwan, der jetzt in Amsterdam lebt; Mark aus Dublin, der wie 16 aussieht, nach eigenen Angaben jedoch schon 27 ist; Herbert aus Sheffield mit einem imposanten grauen Bart, der ihm bis zur Brust reicht, und grauen, zum Pferdeschwanz zusammengebundenen Haaren; ein jüngerer John (den Muriel »John zwei« nennt) in einem T-Shirt mit Hard-Rock-Café-Aufdruck; Virginia, eine liebenswürdige Asiatin, die in Oxford-

shire lebt; und Di, eine Heilerin aus Reading, die bereits mehrmals an Kursen dieses Colleges teilgenommen hat.
Unsere erste Übung besteht darin, die Augen zu schließen und die Geister zu uns kommen zu lassen. »Viele von Ihnen sind darin schon bewandert«, sagt Muriel. »Sollten Sie jedoch Schwierigkeiten haben, dann stellen Sie sich einfach vor, Sie wären von weißem Licht eingehüllt ...« Der Kreis ist still, der Raum dämmrig. Ich bin müde, erschöpft von der Fahrt hierher, dem Vortrag und den Leuten. Ich denke an weißes Licht. Weiße Glut steigt mir zu Kopf; mir wird heiß, und das an diesem kalten Ort. Das Licht bringt das Glas zwischen Ruth und mir in der Finsternis hinter meinen Augen zum Schmelzen. Ruth ist im dunklen Wald, aber nicht mehr allein, und sie nimmt mich bei der Hand. Sie sagt nichts, lächelt jedoch, als ich zu ihr in den Wald trete. Dann ist sie plötzlich verschwunden, und ich stehe im Eingang des Hauses, in dem Kimberley vor sechs Jahren gestorben ist. Ich steige die Treppe hinauf und gehe an ihrer Leiche vorbei weiter nach oben, die letzte Stiege hinauf zu der kleinen Dachterrasse ihres Hauses. Dort wartet sie auf mich, in Sonnenlicht gebadet, hoch oben in der Luft, mit einem Leuchten auf dem Gesicht, dessen Widerschein die Dachziegel erglühen lässt. Ich springe von der Terrasse in die blaue Leere und sinke abwärts über die Bäume und das Straßengewirr von Nordlondon hinweg bis zur Themse in der Nähe der Blackfriars Bridge. Dann stehe ich am Nordufer und blicke über das Wasser. Auf der anderen Seite kann ich all meine toten Lieben erkennen: Kimberley, Kirsty, Oscar, Adam, Beth, Jon, Simon. Sie sprechen zwar nicht mit mir, aber unsere Augen begegnen sich. Auch Ruth ist da. Sie kommt auf mich zu, der Fluss ist auf einmal weg, und wir tanzen miteinander, tanzen im weißen Licht. Zu meiner Linken ist ein Tunnel aus weißem Licht; unter meinen Füßen ist leerer roter Raum ohne Anfang und Ende. Ruth ist wieder verschwunden, aber im Tunnel sehe ich eine Gestalt: eine Christusfigur aus Gips, die ein

Lamm trägt. Ich berühre das Lamm. Es ist weich und warm und lebendig.

»Sie können die Augen jetzt wieder öffnen«, sagt Muriel. Ich mache die Augen auf, starre auf den Teppich und werfe dabei verstohlen einen Blick auf meine Uhr. Wir haben fast eine Stunde hier gesessen, und meine Füße sind gefühllos vor Kälte. »Möchte jemand dem Kreis erzählen, was er erlebt hat?«, fragt Muriel. »Es scheint viel starke Energie im Raum zu sein.« Ich will meine Erlebnisse lieber für mich behalten (Christus – wie peinlich!), höre jedoch zu, was die anderen von Auras und Geisthelfern erzählen (John zwei hat einen Indianer, der immer für ihn da ist). Muriel ist sehr angetan von uns, und dann ist der Unterricht zu Ende. Alle bleiben über Nacht hier, nur ich fahre nach London zurück. »Ich wette, hier wimmelt es nur so von Geistern«, sagt Tracey, die beim Abendessen neben mir saß, als ich sie auf dem Weg nach draußen in der Eingangshalle treffe. »Ich werde bestimmt kein Auge zutun.«

»Ich bin froh, dass ich nach Hause fahren kann«, sage ich wahrheitsgemäß und gehe in den Schnee und die Dunkelheit hinaus.

Samstag, 20. Januar

Ein Medium zu sein, erfordert Würde«, sagt Mr. Edwards, der tief gekränkt wirkt. Es ist 9.45 Uhr, und wir »sitzen in der Kraft« im Andachtsraum, der Spiritistenkapelle, die zum College gehört. »Das ›Sitzen in der Kraft‹ ermöglicht es Ihnen, Selbstachtung zu entwickeln«, fährt Mr. Edwards fort. »Ehe Sie nicht Ihren eigenen Geist respektieren, kommen Sie nicht weiter.« Mr. Edwards trägt heute ein hellorangenes Hemd und eine dunkelorangene Krawatte und hat sich den dazu passenden Pullover um die Schultern gelegt. Er ist sehr verärgert, weil jemand – ein namenloser Jemand, der trotzdem bei ihm auf der schwarzen

Liste steht –, nicht im Andachtsraum aufgetaucht ist. »Wenn die Leute nicht an diesen Sitzungen teilnehmen, fasse ich das als persönliche Beleidigung auf«, brüllt er, und sein Gesicht läuft rot an vor Zorn, »außerdem ist es eine Beleidigung für den Geist.« Dann senkt er die Stimme wieder. »Ich möchte, dass Sie nicht auf ein bestimmtes Erlebnis aus sind, dass Sie nicht fest mit einer Erfahrung rechnen«, sagt er und fuchtelt mit den Händen in der Luft herum. »Wenn sich eine Erfahrung einstellt, lassen Sie sie kommen und lassen Sie sie vergehen ... Sie lernen, sich von der Kraft lenken zu lassen ... Wir müssen den Weg finden. Alles, was wir haben, kommt von einer höheren Macht.« Mr. Edwards schreitet den Mittelgang entlang, der zum Altar (oder ist es eine Bühne?) führt. Er erzählt uns von der magischen Kraft, die die Bäume draußen mit Schnee bedeckt hat; von der Magie, die Gott ist, von der Magie in uns selbst. »Ich bin keine Manifestation Gottes, ich *bin* Gott«, sagt er mit einer Stimme, die bis in die letzten Winkel des Raumes dringt.

Mr. Edwards redet sehr lange an diesem Morgen, aber schließlich gibt es doch eine Teepause, und er verschwindet in das Privatzimmer für Medien, um eine Zigarette zu rauchen. Die Schüler sind anscheinend sehr erbaut von seinem heutigen Vortrag, obwohl einige auch ihre Enttäuschung darüber äußern, dass bei den Erfrischungen das Gebäck fehlt. (»Letztes Jahr gab es Schokoladen- und Ingwerplätzchen«, sagt eine Dame, die hinter mir am Teeausschank ansteht. »Einsparungen, nehme ich mal an«, meint ihre Freundin.)

Um 11.30 Uhr teilen wir uns in unsere Gruppen auf, und ich bin wieder bei Muriel im Salon. Das Arrangement ist genauso wie am Vorabend – sie hat uns gebeten, unsere alten Plätze im Kreis wieder einzunehmen –, aber diesmal steht vor Muriels Stuhl eine Staffelei mit einem leeren Blatt Papier. Muriel zeichnet ein einfaches Strichmännchen auf das Blatt, mit einem großen Leib in der Mitte. Sie zieht eine Linie um die Figur. »Das ist die Aura«,

sagt sie und zeigt auf diese wackelige Linie. »Was Sie waren, was Sie sind, welche Hoffnungen Sie hegen – das ist Ihre Alltagsaura. Damit sind wir gewachsen, und die Aura ist mit uns gewachsen.« Dann zeichnet sie etwas links von der Mitte da, wo man ein Herz erwartet, einen Kreis in den Leib. »Irgendetwas bewegt sich in Ihrem Innern«, sagt sie und deutet auf den Kreis. »Ihr eigener Geist rührt sich in Ihnen. Das hat Sie hierher geführt ...« Sie zeichnet ein paar mehr krakelige Linien von dem Kreis zur Aura und darüber hinaus. »Das ist die Ausstrahlung der Energie, die sich durch Ihre Alltagsaura hindurcharbeitet«, erklärt sie. »Diese Energiestrahlen, die durch Ihren Aurabereich nach außen dringen, fallen schließlich den Lichtwesen – den Geisthelfern – auf. Die Lichtwesen sagen: 'Ah! Ist das nicht wunderbar?' Sie schaffen nun selbst Energie heran und vermischen sich mit der Geisterkraft einer jeden und eines jeden von Ihnen.«
Muriel zieht noch einen Strich quer über die Mitte des Strichmännchenleibes. Unter dieser Linie läge das Unterbewusstsein, sagt sie. »Das ist der geistige Aktivator, der menschliche Computer«, erklärt sie. »Alles ist dort im Unterbewusstsein gespeichert, selbst wenn wir es mit unserem Tagesbewusstsein gar nicht wahrnehmen.« »Bei einem Medium«, sagt sie, »muss das Unterbewusstsein ins Spiel kommen.«
Meine Gedanken schweifen ab, mein Blick wandert durch die Fenster des Salons über die weißen Rasenflächen und verschneiten Bäume draußen. Irgendwo in der Nähe läuten Kirchenglocken in einem unsichtbaren Turm. Ich zähle zwölf Schläge, aber die Glocken läuten immer weiter. In einer Ecke des Raums, die ich gestern nicht sehen konnte, weil es zu dunkel war, steht ein großer Vitrinenschrank in viktorianischem Stil. Die Parks und Wälder von Essex, die durch die Fensterscheiben zu sehen sind, an denen unser Atem als Kondenswasser herunterläuft, erinnern an Narnia im Winter.
Muriel erzählt uns von ihrem großen Mentor, einem inzwischen

verstorbenen Medium namens Gordon Higginson. »Ich habe ihn dort in der Bibliothek in einem Schrank verschwinden sehen«, sagt sie mit leuchtenden Augen in ihrem gepuderten bleichen Gesicht und zeigt auf eine Tür auf der anderen Seite des Salons. »Er ging mit einfachen schwarzen Hosen und Oberhemd hinein und kam in wallenden Geistergewändern wieder heraus.« Seine Gewänder seien von den Geistern gemacht worden, sagt sie, und aus seinem Mund und seinen Nasenlöchern sei Ektoplasma geströmt, das Fleisch und Blut der Geisterwelt, der Grundstoff der Jenseitswelt. »Man konnte die Geistergesichter im Ektoplasma sehen«, sagt sie. »Alle haben es gesehen, dort drüben im Raum.«

»Was genau ist Ektoplasma?«, fragt Daniel, der alles immer ganz genau wissen will.

»So etwas wie Rauch«, sagt Herbert.

»Oder Zuckerwatte«, sagt John zwei.

»Es ist von einem bekannten deutschen Wissenschaftler untersucht worden«, sagt Muriel, »Und es enthält menschliches Fleisch.« Joyce kraust die hübsche Nase. »Der Punkt ist der«, sagt Muriel, »dass jeden Tag kleine Wunder passieren. Sie selbst könnten ein kleines Wunder sein!« Sie macht eine Pause und schaut jeden von uns im Kreis an. »Bei mir gibt es keine Versager«, sagt sie. »Nur Leute, die sich bemühen.« Herbert nickt wissend. »Jetzt möchte ich, dass Sie sich in Zweiergruppen aufteilen«, sagt Muriel. »Sie werden sich gegenseitig eine Lesung geben und dabei sowohl von Ihren übersinnlichen Kräften als auch von Ihren medialen Fähigkeiten Gebrauch machen.«

Mark fehlt heute Morgen, ihm war anscheinend in der Nacht sehr schlecht, und wir sind jetzt eine ungerade Zahl, sodass ich mit Yvonne und Bev eine Dreiergruppe bilden muss. Es wird beschlossen, dass ich mit Bev beginne. Sie trägt bestickte Jeans, woraus ich schließe, dass sie eine jugendliche Tochter hat, die sie zu einem solchen Kauf angeregt hat. Ich schließe die Augen und versuche mir ihr Leben vorzustellen. »Sie haben eine Tochter im

Teenageralter«, sage ich. Bev nickt. »Sie haben ein sehr inniges Verhältnis zu ihr.« Bev nickt wieder. »Sie hören sich gemeinsam Popmusik an und lesen die gleichen Zeitschriften.« Bev nickt immerfort. »Sie sind sehr gut, Justine«, sagt Yvonne ermutigend. Mein rechtes Ohr beginnt wehzutun. Es saust ein bisschen darin. »Ich höre ein R«, sage ich. »Fängt der Name Ihrer Tochter mit R an?« »Richtig!«, ruft Bev aus, dabei habe ich gar nicht das Gefühl, etwas Besonderes getan zu haben.

»Alles wechseln!«, bestimmt Muriel, und so wende ich mich Yvonne zu. Sie hat gestern im Vorübergehen eine Enkelin erwähnt. »Sie stehen einem kleinen Mädchen sehr nahe«, sage ich. »Ja, wahrhaftig!«, sagt sie erfreut. »Sie ist Ihre Enkelin«, sage ich. »Ja, ja!«, sagt Yvonne. »Sie liebt Sie heiß und innig«, sage ich, »und Sie lieben sie. Es besteht eine besondere Beziehung zwischen Ihnen.« »Gewiss, genauso ist es«, sagt Yvonne. »Sie ist die Tochter Ihres Sohnes«, sage ich aus reiner Vermutung. »Stimmt!«, sagt Yvonne. »Zu ihm haben Sie auch ein herzliches Verhältnis«, sage ich. Jetzt ist Yvonne restlos glücklich.

»Weiter bitte«, sagt Muriel, und ich nehme Yvonne genauer aufs Korn. Alles an ihr ist überaus sauber, ordentlich und adrett. »Ihr Haus ist außergewöhnlich sauber«, sage ich. »Man könnte glatt vom Fußboden essen.« »Ja, ich bin eine *ausgesprochen* penible Hausfrau«, sagt Yvonne. »Stimmt genau.«

Dann sind Yvonne und Bev mit mir dran. »Sie sind ein Stadtmensch«, sagt Yvonne mit einem Blick auf meine sauberen Turnschuhe. »Sie leben nicht auf dem Land«, sagt Bev. »Wohnen Sie an einer Hauptverkehrsstraße?«, fragt Yvonne. Ich sage nein, das nicht, aber ich wohne in London. Viel weiter kommen sie nicht (»Ihr Mann ist Akademiker«, »Sie haben Kinder?«), und dann versammelt Muriel uns wieder im Kreis und fragt uns, ob wir Fortschritte in unseren medialen Fähigkeiten gemacht haben.

»Woher weiß ich, dass ich nicht einfach etwas erfinde?«, fragt Joyce.

»Fassen Sie Erfindungsgabe bitte nicht negativ auf«, sagt Muriel. »Die Phantasie ist etwas Positives, etwas Kreatives.«

»Ich hatte das Gefühl, einfach drauflos zu raten«, sagt Joyce. »Ich habe absolut nichts gesehen.«

»Mediale Fähigkeiten beruhen eher auf dem *Spüren* als auf dem Sehen«, sagt Muriel. »In meinen Augen sind diese Dinge kleine Wunder.«

Wir machen Mittagspause (zum Essen gibt es Lasagne, Apfeltorte und Tee) und kommen am Nachmittag wieder zusammen. »Strengen Sie sich jetzt bitte sehr an«, sagt Muriel, während sie ihre Chiffonschals zurechtzupft. »Ich möchte nämlich, dass Sie alle nacheinander *mir* eine Lesung geben. Stehen Sie auf, sprechen Sie deutlich und vertrauen Sie sich selbst. Los geht's!«

Zwei der medialen Azubis sehen Bäume (»den Baum des Lebens?«). Muriel nickt aufmunternd. Einer sieht eine Kirche. Wieder ein Nicken. Daniel sieht einen Friseur, zu dem Muriel eine enge Beziehung hat. »Meine Enkelin ist Friseuse«, sagt Muriel. »Gut gemacht, Daniel.« John zwei sieht seinen indianischen Geisthelfer mit Friedenspfeife. »Ich muss *tatsächlich* manchmal Frieden stiften in der Spiritistenbewegung«, sagt Muriel. »Das *ist* eine meiner Rollen.« Di landet einen Volltreffer mit einer Vision von Muriels Vater, der ihr aus dem Jenseits erscheint. »Er hat abgetragene Kordsamthosen an«, sagt Di, »und zeigt auf seine Füße. Da sind dicke Knubbel an seinen Fußspitzen – ich glaube, seine Füße verursachen ihm Beschwerden.«

»Di, das ist ganz ausgezeichnet«, sagt Muriel. »Mein Vater hatte schreckliche Probleme mit seinen Füßen, bevor er in die Welt des Geistes ging.«

Dann bin ich an der Reihe. Ich hole tief Luft und stehe auf. Alle schauen mich erwartungsvoll an. Ich schließe die Augen. Ich sehe Muriel im weißen Licht auf einer Bühne tanzen, herumwirbeln, lächeln und strahlen. »Sie waren Tänzerin«, sage ich mit etwas zittriger Stimme zu Muriel.

»Das stimmt!«, sagt Muriel. »Ich habe tatsächlich schon viele Preise gewonnen in meinem Leben. Ich war oft auf der Bühne.«
Ich schließe wieder die Augen und sehe einen jungen Mann im Rollstuhl. Er ist gebeugt und krumm, geistig jedoch noch sehr rege. Es saust wieder in meinem rechten Ohr, ein R, wieder ein Name, der mit R anfängt ... (Das ist lächerlich – ich versuche eigentlich nur, meine stumme Ruth zu hören.) Jetzt spricht der junge Mann im Rollstuhl. Er sagt zu Muriel: ›Tanz bitte mit mir.‹
Ich öffne die Augen und blinzle. »Tut mir Leid, ich hoffe, dass ich damit nicht zu weit gehe «, sage ich, »aber ich sehe einen jungen Mann im Rollstuhl, der Sie um einen Tanz bittet. Und ich glaube, sein Name fängt mit R an.«
»Ronnie!«, sagt Muriel. »Er ist regelmäßig zum College gekommen, bevor er starb, hat hier in diesem Salon bei mir gesessen, und ich habe Musik aufgelegt, und dann haben wir zusammen getanzt, wobei ich den Rollstuhl herumgeschoben habe. Oh, das muss ich seiner lieben Mutter erzählen, dass er heute hier als Geist erschienen ist.«
Die anderen im Kreis sind sichtlich beeindruckt. Ich setze mich wieder hin. Alles Quatsch, denke ich. Vielleicht sagt Muriel nur, dass sie einen Jungen im Rollstuhl kennt, um mich zu ermutigen. Aber nein, das ist nicht gespielt, sie glaubt wirklich an dieses Zeug, ich weiß es. »Sehen Sie, heute hatten wir ein kleines Wunder. Ist das nicht schön?« Muriel erhebt sich und stellt sich in die Mitte des Kreises. »Jetzt müssen Sie noch eine gewisse Bühnenreife erlangen«, sagt sie. »Erst das bringt Ihre medialen Fähigkeiten voll zur Wirkung. Nehmen wir einmal an, Sie gäben eine Demo – das ist die Kurzform von ›Demonstration‹, wie Sie sicher alle wissen. Sie empfangen die Geisterbotschaft, und dann zeigen Sie auf jemanden im Publikum ...« Sie holt weit mit dem Arm aus und zeigt theatralisch auf Yvonne. »Sie verkünden die Botschaft – hm, vielleicht diese: ›Ihre Enkelin steht Ihnen sehr nahe‹, und dann drehen Sie sich um, zeigen aber mit dem Arm *unbe-*

dingt weiter auf Yvonne.« Sie kehrt sich von uns ab, blickt zur Decke empor, als suche sie dort nach weiteren Botschaften, und wendet sich wieder Yvonne zu, um sie mit einem durchdringenden Blick zu fixieren. »Sehen Sie?«, sagt sie und lässt den Arm sinken. »Mit dem Hinzeigen erhalten Sie die dramatische Spannung aufrecht. Und stocken Sie nicht – reden Sie ununterbrochen weiter, auch wenn Sie etwas Falsches sagen. Wenn Sie immer weiterreden, kommt auf jeden Fall auch etwas Richtiges dabei zur Sprache. Sie brauchen nichts zu interpretieren oder zu erklären. Denken Sie immer daran: Der Zuschauer ist derjenige, der analysiert.«

Als Nächstes steht mediale Trance auf dem Programm. Wir versenken uns einer nach dem anderen in Trance – auch ich schließe die Augen, um mir das weiße Licht zu vergegenwärtigen, werde jedoch dauernd abgelenkt durch das Schnarchen von John dem Älteren –, während die übrigen Teilnehmer im Kreis dem Trance-Aspiranten ein Feedback über die jeweiligen physischen Manifestationen und seine Aura geben. Alle sehen smaragdgrünes Licht, Goldgirlanden und blaue Blitze, alle bis auf mich, denn ich sehe nichts, absolut nichts, obwohl ich ins Dunkel starre, bis mir die Augen brennen.

»Haben Sie etwas gehört, Joyce?«, fragt Muriel. »Es war eine Menge Geisterenergie um Sie.«

»Nein«, erwidert Joyce ungerührt.

»Sie haben kein fließendes Wasser gehört?«, fragt Muriel weiter.

»Ach ja, natürlich«, sagt Joyce, »blaues Wasser.«

»Gut«, sagt Muriel.

»Ich habe Zwerge und Schornsteinfeger gesehen«, sagt John zwei, der heute Abend ein andersfarbiges T-Shirt mit Hard-Rock-Café-Aufdruck trägt. »Sie tanzten Justine um die Füße.«

»Sie sollten versuchen, von solchen bildhaften Manifestationen wegzukommen«, sagt Muriel nachsichtig. »Konzentrieren Sie sich stattdessen lieber auf die Farbe der Aura.«

»Ich habe noch nicht genug gelernt«, sagt John zwei, ein eifriger, aber empfindsamer Mensch.
»Verzweifeln Sie nicht, Sie haben gute Anlagen«, sagt Muriel. »Ich selbst war als Schülerin auch unsicher, wie Sie. Dann hat mich eines Tages, als ich hier an einem Trainingskurs teilnahm, Gordon Higginson ins Visier genommen und gesagt: ›Muriel, Sie werden einmal andere in Trance und medialen Fähigkeiten unterrichten.‹«
»Ich will mir Mühe geben«, sagt John zwei.
»Vergessen Sie nicht, dass es bei mir keine Versager gibt«, sagt Muriel, »nur Leute, die sich bemühen.«
Draußen ist es nebelig geworden. Man kann nur wenige Meter weit sehen. Heute Abend sollen wir wieder das »Sitzen in der Kraft« bei Mr. Edwards üben, sodass ich bis nach elf hier bleiben müsste, und das ist zu viel für mich, es ist einfach zu viel. Nach dem Abendessen (Erbsensuppe, Brathähnchen, Kartoffelpüree, wieder Tee) nehme ich Muriel beiseite. »Muriel«, sage ich, »so Leid es mir tut, aber ich muss heute Abend früh nach Hause, meinem ältesten Sohn geht es nicht gut.«
»Natürlich, meine Liebe«, sagt Muriel, »fahren Sie gleich los, aber *sehr, sehr* vorsichtig.« Ich frage mich, ob sie Unfälle voraussehen kann.
»Ich will aber keinen Ärger mit Mr. Edwards«, sage ich. »Er war heute Morgen sehr ungehalten über jemanden, der beim ›Sitzen in der Kraft‹ fehlte.«
»Keine Sorge«, sagt Muriel, »ich werde ihm alles erklären. Er weiß, dass er mir vertrauen kann.«
Als ich meinen Mantel anziehe, sehe ich, dass Muriel mit Mr. Edwards spricht, und ich könnte schwören, dass er daraufhin verärgert aussieht, oder ist das nur Einbildung? Egal, egal, ich habe frei, schon bin ich zur Tür heraus, im Auto, auf der Einfahrt. Ich kann absolut nichts sehen, aber ich werde schon irgendwie nach Hause kommen. Die Straße windet sich nach links, nirgendwo ist

ein Licht, nur mein Scheinwerferlicht – einfach dem Licht folgen, nach Hause kommen, in der Stille, nur noch schlafen, nur noch schlafen.

Sonntag, 21. Januar

In London regnet es, der Schnee ist über Nacht weggeschmolzen. Streusand liegt auf der Straße und bildet einen schmierigen Film auf meiner Windschutzscheibe, aber ich fahre weiter, den Blick auf die sonntäglich leere Fahrbahn vor mir gerichtet, um pünktlich zur ersten Sitzung des Tages im College anzukommen. Um 9.30 Uhr sitze ich im Andachtsraum und schaue zu den hohen Bleiglasfenstern ganz oben in der gegenüberliegenden Wand empor. Sieben Fenster; einfache Formen; einfache Grundfarben (Rot, Gelb, Blau). Sie erinnern mich an die Fluchtfenster in der Fernsehsendung *Playschool*, die Ruth und ich uns anschauen durften, als wir klein waren. (Mussten wir durch das runde Fenster oder durch das eckige Fenster? Man wusste bis zur letzten Minute nicht, welches das richtige war.)

An diesem Vormittag trägt Mr. Edwards ein beigefarbenes Hemd und hat sich einen dunkelbraunen Pullover um die Schultern gelegt. Hinter ihm sitzen die übrigen Tutoren, darunter auch wieder der stämmige Mann mit den Tätowierungen, der heute ein glänzendes, kurzärmeliges, schwarzes Hemd anhat. Alle haben die Augen geschlossen, nur nicht der Mann im schwarzen Hemd und ab und zu ich selber (wenn ich die Augen öffne, weil es mir unheimlich ist, hoffe ich nur, er sieht nicht, dass ich ihn anstarre). Mr. Edwards wird von Geistern besucht. Er klingt nicht mehr verärgert, sondern fast begütigend. Die Engel seien bei ihm, sagt er. »Wir sind mehr als eure Brüder und Schwestern, mehr als eure Väter und Mütter«, säuselt Mr. Edwards mit einer Stimme, die mal höher, mal tiefer klingt. »Lasst ab von allem Schmerz, allem Leid und allem Verlust, denn Gott ist in euch.« Draußen fällt wieder Schnee, weich, kalt und lautlos; drinnen im Andachtsraum hingegen ist es warm, selbst die künstlichen Blumen welken in dieser stickigen Luft. Meine Augen fallen zu, und ich entschwebe durch ein rundes Fenster irgendwohin, wer weiß, wohin und warum ...

Nach einiger Zeit verschwinden die Engel wieder, und Mr. Edwards tut es ihnen gleich, weil er eine Zigarettenpause braucht. Zwei Damen aus der ersten Reihe stürzen nach vorn und benutzen das Podium für eine Pausendarbietung mit Spendenaktion. Es ist eine Art Versteigerung; geboten werden soll für ein Lied, das eine der Tutorinnen, eine Frau namens Jill, vortragen will. Bei einem Gebot von 60 Pfund tritt sie vor. Obwohl sie am Stock geht, ist ihre Stimme kraftvoll. »Somewhere over the rainbow«, singt sie, einzig vom Lächeln der Zuhörer begleitet, »way up high, there's a land I heard of, once in a lullaby. Somewhere over the rainbow, skies are blue, and those dreams that you dare to dream, really do come true ...«

Während der morgendlichen Teepause (nichts für mich, mir kommt der dünne Tee schon fast zu den Ohren heraus) wandere ich die breite Treppe in der Eingangshalle hinauf zum ersten Stock, wo eine Kollektion vergilbter Geisterfotos die Wände ziert. Auf einem Bild blickt ein unerschütterlich wirkender Geist in einer Krinoline aus der Zeit König Eduards, eine dicke, orientalisch anmutende Kette um den Hals, stoisch in die Kamera, offenbar gewöhnt, im Mittelpunkt zu stehen. Anderswo sieht man Medien eingehüllt in Ektoplasmaschwaden wie in altes Musselin oder Seihtuch; das Glas ist voller Spinnweben oder verschmiert. Es gibt schwarzweiße Geister, vielleicht eine Doppelbelichtung, und Grabgespenster, die die Gesichter der Trauernden überlagern. Neben den Fotografien ist noch ein anderes Erinnerungsstück ausgestellt: eine Dornenkrone in einem runden Glasschrein. Kein Schild daran. Ich habe keine Ahnung, wie sie hierher gekommen sein mag.

Noch eine letzte Sitzung ... Muriel bringt uns ihr Lieblingsmantra bei: »Ich bin gut, ich bin Gott, ich bin voller Möglichkeiten.« Sie erzählt uns noch mehr von Gordon Higginson (dem Wundertätigen) und dann von Jesus, den sie für »das größte Medium aller Zeiten« hält (sogar größer als Gordon selbst).

Noch ein letztes Mittagessen ... Roastbeef, Yorkshire-Pudding, gemischtes Gemüse und eine Süßspeise. (»Noch jemand Tee?« »Na gut, noch ein Schlückchen ...«) Das Mädchen neben mir erzählt mir, dass seine Mutter vor zwölf Jahren Selbstmord begangen hat (»es war Zeit für sie zu gehen«), und die Frau gegenüber offenbart, dass sie ein Baby hatte, das gestorben und jetzt als Geist bei ihr ist.

Noch ein letzter Vortrag ... Mr. Edwards gibt uns eine Demonstration seiner erstaunlichen medialen Fähigkeiten. Er spricht sehr schnell und lässt sich detailliert über eine Garage, eine Ampelanlage und eine Straße aus, die verschwunden ist, einen Platz, den es nicht mehr gibt, an den sich die Geister jedoch erinnern; mir sagt das alles nichts. Eine grauhaarige Frau nickt; ja, sie kennt den Platz, von dem die Rede ist. Mr. Edwards spinnt seine Geistergeschichte weiter, und dann wird er plötzlich wieder wütend und krümmt sich wie unter großen Schmerzen. »Wie können Sie mir das antun!«, brüllt er die Zuhörerschar an. Zwei Teilnehmer sind gerade gegangen, um ihren Flug nach Hause nicht zu verpassen. »Es ist eine Beleidigung, zu gehen, während ich rede – es macht mich krank, *krank*«, sagt er und spuckt die Worte förmlich aus, als komme ihm die Galle hoch.

Das Publikum ist still, angespannt und besorgt. Ob sich Mr. Edward gleich vor unseren Augen übergibt? Nein, das tut Mr. Edwards nicht. Er nimmt seine Verbindungen zum Geistervolk wieder auf, reagiert allerdings missmutig und gereizt, als die grauhaarige Frau ihm nicht folgen kann. Die Uhr tickt; die Zuschauer rutschen auf den Stühlen hin und her; niemand darf den Saal verlassen; Mr. Edward soll nicht wieder zornig werden. Schließlich geht der

Tag zu Ende. Ich verabschiede mich von Muriel und laufe zum Auto. Als ich endlich die Autobahn erreicht habe, ist der Schnee verschwunden; das strahlend weiße Licht ist der Januardämmerung gewichen.

Die Wahrheit? Irgendwie erbreche ich heute Wahrheit.
Dieses mein Handwerk – ich weiß nicht, kann nicht sicher sein,
doch war etwas daran, trotz Tricks und allem Drum und Dran!
Im Grunde will ich meinen eigenen Geist erhellen.
Robert Browning: »Mr. Sludge, The Medium«

Sonntag, 28. Januar

Früh am Morgen träume ich von Ruth. Sie ist endlich aus Amerika zurückgekehrt und wieder bei Matt und den Zwillingen. »Ich bin ein bisschen knapp bei Kasse«, sagt sie. »Ich konnte eine Zeit lang nicht arbeiten.«

»Keine Sorge, ich helfe dir«, sage ich. »Musst du das Geld vom Guys-Krankenhaus zurückzahlen? Das Geld für deinen Tod, weil du jetzt wieder hier bist?« (Einige Zeit, nachdem Ruth an Krebs gestorben war, an einem Krebs, der erst diagnostiziert wurde, als es für eine Behandlung zu spät war, kam es zu einem außergerichtlichen Vergleich mit dem Krankenhaus – es ging um die Rückzahlung einer einigermaßen akzeptablen Summe, nicht genug zum Leben, aber genug, um die Hypothek abzubezahlen, und das kam Matt, Lola und Joe zugute.)

»Ich muss zu einem Computerkurs«, sagt Ruth. »Das Gericht hat entschieden, dass das Guys-Geld für meine Fortbildung in Computertechnologie ausgegeben werden muss.« Wir unterhalten uns in einem Minibus miteinander, der in östlicher Richtung fährt. Sie sitzt neben Matt und ihren Kindern, ich neben Neill und unseren Kindern. Ich bin überglücklich, sie zu sehen, aber auch ein bisschen verwirrt, weil Matt eigentlich jetzt mit Anna verheiratet ist; außerdem dachte ich ja, Ruth sei tot, und nun sitzt sie hier, gesund und munter: Sie strotzt geradezu vor Gesundheit.

Wir fahren von einem Haus weg, in dem wir früher einmal mit unseren Eltern gewohnt haben, einem alten Bauernhaus in Wales. Im Traum waren wir alle wieder in diesem Haus, es war sogar die Rede davon, dass wir wieder dort einziehen wollten, aber ich fühle mich nicht wohl darin. Ich war nie glücklich in dem Haus, ebenso wenig wie jetzt. »Ich kann nicht wieder in das Haus zurück«, sage ich im Traum zu meiner Mutter. »Ich will das nicht alles noch einmal durchmachen.«

Ich war ein Teenager, als wir in das Bauernhaus einzogen. Meine Eltern hatten sich getrennt, und mein Vater hatte seine Stellung an der Oxford-Universität aufgegeben und sich außerhalb der Stadt ein Zimmer gemietet. Doch dann beschlossen die beiden, wieder zusammenzuziehen – in das Bauernhaus in Wales. Auf dem Land würden wir wieder eine glückliche Familie werden. Wie lange hat es eigentlich gedauert, bis alles wieder schief ging? Ich kann mich nicht mehr erinnern. Mein Vater hatte schwere Depressionen. Wir litten alle darunter. Er hatte eine Platte mit den »Krähen«-Gedichten von Ted Hughes, die der Dichter selbst las, und spielte sie immer sehr laut ab. Es ging um finstere Zeiten und um den Tod. Ruth pflegte dann in ihrem Zimmer eine Platte mit Gedichten von Sylvia Plath noch lauter abzuspielen. Das war ebenfalls ziemlich deprimierend. Manchmal legte sie auch zur Abwechslung ihre andere Lieblingsplatte *Jesus Christ Superstar* auf. Dann vergrub mein Vater seinen Kopf in den Händen und sagte, er lebe wohl wieder mit drei antisemitischen, katholischen Hexen zusammen. Meine Mutter verbrachte viel Zeit im Garten, wo sie Blumen und Gemüse zog, damit wir uns eines Tages selbst versorgen könnten. Hinten im Garten stand ein alter Wellblechschuppen, der nach und nach zusammenfiel. Eines Tages fanden wir ein Schlangennest im Fundament.

Unsere nächsten Nachbarn wohnten jenseits des Ackers: echte Bauern in einem neuen Bauernhaus. Sie hatten zwei riesige Ställe mit Batteriehühnern. Ich konnte es nicht ertragen, an den Hühnerställen vorbeizugehen; sie sahen aus wie ein KZ. Manchmal erhaschte ich einen Blick auf die Tiere, sie hatten blutige Wunden am Hals, wo die Federn weggepickt waren. Ich mochte das Landleben nicht. Ich hasste es. Ich kletterte oft auf einen Baum, der auf der Wiese vor unserem Haus stand, zum Glück weit entfernt von den Hühnerställen, und sann dort oben über Fluchtmöglichkeiten nach. Auch Ruth saß dort mit mir, wenn sie nicht gerade Sylvia Plath oder *Jesus Christ Superstar* hörte. Inzwischen waren wir beide Punker geworden. Ruth hatte ihre Haare blau gefärbt. Meine waren grell orange. Wir trugen schwarze Plastikhosen und Secondhand-Pullover. Jedes Wochenende marschierten wir zu Fuß ins nächste Dorf und fuhren dann mit dem Bus nach Cardiff, um im »Top Rank« Punkrock zu hören. Wir sahen Gruppen wie *Clash, Jam, Damned* und die *Sex Pistols*. Danach fuhren wir mit dem letzten Bus wieder nach Hause.
Ich hatte Glück. Ich wurde mit siebzehn Jahren zur Cambridge-Universität zugelassen. Aber ich hatte Schuldgefühle Ruth gegenüber, die noch zu Hause war und nun allein auf den Baum klettern musste. Meine Eltern hatten sich erneut getrennt. Mein Vater hatte eine Freundin. Meine Mutter engagierte sich in der Anti-Atom-Bewegung an der Greenham Common Air Base. Sie wohnte dort in einem Zelt. Ruth besuchte mich oft. Zwei Jahre nach mir bekam sie einen Studienplatz an derselben Universität. So habe ich es jedenfalls in Erinnerung, obwohl die Reihenfolge vielleicht nicht stimmt und andere Leute zweifellos eine eigene Sicht der Dinge haben. Ich habe noch immer Ruths Briefe von damals und lese sie manchmal, suche nach irgendwelchen Hinweisen. Im Oktober 1979, als ich gerade im ersten Cambridge-Jahr war, schrieb sie mir, dass sie sich die Haare schwarz gefärbt und ein kariertes Kleid zu ihren *Bondage*-Hosen gekauft hätte. Unsere

Mutter sei nicht mehr so deprimiert, schrieb sie, sie beschäftige sich damit, die Schlafzimmerdecke mit Korkplatten zu verkleiden. Am 7. November schrieb sie mir, sie hätte ihr Haar grün gefärbt. »Letzten Samstag bin ich im Secondhand-Laden gewesen und habe nach etwas Passendem für dich gesucht«, fuhr sie fort. »Ich habe eine Menge netter Sachen gesehen – Lurex-Klamotten usw. –, aber ganz schön teuer (50 bis 60 Pence), deshalb habe ich nichts gekauft, weil das viel Geld ist für etwas, von dem ich nicht sicher weiß, ob es dir gefallen würde. Auf dem nächsten Trödelmarkt kaufe ich dir *auf jeden Fall* etwas!« Am 19. April 1980 schrieb sie mir, dass unser Vater wieder zu ihnen ziehen wollte, »aber morgen wird bestimmt wieder alles abgeblasen«. Im Sommer hatte sie sich für einen Ferienjob bei British Home Stores beworben. »Ich habe mir ein irres Blau der Marke ›Crazy Colour‹ für meine Haare gekauft und werde sie heute Abend tönen oder Strähnen einfärben. Ich habe ein bisschen gemogelt und gesagt, ich arbeite in einem Frisiersalon, denn der Großhändler liefert nur an den Fachhandel. Das verfolgt mich jetzt, ich rechne förmlich damit, dass die Polizei jeden Augenblick mit einem Haftbefehl hier aufkreuzt.« Auf den Umschlag hat sie ein Bild von sich selbst gezeichnet, das sie im Wasser zeigt, mit einem T-Shirt, auf dem ein Herz prangt, und umzingelt von Haifischen. In einem Brief vom 5. Mai bedankt sie sich bei mir für die Ohrringe, die ich ihr zu ihrem sechzehnten Geburtstag geschickt hatte. »Ich habe eine Teeparty veranstaltet mit Kuchen, Gebäck und Erdnüssen, passend zu meinem eleganten neuen Image ...« Unser Vater hatte sich von seiner Freundin getrennt, und Ruth war durch die Klavierprüfung (7. Stufe) gefallen. »Das hätte ich nie für möglich gehalten«, schrieb sie.

Dienstag, 30. Januar

Eine E-Mail von Dale Palmer in Indiana erreicht mich. Seine lang erwartete Website ist fertig und im Netz, und er lädt mich und einige befreundete Auserwählte einschließlich Sarah Estep ein, uns einzuloggen und festzustellen, ob wir mithilfe weißer, rosa und brauner Geräusche die Stimmen körperloser Geister aufnehmen können. Ich weiß nicht recht, was der mit den farbigen Geräuschen meint, und Neill, der es mir unten in der Küche erklären soll, kann mir auch nicht weiterhelfen, aber ich renne doch gleich wieder nach oben, um *sofort* Kontakt zu den körperlosen Wesen aufzunehmen. Leider gelingt es mir nicht einmal, Zugang zu der Website zu bekommen, geschweige denn die Geräuschdateien herunterzuladen, weil meine Londoner Postleitzahl anders ist als ein amerikanischer Zipcode, und ohne Zipcode für die Registrierung wird mir der Eintritt zu den Traumgefilden jenseits meines Computerbildschirms verwehrt. Ich schicke Dale eine E-Mail, in der ich ihm meine Probleme erkläre und ihn außerdem um Rat bitte, wie ich Kontakt zu Ruth aufnehmen kann. Er erwidert meine Mail sofort: »Ich rechne damit, dass alles, was wir probieren, neunundneunzigmal danebengeht, aber beim hundertsten Mal funktioniert.« Er fügt hinzu: »Wollen Sie Ruth eine Nachricht übermitteln? Sprechen Sie sie einfach laut aus – es genügt auch, sie zu denken –, und Ruth wird Sie hören, zumindest kann sie es. Die Geisterwesen in einer höheren Wirklichkeit können unsere Gedanken und unsere Pläne erkennen, wenn sie wollen. Ihre Wirklichkeit ist nicht an feste Orte gebunden. Die Website hat nur den Zweck, ihnen die Kommunikation mit uns zu ermöglichen, nicht uns die Kommunikation mit ihnen.«

Dale schreibt weiter, dass die vergangenen Wochen auch für ihn eine Zeit der Prüfung gewesen sind. Seine neuen Hörgeräte, die 5000 Dollar gekostet haben, sind, kurz bevor die Website für einen Probelauf fertig war, verschwunden, sodass er die Geisterstimmen (falls sie empfangen werden können) noch immer nicht hören kann. Obendrein saßen auch noch 73 Computerviren in den für die Tests nötigen Dateien, die er sich heruntergeladen hatte. »Manchmal fühle ich mich wie Hiob«, schreibt er. Er würde Indiana vielleicht für ein paar Tage verlassen und mit seiner Frau Kay Ferien in Florida machen. Aber die Forschungsarbeit würde trotzdem weitergehen. Neue Software würde die Stimmen in Zukunft verständlicher machen und sicherstellen, dass »die Kommunikation zwischen verschiedenen Dimensionen der Wirklichkeit tatsächlich für jedermann gut nachvollziehbar ist«.

Ihr seid allzumal leidige Tröster!
Hiob 16, 2

Dienstag, 6. Februar

Heute vor sechs Jahren ist Kimberley gestorben. Sechs Jahre sind eine lange Zeit und zugleich doch nichts. Manchmal ist es, als sei es erst gestern gewesen – heute zum Beispiel. Wenn jemand stirbt, verschwindet er nicht unbedingt aus unserem Leben. Wir haben eine Beziehung zu ihm, eine Beziehung, die sich verändert, in der seine Stille einen Platz findet. Wir leben weiter, und er kommt mit. Wir lassen einander nicht zurück.

Um 7.45 Uhr an diesem Morgen zerreißt ein greller Blitz den Himmel, und dann folgt ein so lauter Donnerschlag, dass ich denke, eine Bombe sei explodiert. Jamie und Tom kommen mit weit aufgerissenen Augen hereingerannt. Draußen kreischen die Alarmanlagen der Autos, kurz darauf setzt Sirenengeheul ein.

Einen Augenblick später ist alles vorbei. Die Welt ist nicht untergegangen. Das Leben am Dienstagmorgen geht weiter. Vor sechs Jahren war es ein Montagmorgen. Tom, damals noch ein Baby, war blass und krank, er hatte Fieber und war gerade aus dem

Krankenhaus zurück, in das er mit Verdacht auf Lungenentzündung eingeliefert worden war, die sich jedoch als schwere Grippe herausstellte. Ich hatte das Gefühl, wochenlang nicht mehr geschlafen zu haben. Ich war mit Tom zusammen im Krankenhaus gewesen, hatte unendlich lange Nächte halb dösend an seinem Bett verbracht. (Es hatte noch andere Probleme gegeben. Meine Mutter hatte wieder geheiratet – meinen Stiefvater, den Blutspezialisten, der Aids in fortgeschrittenem Stadium hatte. Sie lebte mit ihm zusammen in Amerika, und ich hatte immer Angst, sie könnte sich anstecken, ein Rückfall in das alte katholische Märtyrertum ihrer Familie, und das machte mich wütend. Sie hielt mich für abergläubisch. Ich hielt sie für leichtsinnig. Wir konnten kaum noch miteinander reden, ohne uns anzuschreien. Mein Vater war in sein Heimatland Südafrika zurückgekehrt, wo Ruth und ich ihn einige Monate zuvor mit Tom und Jamie anlässlich des neunzigsten Geburtstages meines Großvaters besucht hatten. Damals stand mein Vater kurz vor seinem nächsten Nervenzusammenbruch, er knirschte so sehr mit den Zähnen, dass ich fürchtete, es würden nur braune Stummel übrig bleiben; sein Leben glich mehr denn je einem Scherbenhaufen, die Zahnarztrechnungen waren horrende.)

Ich suche keine Rechtfertigung dafür – oder auf Umwegen vielleicht doch –, dass ich Kimberley nicht davor bewahrt habe, sich umzubringen. Trauer verläuft nicht unbedingt linear, ebenso wenig wie das Schuldgefühl der Überlebenden. (Nach Ruths Tod sagte mir der Trauerberater, der Weg zur Rückkehr in die Normalität führe über fünf Stufen – Betäubung, Verleugnung, Wut, Trauer und Annehmen, die gleichen Stufen, die unheilbar Kranke durchlaufen müssen, wenn man den Krankenhausbroschüren Glauben schenken darf –, aber sicher bin ich nicht die Einzige, die nach Abkürzungen Ausschau hält, um dann doch einen Riesenumweg zu machen. Und bestimmt gibt es mehr als einen gangbaren Weg und jede Menge verlockende Abzweigungen.)

Ich hatte mehrere Tage nicht mit Kimberley gesprochen. Ich wusste nicht, dass ihre Depression in finsterste Verzweiflung übergegangen war, deren Wogen über ihr zusammenschlugen. Ich wusste, dass sie unglücklich war, dass sie einen Ausweg aus ihrem Unglück suchte. Sie hatte es mit Astrologie, Geistheilen und Spiritismus probiert. Ein-, zweimal die Woche war sie zu einer Spiritistenversammlung in der Nähe gegangen. Ich weiß nicht, was sie dort gefunden hat. Ich weiß nur, dass sie auf ein Wunder wartete, auf eine Fluchtmöglichkeit irgendwohin. Sie hatte sich mit ein paar Leuten – unter anderem einem Wahrsager – von einer altmodischen Kirmes angefreundet, die jeden August in unserem Park aufgebaut wurde. Auf der Kirmes gab es dampfbetriebene Karussells, auf denen Holzpferde herumgaloppierten, es gab rosa Zuckerwatte und kleine Flugzeuge, die im Kreis herumsausten und sich dabei in die Luft erhoben und wieder senkten. In ihrem letzten Lebenssommer hatte Kimberley diese Kirmes an verschiedenen Orten Südenglands besucht. Dass sie den Tod wählen würde, war absolut nicht vorauszusehen.

Kimberleys kleine Tochter Juliette hatte ebenso blonde Haare wie sie und blaue Augen. Sie war knapp fünf Jahre alt und nur wenige Monate jünger als mein erster Sohn Jamie. An dem Tag, an dem sie geboren wurde, hatte ich Jamie mit ins Krankenhaus genommen, um das neue Baby anzugucken. (War es Einbildung, oder schauten sie sich wirklich tief in die blauen Augen und sahen Dinge, die wir anderen nicht sehen können?) Sie sind zusammen aufgewachsen, haben zusammen im Kindergarten gespielt und waren zusammen in einer Schulklasse. Wir wohnten nur zwei Häuser voneinander entfernt. In ihrem zweiten Lebenswinter, als sie eben laufen gelernt hatten, nahmen Kimberley und ich die beiden manchmal mit in den kalten Park um die Ecke. An solchen regnerischen Tagen mitten in der Woche waren wir vier oft die einzigen Menschen im Park, alle anderen waren zur Arbeit gegangen oder saßen sicher im warmen Zuhause. Im Sommer

fuhr Juliette auf einem rosaroten Dreirad und Jamie auf einem blauen, und wir machten Picknicks im Park mit Apfelsaft und Erdnussbutter-Sandwiches. Juliette und Jamie, Jamie und Juliette. Kimberley war eine unendlich liebevolle Mutter, die bereitwillig mit den Kindern Kuchen backte und Bilder malte, während ich mich meist einfach neben sie aufs Sofa plumpsen ließ. Kurz nach Toms Geburt – Neill war für endlos lange Wochen beruflich in Amerika, und ich war vollkommen erschöpft, lief mit aschgrauem Gesicht herum und schwamm in Milch und Tränen – sprang Kimberley oft für mich in die Bresche. Als ich damals, vor sechs Jahren, hörte, dass sie Selbstmord begangen haben sollte, sagte ich: »Das kann nicht wahr sein. Sie hat vorige Woche erst Jamie und Juliette von der Schule abgeholt ... Sie liebt ihre Tochter.«
Aber sie war in einen Abgrund gestürzt. Er hatte sich aufgetan und sie verschlungen. Bis eine Woche vor ihrem Tod hatten wir noch nächtelang bis zur Erschöpfung Gespräche miteinander geführt, die sich im Kreis drehten: über ihre Depression und die vergebliche Suche nach einem Ziel in ihrem Leben. »Jeder hat diese Gefühle bisweilen«, sagte ich, »lebe einfach nur von Tag zu Tag.« Ich hatte nicht nur Platitüden von mir gegeben, sondern ihr auch zu einer Therapie geraten. Sie hatte es probiert, aber vergeblich. Sie erzählte mir, dass die erste Therapeutin, bei der sie war, mit Wolle einen Kreis um ihre Füße gelegt hätte, was sich als nutzlos erwies. Ich empfahl ihr, den Therapeuten zu wechseln und außerdem zu ihrem Hausarzt zu gehen, was sie tat. Daraufhin nahm sie Prozac und eine Reihe von homöopathischen Mitteln ein. Sie zeigte mir alles, hatte alle Tabletten auf dem Küchentisch aufgereiht, darunter ein Fläschchen mit irgendeiner Kräuterlösung, so genannten »Rescue-Tropfen«, und andere geheimnisvolle Essenzen aus Blüten und Blättern.
»Dies ist die schlimmste Zeit des Jahres«, sagte ich. »Aber es wird besser. Ende Februar ist der Frühling schon fast da. Dann wird es wieder hell, und wir können wieder im Park picknicken wie letz-

tes Jahr. Tom wird dann schon laufen können. Sollen wir im Juni zusammen in die Ferien fahren? Irgendwo ans Meer?«

Sie lächelte und sagte, darauf freue sie sich schon. Sie hatte einen Tag vor mir Geburtstag. Mittsommergeburtstage. »Wir sind beide Zwillinge«, pflegte sie zu sagen, »schizophrene Zwillinge. Du und ich, wir denken gleich.« Inzwischen hatte sie sich von ihrem Mann David getrennt. Ich konnte nicht verstehen, warum sie ihn verlassen hatte. »Er passt doch so gut zu dir«, sagte ich. »Man lebt nur einmal«, entgegnete sie.

Irgendwann in den frühen Morgenstunden nahm Kimberley sich das Leben, nach einer langen Sonntagsnacht, in ihrer Wohnung auf der anderen Seite des Parks, in die sie aus unserer Nachbarschaft gezogen war. Juliette war nicht dortgewesen, sie hatte das Wochenende bei David verbracht. Kimberley hatte die Tür zu ihrer Wohnung angelehnt gelassen, sodass sie nicht gewaltsam geöffnet werden musste. Ihre Leiche lag da in der Stille und wartete darauf, gefunden zu werden. (Wann genau mochte sie den Entschluss gefasst haben, sich umzubringen? Ich konnte es nicht begreifen. Wie hatte sie nur an so etwas denken können!) Sie hatte den Abend vor ihrem Selbstmord damit zugebracht, Listen zu schreiben: lange Listen für Juliettes Geburtstagsfest, das in der folgenden Woche stattfinden sollte, Listen, die sich im Kreis bewegten, Problemknoten, die nie aufgelöst werden würden. Sie hatte auch eine Nachricht hinterlassen und geschrieben, dass sie in völliger Dunkelheit festsäße, in einer schwarzen Kiste, und nach Licht suchte. Der Tod war für sie nur eine Brücke zum Licht. Ich habe sie nie als Tote gesehen, was ich in mancher Hinsicht jetzt bedauere. Ich sehe sie aber noch vor mir, ganz selten, wie sie vor mir um die Ecke verschwindet und sich ein Lichtstrahl in ihrem langen blonden Haar verfängt. Die Beerdigung fand im Mortlake-Krematorium statt, an einem kalten Werktag, an dem wir sonst vielleicht unsere Runde im Park gemacht hätten. Hinterher spazierte ich durch den Park beim Krematorium, und dort

entdeckte ich Jamie und Juliette, zusammen, die kleinen Gesichter zum kristallklaren Himmel emporgewandt. »Da ist Kimberley jetzt«, sagte Jamie, »da oben ist sie hingegangen durch das Blau, zu den Sternen. Sie kann uns jetzt sehen.«
Ich habe oft das Gefühl, dass sie hinter mir steht. Wenn ich mich nur schnell genug umdrehen würde, könnte ich sie vielleicht zu fassen kriegen, denke ich, aber es gelingt mir nicht. Ich spüre nur ihren Atem in meinem Nacken. »Ich weiß, dass du da bist«, sage ich. Sie hat noch nie einen Ton gesagt.

Dienstag, 13. Februar

Heute ist Juliettes elfter Geburtstag. Jamie muss zu einem Vorstellungstermin für die höhere Schule in die Stadt. Wir sind zu früh dort und warten draußen am Themseufer. Die Sonne scheint, es ist Ebbe. Jamie will anscheinend nicht mit mir reden, ich nehme an, er ist müde und aufgeregt.
»Wie ist Kimberley eigentlich gestorben?«, fragt er mich aus heiterem Himmel, während er ins Wasser starrt.
»Sie hat sich umgebracht«, antworte ich.
»Das weiß ich«, sagt er, »aber wie? Wie hat sie sich umgebracht?«
Ich zögere, um Zeit zu gewinnen. »Weiß Juliette es denn nicht?«, frage ich schließlich.
»Ja«, erwidert er.
»Dann solltest du vielleicht mit ihr darüber reden.«
»Ich will aber nicht sie fragen«, sagt er, »ich frage dich.«
»Ich weiß es nicht genau«, sage ich nach einer langen Pause. (Manche Geheimnisse behalte ich lieber für mich, für manche Sterbefälle bin ich nicht zuständig, obwohl ich wünschte, ich könnte meinen Kindern die richtigen Erklärungen geben.)
»Okay«, sagt er und starrt weiter ins Wasser.
Während er seinen Termin hat, gehe ich über die Blackfriars

Bridge zum Südufer der Themse. Auf dem steinigen Strand unten liegt ein Strauß gelber Rosen. Sie sind noch frisch und ordentlich zusammengebunden, als hätte sie jemand als Zeichen der Liebe oder Trauer hingelegt. Es ist jedoch keine Karte daran, nichts, woraus man schließen könnte, woher die Blumen kommen. Ich beuge mich über das Geländer, um sie besser sehen zu können, aber das bringt mich auch nicht weiter. Ich überlege, ob ich über das Geländer klettern soll, das mich vom Wasser trennt, doch dann fällt mir ein, dass Jamie drüben auf der anderen Seite auf mich wartet. Ich wende mich von den Rosen ab und gehe dahin zurück, woher ich gekommen bin, zurück zu meinem Sohn.

In der Nacht träume ich von Kimberley. Sie ist lebendig und gibt mir etwas zu lesen, was sie geschrieben hat. Ich lese es nicht – ich kann noch immer nicht lesen im Traum, wie sehr ich mich auch anstrenge; die Worte fließen einfach ineinander. Ich nehme die Mitteilung jedoch entgegen, denn ich weiß, dass sie zumindest der Beweis dafür ist, dass es ein Leben nach dem Tod gibt. Ein greifbarer Beweis.

Dann verwirren sich meine Gedanken. Vielleicht beweist die Mitteilung ja gar nichts. Vielleicht ist Kimberley gar nicht gestorben. Ob ich mich geirrt habe? »Ich bin doch bei deiner Beerdigung im Mortlake-Krematorium gewesen«, sage ich stockend zu Kimberley.

Sie lächelt mich bloß an, ein geheimnisvolles, stilles Lächeln. »Wo bist du all die Jahre gewesen?«, frage ich sie. »Was versuchst du mir zu sagen?«

Sie antwortet nicht. Ich wache auf, und die Mitteilung ist verschwunden.

Donnerstag, 15. Februar

Die parapsychologische Forschung ist ein Versuch, ungewöhnlich erscheinende Tatsachen zu interpretieren und in einen Zusammenhang zu stellen. Das mögen Tatsachen sein, die nur ihrer äußeren Erscheinung nach ungewöhnlich sind, oder auch alles andere als Tatsachen.
W. H. Salter (Präsident der SPR 1947/48):
The Society for Psychical Research: An Outline of its History

18.30 Uhr. Die Gesellschaft für parapsychologische Forschungen veranstaltet in einem Saal der Zentralbibliothek von Kensington ihren alljährlichen Gwen-Tate-Gedenkvortrag. Diesjähriger Redner ist Professor David Fontana, Psychologe an der Universität Cardiff, ehemaliger Präsident der Gesellschaft und derzeit eins ihrer Vorstandsmitglieder. Der Titel seines Vortrags lautet: »Neue Aufschlüsse über das Leben nach dem Tod«. Das alles weiß ich durch mein nächtliches Surfen im Internet: Wenn die Kinder schlafen und Neill außer Haus ist, suche ich oft nach weiteren Informationen zur Kontaktaufnahme mit Toten. Eine sonderbare Website führt zur nächsten; keine bringt mich zu Ruth.

Jedenfalls ist die SPR (die eine vollkommen nüchterne Website hat) eine altehrwürdige Körperschaft. Sie wurde 1882 von einer Reihe von Wissenschaftlern, Spiritisten und Humanisten gegründet (die Spiritisten sprangen allerdings schnell wieder ab, verprellt von dem in ihren Augem allzu akademischen Geist der Gesellschaft, und gründeten später das College für parapsychologische Studien). Der erste SPR-Präsident war Henry Sidgwick, Professor für Moralphilosophie an der Universität Cambridge; die Gründungsmitglieder setzten sich das Ziel, »jene realen und vermuteten Fähigkeiten des Menschen vorurteilsfrei zu untersuchen, die, gemessen an den anerkannten Hypothesen, unerklärlich zu sein scheinen«. Die Gesellschaft hat zwei britische Premierminister (Balfour und Gladstone) zu ihren Mitgliedern zählen können, ferner Freud, C. G. Jung, Sir Oliver Lodge, Sir Arthur Conan Doyle und noch viele andere hochrangige Persönlichkeiten aus der Zeit Königin Viktorias und König Edwards. (Gwen Tate, deren Name mit dem Vortrag geehrt wird, war die Tochter des Zuckerfabrikanten Henry Tate (Tate & Lyle Sugar), der die Aktivitäten der Gesellschaft durch ein großzügiges Vermächtnis unterstützte.) Die akademische Tradition hat sich bis heute erhalten; eine Vielzahl von Professoren beteiligt sich an der wissenschaftlichen Debatte über paranormale und andere okkulte Dinge, obwohl die Gesellschaft nicht mehr den gleichen Zulauf hat wie in der schweren Zeit unmittelbar nach dem Ersten Weltkrieg. Die heile Welt, in der keine Beerdigungen, sondern Geburtstage gefeiert werden und in der auch ich bis vor kurzem zu Hause war, ist nicht besonders interessiert an den Aktivitäten der SPR. Ich hingegen fühle mich immer stärker von diesem Bereich des Lebens angezogen (in dem der Tod nicht ausgegrenzt wird und man vielmehr an den Rand des Abgrunds treten und hinabschauen kann). Und so sitze ich nun in dem halbleeren Vortragssaal unter etwa fünfzig meist älteren Zuhörern und warte auf neue Erkenntnisse. Vieles von dem, was Professor Fontana sagt, ist mir entschieden zu hoch – das leidenschaftliche Interesse an Äther und Ektoplasma, von dem seine Vorgänger, die Parapsychologen aus viktorianischer Zeit, besessen waren (eine Besessenheit, die bis ins vorige Jahrhundert anhielt), ist anscheinend durch die Sprache der Quantenphysik ersetzt worden. Heute konzentriert sich Professor Fontana auf die »Idee der Nichtlokalität«, indem er sehr eloquent in der Sprache der modernen Wissenschaft die These vertritt, dass das Bewusstsein vielleicht vom Körper getrennt ist und deshalb den Tod überleben kann. Nichtlokalität, sagt er, äußere sich offenkundig in der Fähigkeit, unabhängig von Zeit und Raum zu operieren. Und wenn der menschliche Geist nichtlokal sei, wäre das ein sehr starkes Argument für ein Leben nach dem Tode. Er gründet seine Theorie auf die Tatsache, dass jedes Atom im menschlichen Körper Teil der Quantenwelt ist und die Quantenmechanik erkennen lässt, dass im Atom Nichtlokalität herrscht. Bis dahin kann ich noch folgen, aber als Professor Fontana auf das »Wellen-Teilchen-Paradox« und die »Halbwertzeit von Zufallsteilchen« zu sprechen kommt, verstehe ich nichts mehr. Trotzdem genieße ich seinen Vortrag – seine Ausführungen zur Physik, seine Geschichten von Nebelkammern und abgelenkten Elektronenstrahlen haben etwas angenehm Poetisches und Beruhigendes. »Unser Akt der Beobachtung trägt zur Erschaffung der Welt bei«, sagt er. »Was geschieht, wenn wir sterben? Wir sind Mitschöpfer derjenigen Realität, die wir nach dem Tod erfahren.«

Nach dem Vortrag gibt es Tee und Gebäck und Gelegenheit, die Tätigkeitsberichte der Gesellschaft zu kaufen. Auf einer Seite des Raums ziehen mehrere junge Physiker Fontana in ein esoterisches Quantengespräch; auf der anderen Seite tauscht die grauköpfige Mehrheit des Publikums Anekdoten über Poltergeister und Gespenster aus. Ich habe das Empfinden, weder zur einen noch zur anderen Seite zu gehören, sondern hilflos in der Mitte zu treiben oder in der Luft zu hängen. Deshalb gehe ich zum Bücherstand hinter dem Teetisch und kaufe Band 58, Teil 220 der Tätigkeitsberichte: den »Scole-Report« von David Fontana und seinen zwei SPR-Kollegen Montague Keen und Arthur Ellison. Ellison, ehemals Professor für Elektrotechnik an der City University von London, ist letztes Jahr gestorben, aber Keen, Parlamentsberichterstatter im Ruhestand, ist heute Abend hier. Ich habe schon vom Scole-Report gehört, der 1999 veröffentlicht wurde, auch wieder durchs Internet, in dessen entlegensten Winkeln noch immer das Gerücht kursiert, dass damit endlich der greifbare Beweis für ein Leben nach dem Tod erbracht sei.

»Ehe wir weiter miteinander reden, müssen Sie erst den Bericht lesen«, sagt Mr. Keen, den ich nach dem Vortrag anspreche. »Und dann werde ich prüfen, ob Sie verstanden haben, was wir sagen.« Ich denke, er macht einen Scherz – zumindest über das Prüfen –, aber er ist offenbar einfach nur ein vorsichtiger Gelehrter.

Am 17. Februar 1911 schreibt Freud aus Wien an Jung:

Lieber Freund
Ich sehe, Sie glauben mir nicht und halten mich für einen Periodiker, der durch den Ablauf seiner Zeit plötzlich die Welt rosig zu sehen genötigt ist. So muß ich Ihnen denn weitere Einzelheiten geben ...
Die Society for Psychical Research hat mich aufgefordert, für die Wahl zum korrespondierenden Mitglied zu kandidieren, was wohl mit der Wahl selbst zusammenfällt. Das erste Zeichen von Interesse in diesem Dear old England. Die List of members ist ganz großartig ...
Ihr getreuer
Freud

Sonntag, 18. Februar

Es hat mich mehrere Tage gekostet, mich durch die 482 Seiten des Scole-Reports (Untertitel: »Ein Bericht über die Untersuchungen zur Echtheit einer Reihe physikalischer Phänomene bei einer Gruppe von Sensitiven in Norfolk, England«) zu arbeiten. Scole ist der Name eines Dorfes in Norfolk, in dem zwei Paare mittleren Alters – Robin und Sandra Foy sowie Diana und Alan Bennett – von 1993 an zweimal pro Woche im Keller der Foys Séancen abhielten. Robin Foy, ehemaliger Offizier der Royal Air Force und Manager im Papierhandel, hatte schon über dreißig Jahre lang ein Faible für das Paranormale, ein Interesse, das seine zweite Frau Sandra mit ihm teilte. Ihrer Suche nach greifbaren

Beweisen für ein Leben nach dem Tod schlossen sich Alan Bennett, Zimmermann und Medium, und dessen Frau Diana, eine Geistheilerin, an. Die Scole-Gruppe nannte sich *New Spiritual Science Foundation* und behauptete nach einigen Monaten geschäftiger Tätigkeit, sowohl Botschaften als auch konkrete Gegenstände von einem »Geisterteam« erhalten zu haben, mit dem sie kommunizierte. Zu den Objekten, die sich materialisiert hatten – in der Parapsychologie »Apport« genannt –, gehörten unter anderem eine Ausgabe der *Daily Mail* vom 1. April 1944 mit einem Leitartikel über den Schuldspruch, der über Helen Duncan verhängt wurde, ein Medium, das nach einem Gesetz aus dem 18. Jahrhundert wegen Hexerei verurteilt wurde. Die Scole-Gruppe gab an, der Geist Helen Duncans hätte sich ihr gezeigt und gesagt, sie habe die Absicht, den Beweis für ihr Weiterleben nach dem Tod anzutreten. Die Gruppe behauptete ferner, Botschaften aus dem Jenseits empfangen zu haben, die auf unentwickelten, ungeöffneten Filmrollen übermittelt worden seien sowie auf einem Tonbandgerät, das nicht mit einem Mikrofon verbunden gewesen sei.

Ihre Behauptungen sorgten für eine Menge Aufregung in der kleinen, verschworenen Gemeinschaft der Spiritisten und Parapsychologen, einer Welt, in der jeder jeden kennt, und bald hatten die Neuigkeiten auch die SPR erreicht. Seit Jahren schon war das Interesse an »physischen« paranormalen Manifestationen wie Tischbewegungen, Klopfzeichen und Ektoplasmaphänomenen, die sich im 19. und zu Beginn des 20. Jahrhunderts großer Beliebtheit erfreuten, rückläufig. Mehrere ihrer berühmtesten Verfechter waren als Betrüger entlarvt worden, und die übrigen schienen ihre Kunst allmählich mit ins Grab zu nehmen. Doch die Scole-Gruppe hatte etwas ganz anderes anzubieten, das nichts mit Äther oder Ektoplasma (bzw. dem Hervorwürgen von vorher verschluckter Gaze bei ihren Séancen, dessen Helen Duncan beschuldigt worden war) zu tun hatte: eine moderne Form der

Geisterkommunikation mit technischen Mitteln, die auf dem Stand der heutigen Zeit waren.

1995 durften Arthur Ellison und Montague Keen als wissenschaftliche Beobachter im Auftrag der SPR an Scole-Séancen teilnehmen. Später im gleichen Jahr stieß David Fontana zu ihnen. Es dauerte nicht lange, und die drei Männer waren überzeugt von der Authentizität der Kommunikation mit dem »Geisterteam«. Sie glaubten, das Team übermittle Botschaften von toten Wissenschaftlern, darunter Thomas Edison und Oliver Lodge. Im Januar 1997 erschien angeblich auf geheimnisvolle Weise ein Schaltplan auf einem zuvor unentwickelten Film mit Anweisungen zu einem »Germanium-Gerät«, das es den Menschen ermöglichen sollte, unmittelbar, das heißt ohne die Vermittlung eines Mediums, mit den Toten zu kommunizieren. Nach Auffassung der Scole-Gruppe war der Schaltplan ein persönlicher Freundschaftsbeweis Edisons – er trug seine Unterschrift.

(Gerüchte über eine Maschine Edisons, mit deren Hilfe man mit den Toten sprechen könnte, sind schon im Umlauf, seit er 1920 in einem Interview für den *Scientific American* angab, er arbeite an einem Apparat, der »Persönlichkeiten in anderen Existenzen oder Sphären ... bessere Ausdrucksmöglichkeiten verschaffen wird als Tischerücken, Klopfzeichen, Ouija-Bretter und ähnlich unvollkommene Methoden, die bisher für das einzige Kommunikationsmittel gehalten werden ... Dieser Apparat ist, wie ich erklärend zufügen möchte, sozusagen wie eine Elektronenröhre beschaffen. Das heißt, die leiseste nur denkbare Äußerung wird zu indikativen Zwecken um ein Vielfaches ihrer anfänglichen Kraft verstärkt. Der Apparat gleicht einem modernen Kraftwerk, durch das der Mensch mit seiner relativ kümmerlichen Kraft von 1/8 PS eine Dampfturbine von 50 000 PS in Gang setzt. Etwa in diesem Rahmen bewegt sich mein Apparat ...« Obwohl seit Edisons Tod im Jahre 1931 immer wieder nach diesem Apparat gesucht worden ist, wurde er nie gefunden. In den vierziger Jahren versuchte ein Industrieforscher von General Electric anhand von Informationen, die während einer Séance in New York von Edison übermittelt worden sein sollten, die Maschine nachzubauen. Sie funktionierte nicht.)

Es steht noch mehr, viel mehr, im Scole-Report; unter anderem ist von einem Film die Rede, auf dem mysteriöserweise die handschriftlichen Zeilen des Gedichts »Ruth« von Wordsworth erschienen sein sollen, in dem der Geist des Dichters persönlich kleine Veränderungen vorgenommen habe. (»Süße Ruth! Ich weiß nicht, wie / bei dir ich brennen fühle meinen Geist ...«) Am Ende wird jedoch in der SPR und anderswo weiterhin sehr kontrovers darüber diskutiert, ob die Scole-Gruppe nun ein Verein von Schwindlern ist oder nicht. Nach vielem internen Gerangel wurde der Scole-Report dann doch veröffentlicht, allerdings mit einem Anhang, in dem sich verschiedene SPR-Mitglieder, die weniger von den Beweisen überzeugt waren als die Autoren, sehr skeptisch äußerten. Einer dieser Skeptiker schrieb: »Das Hervorbringen physikalischer Effekte höchst profaner und banaler Art – in annähernder oder gar vollkommener Dunkelheit – ist mit Sicherheit kein 'Durchbruch' und nichts Neues.« Was das »Germanium-Gerät« betrifft, so hat es anscheinend trotz aller großen Hoffnungen nie richtig funktioniert und vor dem Untersuchungsgremium nur eine Art »Meeresrauschen« erzeugt.

Mittwoch, 21. Februar

Gezeitenkur, »Speranza« Wilde: *Superstitions of Ireland II*, 1887.
Um Fieber zu kurieren, soll sich der Patient bei Flut an einen Sandstrand am Meer stellen, sodass die ihn umspülenden Wellen, wenn sie zurückwogen, die Krankheit mit sich fortführen und er gesund wird.
Iona Opie und Moira Tatem:
A Dictionary of Superstitions

Neill, die Kinder und ich sind für die Ferien auf eine Sonneninsel geflüchtet, um dem grauen Einerlei zu Hause zu entgehen und die Grippe hinter uns zu lassen, die erst Jamie und dann Tom und Neill heimgesucht hat, woraufhin sie alle im Chor husteten und nachts im Fieber pfeifende Atemgeräusche von sich gaben. Wir sind am Meer, dem wir uns jedoch mit einer gewissen Beklommenheit nähern. Keiner sagt, dass er Angst vor dem Schwimmen hätte; Jamie spricht immerhin von Haifischen und Aalen. »Ist da im Wasser irgendwas Gefährliches?«, fragt er.

»Nein, hier nicht«, erwidere ich.

»Woher weißt du das?«, fragt er.

»Du kannst es mir glauben«, sage ich, obwohl ich insgeheim fürchte, das Schicksal herauszufordern. (Unser Glück ist etwas so Kostbares, Unsicheres, es ist so leicht zu erschüttern und umzustoßen.) Nach zwei Tagen an Land wagen wir uns ein wenig ins Wasser, entfernen uns jedoch nicht weit vom Strand. Das Meer ist so flach, dass wir Grund unter den Füßen haben, aber ich berühre den Sand und die Felsen unter Wasser lieber nicht, falls sich dort etwas Giftiges versteckt. Am nächsten Tag fahren wir endlich mit Taucherbrillen und Flossen in einem Boot weiter aufs Meer hinaus, um zu schnorcheln wie Kirsty, die das genauso liebte wie wir, bevor sie starb. Neill springt zuerst ins Wasser, dann die Kinder, die sich dabei an den Händen halten, und zum Schluss ich. Ich hole tief Luft und tauche hinab unter das Sonnenlicht auf der Wasseroberfläche. Wir wissen inzwischen, dass bei Kirstys Tod ihr Blut das Meer ringsum rot färbte, und sekundenlang suche ich nach dem Blut, suche ich nach ihr, obwohl ich weiß, dass ich sie nicht finden werde. Hier gibt es nur Korallen mit rosaroten Spitzen, die wie Knochen auf dem Meeresgrund liegen. Kleine Fische schießen zwischen den Korallenfingern hin und her, gleiten durchs Wasser und huschen außer Sicht.

... Inzwischen glitt die *Morgenröte* über einen Teil des Meeres, der unbewohnt zu sein schien ... Den ganzen Vormittag des nächsten Tages über segelten sie in flachem Wasser über dichtbewachsenem Grund. Kurz vor Mittag sah Lucy eine große Gruppe von Fischen zwischen den Meerespflanzen weiden. Sie aßen unentwegt und bewegten sich alle in die gleiche Richtung. »Genau wie eine Schafherde«, dachte Lucy. Plötzlich sah sie inmitten der Fische ein kleines Meermädchen, das etwa genauso alt war wie sie selbst. Es blickte ruhig und einsam ... Gerade als sich Lucy, die sich über die Reling lehnte, über dem im seichten Wasser dahingleitenden Mädchen befand, schaute das Mädchen auf und blickte Lucy genau ins Gesicht. Keine von beiden konnte etwas zur anderen sagen, und schon einen Augenblick später verschwand das Mädchen nach achtern. Aber das Gesicht vegaß Lucy nie. Es war nicht erschrocken oder ärgerlich wie die Gesichter der anderen Meermenschen. Lucy hatte das Mädchen liebgewonnen, und sie war sicher, dass das Mädchen für sie das gleiche empfunden hatte. In diesem einen Augenblick waren sie Freundinnen geworden. Es bestand kaum eine Chance, dass sie sich je in dieser oder einer anderen Welt wiedersehen würden. Aber wenn doch, würden sie mit ausgestreckten Händen aufeinander zulaufen ...

C. S. Lewis: »Das äußerste Ende der Welt«
aus *Die Reise auf der Morgenröte*

Freitag, 23. Februar

In der letzten Nacht unserer Ferien besuche ich wieder das Gespensterhaus, das ich in meinen Träumen bewohne. In meinem Traum sind wir in dieses Haus umgezogen, weil wir mehr Platz brauchten, aber seit wir dort sind, wagen wir uns vom Parterre nicht weiter hinauf als bis zum ersten Stock. Diese Zimmer sind sicher, aber die oberste Etage, das Dachgeschoss, ist von einem sonderbaren Heulen erfüllt, dem Geheul einsamer Geister. »Ich muss einen Exorzisten finden«, sage ich laut zu dem leeren Haus.

Aber ich weiß nicht, wo ich suchen soll. (Soll ich in den Gelben Seiten unter »E« nachschlagen?)
Im Wohnzimmer im Erdgeschoss, das nach vorne hinaus liegt, hat Neill eine Anzahl ungewöhnlicher Einrichtungsgegenstände aufgestellt: alte Mahagonimöbel, die denen ähneln, die ich im Arthur Findlay College gesehen habe. »Ich habe diese Möbel gekauft, weil ich fand, dass sie zur Stimmung des Hauses passen«, sagt er. Drei Tische, drei Sofas und drei Anrichten stehen da. »Ich glaube, das Zimmer ist zu voll«, sage ich. »Vielleicht sollten wir einen Teil der Möbel in die Dachkammer stellen.«
Draußen auf der anderen Straßenseite können wir den Fluss sehen. Das Wasser steigt, es klatscht über die Ufer, die Wellen schlagen über den geparkten Autos zusammen und kommen auf unser Haus zu. »Der Keller wird voll laufen«, sage ich.
Neill ist weg; ich sage den Kindern, dass wir uns vor dem Hochwasser in den ersten Stock retten müssen. Doch selbst hier sind wir nicht sicher. Wir müssen noch eine Treppe höher ins Dachgeschoss. Dort sind drei Zimmer: zwei Schlafzimmer, die noch mit der verblichenen Rosentapete eines anderen Jahrhunderts tapeziert sind; die Tapete ist jedoch verschlissen und aufgeplatzt durch Risse in der Wand, die durch Erschütterungen des Hauses im Laufe der Jahre entstanden sind.
Diese beiden Zimmer sind zwar unheimlich, aber nicht so furchterregend wie das dritte Zimmer, die hinterste Kammer des Hauses, zu der weitere drei Stufen hinaufführen. Die Tür zur Kammer steht offen, obwohl ich dachte, dass sie verschlossen sei. Drinnen sehe ich einen Schatten. Tom geht durch das Zimmer auf den Schatten zu. »Nein!«, schreie ich, aber kein Laut dringt aus meiner Kehle.

Sonntag, 25. Februar

Wir landen noch vor Morgengrauen auf dem Flughafen Gatwick, aber der Schnee, der die Erde bedeckt, strahlt ein sanftes, bleiches Licht aus. Kurz nach sechs, während wir durch die sonntäglich stille Stadt fahren, finden wir uns plötzlich auf der Straße wieder, die zu Matts Haus führt (Matts und Annas, um genau zu sein). Es ist kein Licht zu sehen. »Ob Lola und Joe schon wach sind?«, sage ich und schaue zu den Dachfenstern im obersten Stock hoch, wo ihre Zimmer sind; aber ich weiß, dass sie um diese Zeit noch schlafen.

Und plötzlich habe ich das bestimmte Gefühl, dass Ruths Geist dort bei den Kindern ist, am nächtlichen Morgenhimmel, dass er überall ist, drinnen im Haus – dem neuen Haus, in das Matt und die anderen nach Ruths Tod gezogen sind – und draußen, und als wir vorbeifahren, sind Ruth und ich einen starken, lautlosen Herzschlag lang vereint. Dann ist sie fort (oder ist es bloß das Gefühl, der Glaube, der schwindet?). Kurz bevor wir in die Ferien fuhren, fragte Lola: »Wie viele Leute gibt es in unserer Familie?« Wir sagten zusammen die Namen auf – sie wollte, dass wir alle mitzählten, auch Neills Geschwister – und kamen auf 25. »Aber wie kann Ruth denn bei fünfundzwanzig überall verteilten Leuten gleichzeitig sein?«, sagte sie.

»Weil sie in uns ist, wo immer wir auch sein mögen«, war die Routineantwort, mit der ich Lolas berechtigte Frage erwiderte.

»Aber am meisten bei mir und Joe und dir«, sagte sie hartnäckig.

»Wo immer du sie haben willst, wann immer du sie haben willst, ist sie da«, sagte ich.

Während wir weiter nach Norden und auf der Blackfriars Bridge über die Themse fahren, ergreife ich Neills Hand und sage: »Es ist doch eigentlich alles okay, nicht wahr?« Er antwortet nicht, sondern schaut mich nur an und lächelt, aber es war keine Frage. Ich kenne die Antwort. Wir leben noch. Wir kommen an. (Wo? Das spielt keine Rolle. Es kommt nur darauf an, dass wir unterwegs bleiben.)

Dienstag, 27. Februar, Faschingsdienstag

Ich wache kurz vor sechs in der Frühe mit Jetlag auf und denke über Stille nach. Es ist nicht dasselbe wie Abwesenheit, nein, ganz und gar nicht. Das weiß ich, weil Neill immer bei mir ist, selbst wenn er nicht viel sagt, selbst wenn wir nicht beisammen sind (und selbst dann noch, als ich dachte, er sei weg). Stille ist nicht gleich Leere. Sie kann mit vielem gefüllt sein.

Vor langer Zeit und in weiter, weiter Ferne, wo die Jahre zu verwaschenen Erinnerungen verschwimmen, liebte ich eine Zeit lang einen Mann (nein, keinen Mann, einen Jungen) und er mich. Eines Tages redete er nicht mehr mit mir. Wir trafen uns nicht mehr. Ich wehrte mich dagegen und versuchte von Zeit zu Zeit, ihn zu erreichen, aber schließlich gab ich auf, gab der erzwungenen Stille nach. Wir reden noch immer nicht miteinander. Aber ich denke hin und wieder an ihn zurück, und ich vermute, er denkt auch manchmal an mich. Unsere Beziehung besteht noch irgendwo in unseren Köpfen. Ich bin ihm nicht mehr böse, fühle mich auch nicht mehr zurückgewiesen. Im Grunde herrscht Friede. Die Stille ist willkommen. Sie umspült mich.

Kurz vor sieben kommen die Kinder zu uns ins Schlafzimmer. »Pfannkuchentag!«, rufen sie. Das ganze Haus wird mit ihnen wach. Ich rühre Eier, Mehl und Milch für den Teig zusammen und backe kleine Krapfen in Herzform aus. (Ich habe einmal für Neill eine spezielle Herz-Backform zum Valentinstag gekauft.) Die Herzen sind so klein, dass sie mit zwei Bissen weg sind.

Freitag, 2. März

Ich treffe mich mit Montague Keen von der Gesellschaft für parapsychologische Forschungen in einem Hotelrestaurant mit Blick auf den Hyde Park. Ich habe ihn nach unserer kurzen Begegnung letzten Monat zum Lunch eingeladen in der Hoffnung, dass er mir den richtigen Weg zeigt. (Welchen Weg? Ruths, wie immer, denn manchmal vergesse ich, dass wir die Toten schweigen lassen müssen.)
Mr. Keen ist in den Siebzigern, charmant, witzig und mit einem überraschenden Sinn für Ironie, seltene Eigenschaften in der Welt der Parapsychologie, ein angenehmer Führer in die Jenseitswelt. (Ich scheine allmählich auf ältere Männer fixiert zu sein: erst Dale, dann Mr. Keen. Vielleicht ein Großvaterkomplex?) Wie dem auch sei, Monty, wie er in seinem Freundeskreis heißt, dem auch ich eines Tages anzugehören hoffe, erzählt mir eine faszinierende Geschichte von einem weiblichen »Korrekturgeist«. Sie erscheint auf dem Computer eines gewissen Mr. Smith, Direktor einer Schule im Norden Englands, mit dem sie kommuniziert, indem sie dessen Rechtschreibung auf überraschende Weise korrigiert. Wenn Mr. Smith beispielsweise ein Wort falsch geschrieben hat – nehmen wir mal paranormal, weil es so gut passt –, wartet der Geist mit einem völlig abwegigen Wort aus dem Rechtschreibprogramm des Computers auf, wie etwa dem Wort »Hilfe«. Monty sagt, diese mühevolle Kommunikationsweise der Jenseitigen würde »anomales Wortphänomen« genannt. Lady Prudentia – so heißt der Korrekturgeist – habe offenbar einst in dem herrschaftlichen Haus gelebt, das jetzt die Schule beherberge, und wolle im Hinblick auf gewisse Übeltaten einer Nachbarfamilie (Vergewaltigung, Raub usw.), die schließlich ihren Tod zur Folge hatten, unbedingt Klarheit schaffen. Nachdem Lady Prudentia über den Computer Kontakt mit Mr. Smith aufgenommen hatte, wandte sich dieser ratsuchend an Monty und seinen Kollegen, Professor

David Fontana. Leider konnte Lady Prudentia wegen der Beschränktheit des Rechtschreibprogramms nur einzelne Worte übermitteln. Trotzdem ist Monty davon überzeugt, dass sie authentisch ist – genau wie Mr. Smith – und folglich den einzigen bekannt gewordenen Fall von Spuk in den neuen Medien darstellt. Ich versuche ihn dazu zu überreden, mich mit Mr. Smith bekannt zu machen, damit ich Lady Prudentia auf meinen eigenen Laptop laden kann, aber seiner Meinung nach ist Mr. Smith zu scheu für eine solche Begegnung. »Jedenfalls habe ich in der parapsychologischen Forschung die Erfahrung gemacht, dass immer dann, wenn man denkt, endlich den letzten stichhaltigen Beweis für das Fortbestehen des menschlichen Bewusstseins gefunden zu haben, irgendetwas schief geht«, sagt er ein wenig bedrückt.

Dennoch setzen wir beide große Hoffnungen in die Konferenz, die nächste Woche an der Universität von Arizona abgehalten werden soll; dort wollen Gary Schwartz, Professor der Psychologie, Medizin, Neurologie, Psychiatrie und Chirurgie, und seine Frau und wissenschaftliche Partnerin Dr. Linda Russek ihre brandneuen Forschungsergebnisse über die Treffsicherheit von Medien vorlegen. (An ihren Versuchen im Universitätsinstitut nahmen fünf Medien teil; sie mussten Menschen, die ihnen völlig fremd waren und schweigend hinter einem Wandschirm saßen, unter beständiger Videoüberwachung eine Lesung geben.) Ich habe mich bereits zu der Konferenz angemeldet, und Mr. Monty erwägt ebenfalls, sie zu besuchen. »Diese Forschungen sind wirklich sehr spannend«, sagt er.

Abends, zu Hause, beschließe ich, selbst ein Korrekturexperiment durchzuführen, nur für den Fall, dass jenseits des Bildschirms ein zum Plaudern aufgelegter Geist ist. Monty sagt, man müsste absichtlich Fehler machen, damit die Geister Gelegenheit bekämen, sich einzuschalten. Ich tippe: »Helo, ist da jemand?« Dann klicke ich das Korrekturprogramm an und lese: »Hell. Helot. Halo. Hero.

Held. Helm.« Als Erwiderung tippe ich: »Wie ist dein Nami?« »Naomi. Nazi. Name«, sagt das Korrekturprogramm. »Wer bist duu, Naomi?«, tippe ich ein. »Du«, steht da.
Ich beende mein Korrekturexperiment lieber.

Sonntag, 4. März

Heute steht im *Sunday Telegraph* ein Artikel über die Forschungsergebnisse der Universität von Arizona mit der Überschrift »Mediale Kräfte überzeugen Wissenschaftler«. Geschrieben hat ihn Robert Matthews, der Wissenschaftsredakteur der Zeitung, und zwar in sehr wohlwollendem Ton. »Bisher ist das ganze Thema eines ›Lebens nach dem Tode‹ von den meisten Mainstream-Wissenschaftlern vernachlässigt worden«, schreibt Matthews, »weil medial veranlagte Menschen entweder der Selbsttäuschung bezichtigt oder für Scharlatane gehalten wurden. Jetzt hat die erste ernsthafte Laborstudie mit einer Gruppe von Sensitiven ergeben, dass allen die unheimliche Fähigkeit gemeinsam ist, Fakten über die verstorbenen Verwandten von Leuten anzugeben, die zu ihnen kommen ... Transkripte jeder Sitzung zeigten, dass jedes Medium im Durchschnitt mehr als achtzig Teilinformationen über die verstorbenen Verwandten lieferte, von den Namen der Betreffenden über persönliche Eigenheiten bis hin zu den jeweiligen genauen Todesumständen. Bei einer Analyse der Genauigkeit ihrer Ergebnisse erzielten die Medien eine Treffsicherheit von 83 Prozent, eins sogar von 93 Prozent.«
Der Artikel muntert mich spürbar auf – ich habe auf einmal das Gefühl, nicht mehr allein zu sein. Außer Monty und mir gibt es noch andere, die an solchen Sachen interessiert sind: Wissenschaftler, Leute mit Forschungsinstituten und akademischen Würden. Vielleicht bin ich doch nicht verrückt. (»Verlass dich nicht darauf«, sagt mein imaginärer Therapeut. »Halt den

Mund!«, rufe ich.) Vielleicht bin ich doch auf dem richtigen Weg. Arizona ist weit weg, ich weiß, aber wenn ich erst dort war und mich mit eigenen Ohren von den Ergebnissen überzeugt habe, kann ich vielleicht endlich aufhören, nach Beweisen, nach Ruth zu suchen …

Mittwoch, 7. März

Ich fliege über Dallas zur Konferenz nach Tucson. In Dallas muss ich umsteigen und dazu erst einmal die Zoll- und Passformalitäten über mich ergehen lassen, eine oft umständliche Prozedur, die heute ungewöhnlich schnell vonstatten geht. »Zu den Anschlussflügen links rum, Ma'am«, sagt der Zollbeamte. Ich biege links in einen langen Gang ein. Hinter mir schließen sich lautlos Türen. Am anderen Ende des Ganges ist wieder eine geschlossene Tür. Ich gehe darauf zu, denke, dass ich sie aufdrücken muss, aber da öffnet sie sich wie durch Zauberhand von selbst. Auf der anderen Seite rechne ich aus unerfindlichen Gründen fest mit Ruth – der wirklichen Ruth mit weit ausgebreiteten Armen, die die ganze Zeit auf mich gewartet hat und mich willkommen heißt – und bin enttäuscht, dass nicht sie da ist, sondern statt ihrer bloß ein reliefartiges, wie von Kinderhand (oder einem Computer) stammendes Gemälde zweier lebensgroßer Figuren, die den Neuankömmling in Amerika begrüßen.
In London ist es jetzt schon spät, in Texas hingegen erst Mittag, und da ich etwas benommen und wie benebelt bin, komme ich durcheinander. Irgendwann finde ich den Weg zu meinem Anschlussflug; es ist ein kleineres Flugzeug voller Passagiere auf ihrem Heimflug, wie es scheint. Als wir auf einer Hochebene, die ringsum von Bergen eingeschlossen ist, zur Landung in Tucson ansetzen, sagt der Mann neben mir: »Sehen Sie mal, ein Regenbogen!« Ich schaue hinaus, und tatsächlich, ich sehe ihn, er bewegt

sich in der gleichen Geschwindigkeit wie unser Flugzeug, immer ein Stück voraus, wie schnell wir auch fliegen.
Die Konferenz findet im örtlichen Holiday Inn statt. Ich nehme den Shuttlebus vom Flughafen zum Hotel; ein Platzregen geht nieder, und die Straßen werden grau. Die Kakteen entlang der Straße sind tropfnass, und die Wüste sieht schlammig aus. »Wir hatten schon eine Menge Regen dieses Jahr«, sagt der Busfahrer mit grimmiger Befriedigung, »mehr, als ich hier jemals gesehen habe. Vielleicht erleben wir noch Hochwasser in Tucson. Für diese Woche ist nämlich ein Sturm angesagt.«
Ich melde mich im Hotel an und fahre mit dem Aufzug in den vierten Stock. In meinem Zimmer setze mich aufs Bett und schaue aus dem schmierigen Fenster. Der Regenbogen ist verschwunden. Direkt vorm Haus führt ein sechsspuriger Highway vorbei. Außer Verkehrslärm ist nichts zu hören. Ich kann keine Geister hören. Das Hotel liegt inmitten eines Industriegebietes. In der Nähe sind Hochspannungsmasten, düstere Parkplätze und eine Fabrik zu erkennen, die Rauch in den sich rötenden Himmel bläst. Da es mir nicht gelingen will, die Heizung oder den Fernseher anzuschalten, gehe ich wieder in die schummerige Lobby hinunter, um etwas zu essen, aber das Restaurant ist geschlossen. Ein Springbrunnen gegenüber dem Empfang riecht nach Chlor. Es ist ziemlich kalt, was mich wundert, da ich in der Wüste mit Hitze und Helligkeit gerechnet habe. Ich weiß nicht recht, was ich hier eigentlich mache und warum. Irgendwie bin ich am falschen Platz gestrandet – sollte dies wirklich ein Ort sein, zu dem Ruth kommen würde?
Ich gehe wieder auf mein Zimmer und beobachte den Verkehr draußen. Ich behalte meinen Mantel an und packe nichts aus. Ich fange an mich zu fragen, wer ich bin, da klingelt zu meiner Erleichterung das Telefon.
»Hallo, Justine, Laurie Campbell hier«, sagt eine fröhliche Stimme am anderen Ende der Leitung. »Ich bin gerade angekommen. Höl-

lisch hier, nicht wahr? Warum kommen Sie nicht auf einen Tee zu mir?« Laurie Campbell nimmt als Vorsitzende der medialen Forschungsgruppe im Institut von Gary und Linda – ihr Hauptmedium bei wissenschaftlichen Versuchen – an dieser Konferenz teil; sie wird Vorträge halten und uns eine Probe ihres Könnens geben (oder ihrer Kunst? Ich weiß es nicht, aber Gary hat sie jedenfalls als »den Michael Jordan unter den Medien« bezeichnet). Sie wohnt in Zimmer 364, ich in 402, und so sage ich ihr, dass ich in ein paar Minuten bei ihr bin, verirre mich jedoch, denn ihr Zimmer ist in einem anderen Gebäudeteil: Erst geht es mit dem Fahrstuhl hinunter, dann zu einer Tür hinaus, am Springbrunnen vorbei, wieder durch eine Tür, über einen Innenhof, wo drei tätowierte Männer stumm in einem Whirlpool sitzen, durch ein Eisentor und noch einmal drei Treppen hinauf. Ich klopfe an die Tür, und Laurie lässt mich ein. Wir umarmen uns, denn durch unsere E-Mails und Telefongespräche (ganz zu schweigen von den Simultangesprächen mit Ruth, Kimberley und Kirsty, die ihr eines Ohr in Anspruch nehmen, während ich mit dem anderen verbunden bin) weiß sie schon einiges über mich. Sie könnte im gleichen Alter sein wie ich und hat etwa meine Größe, allerdings wirkt sie kräftiger als ich, nicht so angewelkt. Am liebsten würde ich meinen Kopf auf ihrer angenehm gepolsterten Schulter ruhen lassen, aber das kommt mir vermessen vor, und so setze ich mich lieber hin. Sie hat ein nettes Gesicht, dunkles Haar und schöne Augen. Unheimlich sieht sie überhaupt nicht aus.

Wir unterhalten uns über ihre Kinder, eine elfjährige Tochter, die vom Krebs genesen ist, und einen sechzehnjährigen Sohn, der Diabetes hat. Wie sie sagt, hat ihre Tochter ihre medialen Fähigkeiten geerbt, über die auch ihre jüngere Schwester verfügt. Laurie selbst wurde sich ihrer medialen Fähigkeiten zu Thanksgiving 1994 bewusst. Damals sah sie bei einem Blick in den Spiegel andere Gesichter statt ihres eigenen und wusste, dass es sich um die Gesichter von Geistern handelte, die auf sie warteten. Inzwischen channelt sie einen Wissenschaftler aus dem Cambridge der viktorianischen Zeit, der ihr gesagt hat, sie müsse der Welt beweisen, dass das menschliche Bewusstsein nach dem Tod fortbesteht. Sie sagt, dass sie durch meinen britischen Akzent an ihn erinnert wird. Als ein Psychiater (wegen seines verstorbenen Sohnes *ihr* Klient, nicht umgekehrt) sie mit Gary und Linda bekannt machte, war Laurie sicher, am richtigen Platz zu sein. »Das gehört zum Plan«, sagt sie. Ich gehöre ihrer Meinung nach ebenfalls zum Plan. Schließlich bin ich in Cambridge auf die Universität gegangen, und außerdem bin ich wie der tote Wissenschaftler Engländerin. Seinen Namen darf sie mir nicht sagen (er will anonym bleiben), aber angeblich ist er erfreut, mich hier zu sehen.

Sie erzählt mir, dass das berühmte Medium Sylvia Browne, das wie sie selbst in Kalifornien lebt, ihr als Erste gesagt hätte, sie, Laurie, würde einmal ein ebenso erfolgreiches Medium sein wie Sylvia. »Sie fragte mich, ob ich manchmal ein merkwürdiges Kribbeln in den Haarwurzeln verspürte, und ich sagte ja, seit Jahren, und ich hätte mir immer eingebildet, ich hätte vielleicht Läuse. Es sei ein Kribbeln wie durch elektrischen Strom. Sylvia sagte, das, was ich da spürte, ohne mir dessen bewusst zu sein, seien meine Geisthelfer, die versuchten, zu mir durchzukommen. Jetzt weiß ich, dass sie mit mir reden wollen, wenn die Elektrizität auf meiner Kopfhaut zu kribbeln beginnt und ich das Gefühl habe, dass sich mein Scheitel öffnet.« Während sie spricht, spüre auch ich ein Kribbeln auf dem Kopf und frage mich, ob es von innen kommt oder von sonst woher.

Mittlerweile ist es draußen dunkel geworden, und ich bin auf einmal so müde, dass ich mich verabschiede, um schlafen zu gehen. »Gut«, sagt sie mit ihrem netten Lächeln, »dann sehen wir uns morgen. Ich werde Ihnen meine Transfiguration zeigen.«

»Was ist denn das?«, frage ich.

»Dabei verwandelt sich mein Gesicht in das des Geistes, der mich überkommt«, sagt sie. »Ich habe es eben erst gelernt.«
»Das ist enorm«, sage ich. »Die meisten Medien können das nicht mehr. Es soll eine aussterbende Kunst sein.«
»Ich kann es«, sagt sie. »Ich kann spüren, wie mir Haare im Gesicht wachsen, als würde ich mich in einen männlichen Geist mit Bart verwandeln. Aber mal sehen, ob ich morgen Ruth für Sie empfangen kann.«
»Das wäre unglaublich«, sage ich.

Donnerstag, 8. März

Ich wache in aller Herrgottsfrühe auf, noch vor dem Morgengrauen. Von draußen klingt ein klagendes Geheul herein. Ich ziehe die Fenstervorhänge beiseite; es muss der Wind sein oder ein Zug auf den Gleisen jenseits des Highways. Ich versuche wieder einzuschlafen, aber es hört sich weiterhin so an, als seufze draußen jemand. (Wohin gehen die Toten? Mehr will ich gar nicht wissen, und das ist doch nicht zu viel verlangt, oder?)
Ich rufe Neill in London an. »Was machst du denn so?«, frage ich ihn und kann den Nachhall meiner Stimme durch die Leitung hören, unter dem Ozean hindurch (oder führen die Kabel durch die Luft?).
»Nichts Besonderes«, sagt er. »Arbeiten ...«
»Was sonst noch?«, bohre ich weiter und bemühe mich, nicht besorgt zu klingen.
»Ich habe wieder angefangen zu schwimmen«, sagt er. »Ach ja, und ich war ein paar Mal mit dem Rad unterwegs. Ich habe mein Fahrrad repariert. Ich dachte, es wird höchste Zeit ...«
»Wo warst du denn?«
»Ich hatte kein bestimmtes Ziel«, sagt er. »Landstraßen ... In Palmers Green ist ein Secondhand-Plattenladen, der Besitzer

denkt, er sieht wie Elvis aus. Manchmal fahre ich dort vorbei und schaue mal rein, ob er irgendwelche von den alten Schallplatten meines Vaters hat. Und nach Southgate. Da war ich heute.«

»Warum nach Southgate?«

»Es liegt weiter raus, nicht auf dem Weg in die Stadt ...«

»Neill«, sage ich, »fragst du dich jemals, wo Kirsty ist?«

»Meinem Gefühl nach ist sie einfach verschwunden«, sagt er langsam. »Aber ich kann nicht glauben, dass sie weg ist, weil ich sie nicht habe gehen sehen. Als Dad gestorben ist, waren wir alle bei ihm im Krankenhaus und haben ihm etwas vorgesungen, weil die Krankenschwester sagte, er könne uns noch hören, auch wenn er bewusstlos sei ... Und dann wusste ich, dass er tot war – es war, als würde sein Geist den Körper verlassen, und dann war er weg. Aber Kirsty ...« In der Leitung ist ein Knistern zu hören.

»Ist noch jemand in der Leitung?«, fragt er.

»Nein«, erwidere ich, »niemand. Bist du noch da? Ich kann dich kaum hören.«

»Ich bin noch da«, sagt er. »Ich denke bloß gerade nach.«

»Pass auf dich auf, ja? Und gib den Kindern einen Kuss von mir! Ich liebe dich, das weißt du doch, nicht wahr?«

»Ja«, sagt er. »Komm bald nach Hause.«

Ich will mich noch nicht von ihm trennen (es ist schwer, die richtigen Worte zu finden, die lange Leitung zu überwinden); aber ich muss, es ist meine eigene Schuld, schließlich bin ich ja hierher gekommen ...

Zum Frühstück habe ich mich mit einer Freundin von Dale Palmer verabredet, dem Medium Lynn Gardner. Dale hat mir in einer seiner regelmäßigen E-Mails aus Indiana von ihr berichtet: dass sie Indiana letztes Jahr verlassen hätte, um nach Tucson zu gehen und mit Gary und Linda an einem künftigen Forschungsprojekt zu arbeiten. Dann hatten Lynn und ich eine E-Mail-Korrespondenz miteinander begonnen (so funktioniert es in der paranormalen Welt – die Fäden spinnen sich im Internet an; Arme öffnen sich weit, um all die verlorenen Seelen zu umfassen). Lynn nahm Kontakt zu meinem toten Großvater, dem Spiritisten, auf (»Er ist zum Schreien«, sagte sie); leider nicht via Internet. Seit kurzem ermutigt sie mich immer wieder, es nach dem Fehlschlag zu Beginn des Jahres noch einmal mit dem automatischen Schreiben zu probieren. Und jetzt hat sie sich freundlicherweise erboten, mich heute vom Hotel abzuholen. »Sie werden mich schon erkennen«, sagt sie am Telefon. »Ich bin die Blonde mit den Shorts.«

Lynn ist 63 Jahre alt, aber sie sieht wirklich zwanzig Jahre jünger aus, eine gute Werbung für ihren direkten Draht zur göttlichen Liebe, den sie hat, seit ihr jüngster Sohn mit acht Jahren, zu Thanksgiving 1977, einer Herzerkrankung erlag. Das alles erzählt sie mir in einem langen Redestrom zu einem Band von New-Age-Engelsgeklimper, der Hintergrundmusik für unser Gespräch, während wir in ihrem Wagen vom Hotel zu ihrem Haus fahren. »Als mein Sohn starb, habe ich meinen Körper verlassen«, sagt sie, »und mich auf das weiße Licht zubewegt. Ich konnte Gott sehen, ich konnte Gott fühlen, ich erkannte Gott. Aber ich dachte, ich hätte bloß eine Psychose.« Irgendwann kam der Geist ihres Sohnes zurück, um ihr klar zu machen, dass sie dazu ausersehen war, ihre medialen Fähigkeiten in den Dienst anderer Menschen zu stellen. »Ich hatte eine wunderbare Erscheinung von ihm als erwachsenem Mann, und er sagte zu mir: ›Es gibt keinen Anfang und kein Ende. Ich bin dein Sohn David, und das Göttliche erlaubt mir, jede Form von Schwingung zu erzeugen, die ich erzeugen will. Ich kann Stimmvibrationen erzeugen, sodass du mich hören kannst, aber wir Geistwesen sind von anderer Art – wir sind Energie.‹« Seitdem hat Lynn gelernt, auch andere Geister zu hören und zu sehen, sowohl für Privatklienten als auch für das amerikanische Fernsehen. »Ich habe Tennessee Williams empfangen«, sagt sie, »und John F. Kennedy, der mich bat: ›Sag Jackie, dass es mir Leid tut.‹ Das war ein sehr anrührendes Erlebnis. Auch Judy

Garland habe ich für einen Freund gechannelt. Sie wollte für ihren Freund singen, aber ich hatte das Gefühl, dass meine Stimme dem nicht gewachsen war.«

Lynn hat außerdem Erfahrungen mit dem Tonbandstimmen-Phänomen, denn sie hat einmal eine Gruppe von EVP-Forschern, darunter Dales Freundin Sarah Estep, nach Ägypten begleitet, wo sie die uralten Stimmen der Toten in den Grabkammern und bei der Sphinx auf Band aufnahmen. Aufgrund ihrer früheren Leben fühlte sie sich sehr mit Ägypten verbunden, sagt sie. Deshalb hielte sie zur Erinnerung an die besondere Verbindung zu Ägypten drei Kamele in ihrem Garten. Wir halten an einem großen Supermarkt in der Nähe ihres Hauses, um Möhren für die Kamele zu kaufen. Die Möhren sind im Sonderangebot, und so erstehen wir 25 Pfund. Die Kamele fräßen massenweise Möhren, sagt Lynn.

Als wir in die Einfahrt ihres Hauses am Fuß der Berge einbiegen, hält sie an, damit ich die Kamele begrüßen kann. Es sind drei: zwei Weibchen und ein Junges. Selbst das Kleine ist riesig und überragt mich, während es nach Leckerbissen sucht. »Geben Sie ihm eine Möhre, und Sie bekommen einen Kuss«, sagt Lynn. Ich bin nicht ganz sicher, ob ich einen Kamelkuss zu würdigen weiß – zum einen stinken sie aus dem Hals, und zum andern haben sie lange gelbe Zähne –, aber ich will nicht unhöflich sein und halte folglich meine Wange für ein kurzes Schnuppern hin.

Danach gehen wir ins Haus, um zu frühstücken. Lynn stellt mich einer Freundin aus Chicago vor, einer Nonne namens Blanche, die ein paar Tage bei ihr zu Besuch ist. Blanche fragt mich nach meinem Leben, und ich erzähle ihr unwillkürlich von Ruths Tod. Es tut gut, obwohl mein etwas weitschweifiger Bericht gar nichts mit mir zu tun zu haben scheint. Es ist, als ob meine Stimme von anderswoher käme, während ich still und ruhig dasitze und die Gebirgskulisse draußen bewundere. Lynn zeigt mir ihr Haus, das ein bisschen an eine Ranch mit ägyptischem Flair erinnert. (Am besten gefällt mir ein Spruch, der an der Wand ihres Arbeitszimmers hängt: »Die Wirklichkeit ist nur etwas für die, denen es an Phantasie mangelt.« Lynn bereitet Eier »Benedikt« zu. Als wir uns zum Essen an einen großen Tisch setzen, fassen sie und Blanche sich bei den Händen und beziehen auch mich mit in den Kreis ein. Sie schließen die Augen, und ich ahne, dass jetzt ein Tischsegen gesprochen wird. Lynn ist zuerst dran, dann folgt Blanche mit einem Gebet, und anschließend wird sicher eins von mir erwartet. Ich habe Angst, vielleicht dämlich zu lächeln, deshalb beiße ich mir lieber auf die Lippen und sage: »Danke, dass ich hier sein, äh, hier bei Ihnen sein darf und Sie dieses wunderbare Frühstück mit mir teilen ... hm ... Amen.«

Ich würde Lynn zu gern darum bitten, Ruth für mich zu channeln, aber es ist wohl kaum der richtige Moment dafür, und außerdem muss sie mich zum Hotel zurückbringen, bevor die Konferenz beginnt. Ich sage ihr, dass ich ihren Autoaufkleber toll finde. Darauf steht: »Die Göttin lebt, ist gesund, und Magie ist im Gange.«

»Sind die auch in England erhältlich?«, fragt Lynn.

»Ich glaube nicht«, erwidere ich, »eigentlich schade ...«

Im Holiday Inn hat Laurie gerade noch genug Zeit für die Transfigurationssitzung. Ich gehe gleich zu ihr aufs Zimmer. Sie zieht die Vorhänge zu und entzündet sechs kleine Kerzen, die sie auf dem Couchtisch aufstellt. »Ich wollte auch Räucherstäbchen abbrennen, weil meinem Gefühl nach die Energie in diesem Zimmer nicht gut ist«, sagt sie, »aber dann habe ich den Rauchmelder entdeckt, und so müssen wir wohl ohne Räucherwerk auskommen.«

Sie setzt sich mir gegenüber auf einen Stuhl, schließt die Augen und legt die Hände mit den Handflächen nach oben auf ihre Knie, wie beim Meditieren. Ich betrachte ihr Gesicht, das im Kerzenlicht nur vage zu erkennen ist. Anscheinend tut sich nichts. Ich schaue weiter genau hin, obwohl meine Augen zu schmerzen beginnen. Nach etwa zehn Minuten sagt sie: »Können Sie etwas sehen?«

»Nein, eigentlich nicht«, sage ich und wünschte wirklich, ich

würde etwas sehen, denn ich möchte sie nicht verletzen, wo sie sich meinetwegen solche Mühe macht.
»Vielleicht ist es zu hell im Zimmer«, sagt sie, steht auf und zieht die Vorhänge noch dichter zu, sodass auch der letzte Rest Tageslicht draußen bleibt. Sie setzt sich und nimmt ihre Meditation wieder auf. Dieses Mal merke ich, dass sich ihre Gesichtszüge verwischen, sobald ich die Augen halb schließe und sie etwas zusammenkneife, als würde ich in greller Sonne blinzeln. Ich versuche, mich auf die Transfiguration zu konzentrieren, aber ich habe hämmernde Kopfschmerzen und mir ist etwas schwindelig; der Jetlag macht mir immer noch zu schaffen, ich brauche dringend mehr Schlaf. Nach weiteren zehn Minuten fragt Laurie: »Können Sie Ruth schon sehen?«
»Nein«, antworte ich, »aber Sie sind um den Mund herum und am Kinn irgendwie dunkler geworden. Als ob sie einen Schnurrbart und Bartstoppeln hätten ... Ihr Gesicht erinnert mich jetzt an Elvis.«
»Das ist ja interessant«, sagt Laurie. »Mich besucht tatsächlich oft ein englischer Musiker als Geist. Er könnte Ihretwegen hier sein, anstelle von Ruth. Versuchen Sie mal, ihn zu erkennen.«
Ich starre sie an. Noch mehr diffuse Schatten in ihrem Gesicht. In meinem rechten Ohr saust es (wahrscheinlich die Nachwirkungen des Fliegens, obwohl ich lieber etwas anderes vermuten würde). Ich zupfe kräftig an meinem Ohrläppchen, aber nichts geschieht. Laurie hatte gesagt, der Geist sei ein Engländer, es kann also nicht Elvis sein, aber doch sicherlich ein Popstar (es fällt mir schwer, in Laurie eine Liebhaberin der Klassik zu sehen). »John Lennon?«, sage ich zögernd. Sie schüttelt den Kopf. »Marc Bolan?« Wieder schüttelt sie den Kopf. Mein Kopf ist bis auf das dumpfe Pochen leer, mir fällt kein anderer toter englischer Musiker mehr ein für dieses – wie ich es inzwischen empfinde – surreale Ratespiel.
»Na schön«, sagt Laurie mit ungebrochenem Enthusiasmus, »dann

probieren wir es mal mit der Spiegelmethode.« Wir verlassen den Couchtisch und setzen uns in dem noch immer abgedunkelten Zimmer vor einem großen Spiegel auf die Bettkante. Wir sitzen so dicht beieinander, dass wir uns berühren, und ich rechne schon halb damit, dass ich dieselbe elektrische Spannung fühle, die Laurie spürt, aber es tut sich noch immer nichts; ich sehe bloß das Spiegelbild ihres Gesichts, das so ruhig ist wie eh und je, und mein sorgenvolles, müdes, etwas verlegenes Gesicht.

Einige Minuten vergehen. »Mein Gesicht ist verschwunden«, sagt Laurie. »Das passiert, wenn die Geister durchkommen, damit ich stattdessen *ihre* Gesichter sehe.« Ich kneife wieder die Augen zusammen, um das Spiegelbild zu verwischen, und dann verschwindet auch mein Gesicht in einem schwarzen Loch im Spiegel. »Soll man eigentlich die Augen halb schließen?«, frage ich. »Ja, das ist gut«, sagt Laurie. »So habe ich meine ersten Geister im Spiegel gesehen.« Wir bleiben vielleicht zehn Minuten so sitzen, aber kein Geist zeigt sich.

»Laurie«, sage ich schließlich, »es tut mir schrecklich Leid, aber ich glaube, ich muss jetzt Schluss machen. Ich habe furchtbare Kopfschmerzen und Ohrensausen.«

»Das sind die Geister, die endlich durchkommen, denn Sie haben ebenfalls mediale Fähigkeiten, da bin ich sicher«, sagt sie. »In den ersten zwei Wochen meiner Arbeit mit der Spiegelmethode hatte ich immer das Gefühl, als hätte ich ein enges Band um die Stirn.« Sie wendet sich mit besorgtem Blick zu mir. »Bitte, ich möchte Ihnen Heilungsenergie geben. Sie müssen sich mehr öffnen.«

»Sie können auch heilen?«, frage ich.

Laurie hält die Hände über meinen Kopf und lässt die Handflächen etwa drei Zentimeter darüber schweben, ohne mich zu berühren. Ich spüre die Wärme ihrer Hände, als wäre ihr Blut heißer als meins. Sie schnippt mit den Fingern, als schüttele sie etwas fort (vielleicht die Läuse in meinem Haar oder meine Skepsis?). Nach ungefähr einer Minute hört sie auf. »Das müsste helfen«, sagt sie.

»Danke schön«, sage ich. »Vielen, vielen Dank für alles.«

»Gern geschehen«, sagt sie und lächelt. Als ich mich erhebe und gerade gehen will, fällt mein Blick auf eine CD auf ihrem Nachttisch. Auf der Vorderseite ist ein Bild von Freddie Mercury, dem Leadsänger von *Queen*, und plötzlich fällt bei mir der Groschen.

»Er ist es, nicht wahr?«, sage ich triumphierend. »Der tote Musiker! Mit dem Schnauzbart!«

»Ganz recht«, sagt Laurie erfreut, aber auch mit einer Spur von Besorgnis. »Aber sprechen Sie bitte mit niemandem auf der Konferenz darüber, ja? Ich glaube, die Leute nehmen mich nicht mehr ernst, wenn sie wissen, dass ich Freddie Mercury channele.«

»Wissen Gary und Linda Bescheid?«, frage ich.

»Ja, sie schon«, erwidert sie.

»Und was halten sie davon?«

»Na ja, sie sind natürlich erstaunt«, sagt sie. »Er ist immer in meiner Nähe, müssen Sie wissen. Wenn ich einen Fernsehauftritt habe, höre ich ihn sagen: ›Showtime!‹ Einmal, auf einer Astralreise, sah ich ihn in einem hautengen silbernen Overall neben mir herfliegen. Ich sagte: ›Bist du es?‹, und er erwiderte: ›Natürlich bin ich es! Wer sollte es sonst sein!‹«

»Dann waren Sie sicher ein Fan von ihm«, sage ich.

»Ich habe früher in einem Schallplattenladen gearbeitet«, sagt sie. »Ich kannte zwar seine Musik, aber dass ich ein großer Fan von ihm gewesen wäre, kann ich eigentlich nicht behaupten, obwohl es mir sehr Leid getan hat, als ich seine Todesanzeige las.«

»Weiß sonst noch jemand davon?«

»Meine Familie natürlich«, sagt Laurie. »Mein Mann ist sehr verständnisvoll. Außerdem bin ich mit jemandem in Europa in Berührung gekommen, der Freddie ziemlich gut kannte und dem ich erzählt habe, dass ich regelmäßig mit seinem Geist kommuniziere. Diese Person ist dabei allerdings ausgeflippt. Ich habe die Sache lieber nicht mehr weiterverfolgt, weil ich nicht möchte, dass die Leute mich für verrückt halten. Ich bin nun mal eine ganz normale Mami aus Kalifornien.«

Der heutige Tag zieht sich sehr in die Länge. Wir gehen in die Empfangshalle hinunter, wo sich die übrigen Konferenzteilnehmer versammelt haben, mindestens 150, und fahren mit Bussen zur »großen Podiumsdiskussion« auf dem Campus der Universität von Arizona. An der Diskussion des heutigen Abends soll neben Gary Schwartz und Laurie Campbell auch der »führende Skeptiker« Ray Hyman teilnehmen, emeritierter Professor für Psychologie an der Universität von Oregon, der gerade an seinem neuesten Buch mit dem Arbeitstitel *How Smart People Go Wrong* (»Wie kluge Leute sich irren können«) schreibt.

Das einzige Problem ist, dass Professor Hyman irgendwo zwischen Holiday Inn und Universität verloren gegangen ist, sodass es uns heute Abend ein bisschen an Skeptikern mangelt. Man kann wohl getrost sagen, dass Professor Schwartz heute vor lauter Anhängern predigen wird. Er steigt zuerst aufs Podium und sieht sehr professionell aus mit seinem dunklen Anzug, weißem Hemd und Krawatte, sauber gestutztem Bart, grau meliertem Haar und randloser Brille. Es wird schnell deutlich, dass Professor Schwartz ein sehr guter Lehrer ist: Selbst ich kann seinen Ausführungen folgen, zu deren Veranschaulichung ansprechende Grafiken auf eine Leinwand hinter ihm projiziert und kurze Tonbeispiele eingespielt werden, und das trotz meines anhaltenden Jetlags und meiner Müdigkeit. In seiner Einführung zur anschließenden Diskussion sagt er, Laurie sei eine »Gläubige«. Sie »durchlebe den Prozess«. Ray Hyman hingegen sei ein »Ungläubiger«, er »suche nach Fehlern«. Linda, die neben dem Podium steht und mit violett schillerndem Seidenkleid, hoch aufgetürmtem schwarzem Haar und mörderischen Stöckelabsätzen wie eine von den »Drei Engeln für Charlie« aussieht, ist eine »Inspiratorin«. Sie »inspiriert zu einer liebevollen Wissenschaft«.

Nach Gary ist Laurie an der Reihe und erzählt die Geschichte, die ich schon kenne: wie sie bei einem Blick in den Spiegel zu Thanksgiving ihre ersten Geister gesehen hat. Sie sagt ferner, dass sie Diktate von den Geistern entgegennimmt. »Ich betrachte mich als Sekretärin des Jenseits«, sagt sie und erntet damit Lachen bei der wohlwollenden Anhängerschar (es sind viele bunte Hemden hier, kaum Anzüge). »Ich höre ihre Stimmen in meinem Kopf, manchmal quasi wie meine eigene Stimme, als würde ich aus einem Buch vorlesen.«

Professor Hyman ist inzwischen eingetroffen. »Ich bin der böse Bube«, sagt er und beweist damit, dass er das Publikum richtig eingeschätzt hat. »Aber keine Angst – ich bin in der Minderzahl.« Professor Hyman ist 72 Jahre alt und so natürlich, dass ich mich gleich in ihn verliebe. Er erzählt uns, dass er als Kind von seinem Vater Zaubertricks gelernt hat. Als Jugendlicher hätte er sich bereits bestens auf so genanntes »Gedankenlesen«, Handlesen und sogar spiritistische Kunststücke verstanden. »Ich selbst habe nichts davon geglaubt, aber ich konnte andere Leute so gut überzeugen, dass sie mir glaubten.« Seitdem hat Professor Hyman keinem Medium mehr getraut, ebenso wenig wie er Gary und Linda ihre Experimente abkauft. »Sie müssen erst noch solide, astreine Beweise liefern«, sagt er. Ich muss gestehen, dass ich sehr eingenommen von Professor Hymans Argumenten bin; er scheint ein durch und durch vernünftiger Mensch zu sein. (Und sowieso ist meine Geschichte ein warnendes Beispiel dafür, was passiert, wenn man anfängt, an Zauberei zu glauben und den falschen Weg einschlägt: Da sitze ich nun, Tausende von Kilometern von Mann und Kindern entfernt, auf einem harten Stuhl, und dabei könnte ich eigentlich behaglich zu Hause bei ihnen sein.)

Dann steigt Gary erneut aufs Podium und legt seine Beweise vor, und schon bin ich wieder Feuer und Flamme für ihn. Er behauptet, die statistische Wahrscheinlichkeit für all die Fakten, die seine Medien im Experiment herausfänden, betrüge weniger als 1 zu 2,6 Billionen, und damit könne wohl kaum noch von geschicktem Raten gesprochen werden. Auch das Argument, Medien seien lediglich telepathisch veranlagt, habe hier kein Gewicht: Bei seinen Experimenten hätten die Medien Informationen geliefert, die die Versuchspersonen selbst nicht kannten, bis sie entsprechend aufgeklärt wurden.

Aber dann verdirbt Gary in meinen Augen alles, indem er sagt: »Bei alledem geht es um Liebe.« Ich will keine Liebe (davon habe ich zu Hause jede Menge). Ich habe die lange Reise unternommen, weil ich auf wissenschaftliche Erkenntnisse aus bin – und er zeigt uns jetzt Dias von Hunden: seine hübsche Frau Linda mit ihrem ebenso hübschen Hund Freudy, das vor kurzem verstorbene Medium Susy Smith mit ihrem Hund, und dann Linda und Susy zusammen mit weiteren kuscheligen Hunden. »Das reicht!«, möchte ich schreien, denn es tut der Sache der parapsychologischen Forschung bestimmt nicht gut. Hinterher kommt Monty zu mir und fragt mich, ob mir die Diskussion gefallen hätte. »Zu viele Hunde«, knurre ich. Draußen regnet es noch immer.

... die Zunge der Stummen wird frohlocken. Denn es werden Wasser in der Wüste hervorbrechen und Ströme im dürren Lande.
Jesaja **35, 6**

Freitag, 9. März

Heute wollen wir richtig Spaß haben!«, sagt Professor Schwartz zu den versammelten Konferenzteilnehmern im Parterresaal des Holiday Inn gleich hinter dem Springbrunnen, der nach Chlor riecht. Das Publikum johlt vor Freude, während ich bloß den stark gemusterten Teppichboden anstarre (erbsengrüne, rahmweiße, kastanien- und rotbraune Kringel) und mich als steife Engländerin empfinde, die nicht genügend Liebe aufbringt und folglich nicht die richtige Einstellung für die heutige

Tagesordnung unter dem Motto »Feier der lebendigen Seele« mitbringt.
Professor Schwartz verbindet offenbar auch die Quantenphysik mit Spaß. »Energie ist das Primäre, und Materie ist organisierte Energie«, sagt er. »Es ist mehr am Universum dran, als wir mit bloßem Auge sehen können. ... Habe ich auf dem College je ein Wasserstoffatom gesehen? Nein! Ich habe einfach meinem Professor aufs Wort geglaubt, dass es da ist.« Aber Professor Schwartz erwartet von uns nicht, dass wir ihm ein Fortleben der Seele einfach blind glauben: Hier steht ein Mann, der sich berufen fühlt, uns seine »Hypothese vom lebendigen Universum« zu erklären, eine neue Theorie, die seine mit Linda und Laurie durchgeführten Forschungen untermauert. Ich glaube, letzten Endes lässt sich diese Hypothese in seinem Lieblingssatz zusammenfassen: »Was da ist und dableibt, das entwickelt sich weiter.« Wenn aber »Energie und Information in Atomen gespeichert werden können«, erklärt uns Professor Schwartz mithilfe vieler weiterer Schaubilder, dann hat Wasser ein Gedächtnis, hat das Herz ein Gedächtnis, und wenn »reine Energiesysteme ein Gedächtnis haben«, dann kann die Seele im Grunde ewig leben. Er weiß, dass das einen Sprung erfordert, den man guten Glaubens tun muss, aber die Leute hier im Saal scheinen alle willens zu sein, diesen Sprung mit ihm zusammen zu wagen.
Dann wird es ziemlich abstrus. Das ganze Vorhaben hätte 1993 seinen Anfang genommen, sagt er, als Linda Russek ihm die Frage stellte: »Meinen Sie, dass mein Vater noch da ist?« Lindas Vater Henry, ein bekannter Kardiologe, war 1990 gestorben. Linda, eine ebenso bekannte Klinikärztin, bat Gary, einen noch bekannteren Wissenschaftler, den sie kurz zuvor kennen gelernt hatte, den Beweis zu erbringen, dass ihr Vater nach seinem Tod weiterlebte. »Ich verliebte mich in ihre Liebe zu ihrem Vater«, sagt Gary, und so begannen die Experimente.
Die Geschichte nimmt aber noch seltsamere Formen an. Linda

und Gary zogen in Tucson zusammen und lernten dort die Schriftstellerin Susy Smith kennen, die allein mit einem Zwergdackel lebte. Diese war einige Jahre zuvor, nach dem Tod ihrer Mutter, mit der sie sich in ständiger Verbindung glaubte, zu der Überzeugung gelangt, dass die Toten weiterleben. Susy, produktive Autorin von 27 populären Büchern, darunter das *Book of James*, von dem sie behauptete, es sei in Zusammenarbeit mit dem toten Psychologen und Philosophen Dr. William James entstanden, glaubte auch mit Henry Russek sowie Garys verstorbenem Vater Kontakt aufnehmen zu können.

Leider ist Susy Smith, die eigentlich an der Konferenz teilnehmen und einen besonderen Preis für ihre Verdienste um dieses Forschungsgebiet entgegennehmen sollte, vergangenen Monat, am 11. Februar, ganz plötzlich an einem Herzanfall gestorben. Gary erklärt den Zuhörern, unter denen etliche sind, die selbst paranormale Fähigkeiten zu haben glauben, dass Susy noch vor ihrem Tod einen Preis von 10 000 Dollar für die Person ausgesetzt hätte, die als Erste ihren Geheimcode empfangen würde, den sie hoffentlich aus dem Jenseits übermitteln könne. Gary gibt ferner an, dass wir die Anweisungen zur Überprüfung der Richtigkeit des Codes im Internet unter www.afterlifecodes.com finden können.

Den Zuhörern schwirrt inzwischen schon der Kopf von all diesen Informationen, sodass Gary eine Pause für angebracht hält, allerdings muss er erst noch eine Botschaft an uns loswerden, natürlich wieder in Sachen Liebe, davon ist er nicht abzubringen. »Was hat die Liebe damit zu tun?«, ruft er, mittlerweile richtig in Fahrt gekommen, theatralisch vom Podium herab. »Alles! ... Liebe schafft die Verbindung.«

(»Wie geht's denn?«, fragt Neill, als ich ihn vom Münzfernsprecher in der Empfangshalle anrufe. »Nicht gut«, antworte ich im Flüsterton für den Fall, dass jemand von den Delegierten mithört, »es geht überhaupt nicht.« »Vielleicht ist es ja nur der Versuch, der zählt«, sagt Neill.)

Beim Lunch neben dem Chlorspringbrunnen gerate ich in die Gesellschaft einer Rückführungstherapeutin namens Barbara, die ihre Tischgenossen mit Ausführungen darüber in Atem hält, dass der Tod nur mit »unerledigten Angelegenheiten« zusammenhänge.

»Ich soll also annehmen, dass meine Schwester im Alter von dreiunddreißig Jahren an Brustkrebs gestorben ist, weil es unerledigte Angelegenheiten aus ihren früheren Leben gab?«, sage ich.

»Ja«, erwidert Barbara. »Sie musste aufgrund von Traumata, die noch in ihr schlummerten, in dieses Leben zurückkehren. Es muss ein ungelöstes Trauma in ihrem Herzen gewesen sein, das den Brustkrebs bei ihr ausgelöst hat. Wie schade, dass ich nicht mit ihr arbeiten und diese Probleme lösen konnte.«

»Was hätten Sie denn tun können, um sie zu retten?«, frage ich.

»Nehmen wir einmal an, sie sei in einem früheren Leben Jüdin gewesen, ein deutscher Soldat hätte ihren Kindern den Schädel eingetreten, und sie selbst wäre in der Gaskammer umgekommen ...«

»Und?«, sage ich und fürchte, an meinem Kartoffelsalat zu ersticken.

»Wir würden in die Vergangenheit zurückgehen«, sagt Barbara unverdrossen, »und uns vier oder fünf ihrer früheren Leben vornehmen, um zu sehen, wie oft der Mann ihr das schon angetan hat und ob mit demjenigen, der in diesem Leben mit ihr verheiratet war, das Programm neu gestartet wurde.«

»Und dann?«, sage ich.

»Dann würden wir in den Himmel aufsteigen und im Fluss des Lebens baden«, fährt Barbara fort.

»Ich kann nicht ganz folgen«, sage ich.

»Es kommt letztlich nur auf die Aufhebung des Gedankenmusters an«, sagt Barbara. »Gehen wir einmal dreißigtausend Jahre zurück. Sagen wir, Ihre Schwester sei damals die Sklavin dieses Mannes gewesen. Der hatte irgendwie das Gefühl, sie zu besitzen, und sinnt nun auf Rache; Erinnerungen werden abgelegt wie eine Datei im Computer. Zweitausend Jahre später ist Ihre Schwester vielleicht wieder in einer Sklavensituation, und auch das wird gleich wieder gespeichert.«

»Und wie gehen Sie damit um?«, frage ich.

»Wir suchen den ›Tempel zum Löschen von Denkmustern‹ auf«, sagt Barbara geduldig.

»Und wo ist der?«, frage ich.

»Im Himmel«, antwortet Barbara. »Ich habe dort eine riesige Kristallkugel installiert; genau dort, auf dieser Glaskuppel, steht man und bittet darum, dass all die Erinnerungen, all die Qualen und Traumata in die Glaskuppel Einlass finden, wo sie festgehalten werden. Daraufhin bittet man Gott, sie aufzulösen, und er tut es. Dann badet man im Teich der vollkommenen göttlichen Energie und geht in den Tempel des Daseins –«

»Sind wir noch immer im Himmel?«, frage ich.

»Ja«, sagt Barbara. »Dann nimmt man Excalibur –«

»Excalibur ist im Himmel?«, unterbreche ich sie.

»Ja«, sagt Barbara, »... und schon ist das Programm für immer gelöscht.«

»Woher wissen Sie das alles?«, frage ich.

»Das ist Urchristentum«, sagt Barbara. »Ich arbeite schon über dreißig Jahre damit. Es sind die Angaben der mystischen Tempelritter. Sie waren in einem Code verschlüsselt – so bin ich auf diese Informationen gestoßen. Alles Religiöse ist in einem Code verschlüsselt.«

»Und wo haben Sie diese Informationen entdeckt?«

»In einer amerikanischen Bibliothek«, sagt Barbara. »Wie dem auch sei, Ihre Schwester wird in etwa zwanzig Jahren wiedergeboren werden, und dann muss sie das alles noch einmal durchmachen.«

»O je«, sage ich, »das sind aber keine guten Nachrichten.«

»Ja«, sagt Barbara, »aber vielleicht kann ich mit Ihnen arbeiten.

Ich glaube, auch Sie müssen an Ihren unerledigten Angelegenheiten arbeiten. Haben Sie als Kind von Konzentrationslagern geträumt?«
»Habe ich tatsächlich«, sage ich, »aber das lag wahrscheinlich daran, dass mein Vater viel davon sprach, weil er Jude ist und einige seiner Verwandten im KZ umgekommen sind.«
Barbara schüttelt düster den Kopf. »Nein, Sie waren selber dort im Konzentrationslager«, sagt sie, »in einem früheren Leben. Darum müssen Sie so bald wie möglich mit mir arbeiten.«
»Unglücklicherweise lebe ich in London«, sage ich.
»Dann müssen wir es eben dieses Wochenende machen«, sagt Barbara.
»Ich glaube nicht, dass ich Zeit dazu habe«, sage ich. »Das Konferenzprogramm ist ziemlich dicht.«
Barbara schüttelt wieder den Kopf. »Ich hoffe und bete nur, dass Sie von den Nazis nicht vergast, sondern erschossen worden sind«, sagt sie. Mir ist inzwischen der Appetit auf Kartoffelsalat und Schinken gründlich vergangen. Ich würde jetzt gern eine Tasse süßen Tee zur Nervenstärkung trinken, aber die Nachmittagsveranstaltung fängt gleich an. Barbara erhebt sich und schickt sich zum Gehen an. Sie sieht noch immer besorgt aus. Ich bin ganz schwach auf den Beinen, aber ich hole tief Luft und gehe in den Saal zurück. Ich wünschte, es gäbe ein paar Fenster zur Außenwelt. Hier drin ist keine frische Luft, nur eine chemische Süßlichkeit, die sich über die Stuhlreihen legt.
Als Nächstes steht eine Sitzung mit dem Titel »Mit Laurie Campbell ins Jenseits: eine Gruppenerfahrung« an. Laurie wird versuchen, Verbindung zu einigen der Verstorbenen aufzunehmen, die hier mitten unter uns sind. Diese Aussicht hat, wie ich vermute, einen Teil der Zuhörer bewogen, an der Konferenz teilzunehmen. Gespannte Erwartung erfüllt den Saal; alte Hoffnungen und verlorene Kinder; Liebesaffären und Geheimnisse warten auf ihre Enthüllung. »Oft sehe ich etwas aus dem Augenwinkel heraus«,

sagt Laurie; ich kriege einen Krampf im Hals, weil ich den Drang unterdrücke, mich umzudrehen und nach Ruth zu suchen, deren Schweigen während dieser Vorgänge an meinen Nerven zerrt. (»An so einem Ort würde ich mich doch weder tot noch lebendig erwischen lassen«, sagt die Stimme in meinem Kopf.)

»Ich spüre, dass sich ein Raum hinter mir öffnet«, fährt Laurie fort, »und dieser Raum ist voller Geister. Diejenigen, die Selbstmord begangen haben, halten sich meist etwas zurück, aber die Forscheren reißen die Türen auf.«

Die Saaltüren sind geschlossen. Es ist still. Wir warten. »Ich höre die Geister sprechen, als wäre es meine eigene Stimme in meinem Kopf«, sagt Laurie. »Häufig ist den Leuten, die ihre eigene Stimme im Kopf hören, nicht klar, dass es durchaus eine Geisterstimme sein kann ...«

Laurie beginnt von einem toten Kind zu sprechen. Zwei Frauen unter den Zuhörern springen sofort darauf an. Beide wünschen sich, dass das Geisterkind, von dem Laurie spricht, ihres ist, dass es ihre Geschichte ist, ihre Familie, ihr verlorenes Kind. »Ich empfange als Anfangsbuchstaben ein J«, sagt Laurie, »und ein M und ein C.« Beide Frauen kennen Menschen, deren Namen mit diesen Buchstaben anfangen. Mir ist noch immer nicht klar, von wessen Baby hier die Rede ist.

Dann beschreibt Laurie einen kleinen Mann mit einer Vorliebe für Oldtimer. »Ich empfange als Anfangsbuchstaben ein V«, sagt sie. Vier weitere Leute erheben die Hand und Anspruch auf diesen Geist. Eine Frau weint. »Mein Großvater hieß Viktor«, sagt sie. »Er liebte alte Autos. Bestimmt ist er es.« Eine Frau auf der anderen Saalseite schluchzt ebenfalls. »Ich glaube, es gilt mir«, sagt sie. »Er liebte Volvos. Das muss das V bedeuten ...«

»Wir wollen alle einmal tief durchatmen und uns entspannen«, sagt Linda, die das Mikrofon kurz übernommen hat, beruhigend. Aber die Zuhörer stehen spürbar unter Spannung, man riecht förmlich die Angst, die sich mit dem künstlichen Luftbefeuchter vermischt. »Es sind eine Menge unsichtbarer Wesen in diesem Saal«, sagt Gary. »Sie rufen alle ›ich, ich, ich!‹«

»Ich glaube, wir erleben gerade ein ›Überströmen‹«, sagt Laurie, »bei dem Informationen von einem Medium aufs andere übergehen – ich weiß, dass heute noch andere Medien hier im Saal anwesend sind – oder von einem Kontaktsucher zum anderen.«

Eine Frau in meiner Nähe, die an ihren schon völlig abgenagten Nägeln kaut, murmelt etwas von unfair und elektronischen Störmanövern durch subversive Elemente im Saal (womit sie, glaube ich, eher die Lebenden als die Toten meint).

Gary und Linda sind offenbar der Auffassung, dass es mit dem Gruppenansatz nicht recht klappt. Deshalb bitten sie Laurie, lieber eine so genannte »blinde Lesung« durchzuführen. Laurie setzt sich mit dem Rücken zum Publikum auf das Podium und legt die Hand über die Augen. Dann sagt Gary, dass er einen der Zuhörer auf die Bühne holen will, dem Laurie, ohne ihn zu sehen, eine Lesung geben wird. Die Luft knistert förmlich von den stillen, verzweifelten Wünschen vieler, die jetzt ausgewählt werden wollen (»ich, ich, ich«). Ich selbst bin dafür, dass Gary eine grauhaarige Frau mit bleichem Gesicht und dunklen Schatten unter den Augen aufruft, eine von den beiden Frauen, die sich bei Lauries Erwähnung eines toten Kindes angesprochen fühlten (sie braucht anscheinend dringend Hilfe). Aber nein, er nimmt Monty, der aufs Podium steigt und wie Sherlock Holmes dort sitzt. Ich frage mich, welche Geister Monty wohl nach Amerika mitgebracht haben mag.

Ich finde, dass Laurie ihre Sache ganz gut macht; Monty reagiert auf ihre Feststellungen und Fragen nur mit ja oder nein (allerdings mit einem englischen Akzent, eine Seltenheit auf dieser Konferenz). Laurie sagt, sie empfange dauernd einen Namen mit M, einen komischen Namen, den sie nicht wiedererkenne. Nach ein paar Fehlstarts – als würde sich ein Geisterbeschwörer aufwärmen – führt sie die Namen Bess (den Namen der Mutter) und

John (den Namen des Vaters) an. Außerdem sagt sie, der Vater sei im Zweiten Weltkrieg durch eine Bombe umgekommen, was Monty bestätigt. Sie fügt hinzu, dass die Verhältnisse vor dem Tod des Vaters traumatisch für Monty gewesen seien, weil eine Trennung damit verbunden war. Als die Lesung beendet ist, erzählt Monty uns, dass er tatsächlich vor der Bombardierung etwa 400 Kilometer von seiner Familie entfernt evakuiert war. Laurie landet noch einen weiteren Treffer: dass er Herzprobleme hätte. Er bestätigt, dass er wirklich mehrere Herzinfarkte hatte. Ferner besteht sie darauf, dass es nach Angaben der Geister einen Bezug zu Tomaten gäbe. Später erklärt Monty, dass er wahrhaftig vor vielen Jahren Herausgeber einer Zeitschrift gewesen sei, die sich mit Tomaten befasste.

Skeptiker Ray beeindruckt das alles nicht. Als ich nach der Sitzung an ihn herantrete und ihn um seine Expertenmeinung bitte, sagt er, wir hätten nichts mehr und nichts weniger vorgeführt bekommen als eine geschickte »Faktenlesung«. Laurie hätte Montys Alter an seiner Stimme ablesen können; danach sei es ein Leichtes zu vermuten, dass ein Engländer über siebzig einen Vater haben könnte, der im Krieg umgekommen ist. Ich finde Rays Skepsis einerseits beruhigend – schließlich gehört er derselben geistigen Kultur an, in der ich aufgewachsen bin – und andererseits nicht ganz überzeugend (vielleicht ist auch mein Glaubensbedürfnis einfach größer). »Und was ist mit den Tomaten?«, frage ich. Er schüttelt bloß den Kopf.

19.30 Uhr. Gary und Linda haben alle Teilnehmer der Konferenz zu einer »Phantasie am Abend« in ihr Institut eingeladen. Es sind so viele Leute erschienen, dass die Party weitgehend draußen im Garten stattfindet im Licht des Vollmond und in der kleinen bunten Lämpchen, die in den Bäumen aufgehängt sind. Ein Freund von Gary und Linda, ein ehemaliger katholischer Priester, der mittlerweile verheiratet ist, hält eine Rede. »Ich bin Romantiker«, sagt er. »Als ich diesen Nachmittag Laurie zugeschaut habe, wollte ich, dass sie nur Treffer erzielt und keine Minuspunkte sammelt. Aber dann dachte ich, die Welt, in der wir leben, ist eben nicht so, es entspricht nicht der Wirklichkeit.«

Später nasche ich Schokoladenplätzchen und unterhalte mich mit einem Mann namens George, der aus Kalifornien kommt und so aussieht wie ein Hollywood-Schauspieler, in Wahrheit jedoch als Sozialarbeiter in der Psychiatrie und nebenbei als Medium tätig ist. »Woran erkennen Sie eigentlich den Unterschied zwischen den Stimmen in Ihrem eigenen Kopf und den Stimmen, die Ihre psychisch Kranken im Kopf haben?«, frage ich ihn sehr höflich.

»Eine gute Frage«, sagt George so gelassen, als rede er mit einer schwierigen Klientin. »Ein Medium wie ich selbst ist nicht verrückt, denn es hilft anderen Menschen. Verrückte zerstören ihr eigenes Leben und das Leben anderer. Ein Medium schadet niemandem.«

Nach meinem Gespräch mit George wandere ich ziellos im Institut umher und lande schließlich bei zwei von Garys Studenten mit jugendfrischen Gesichtern in einem abgedunkelten Spiegelzimmer. Einer von ihnen, Dan, sagt mir, ich könnte mir hier an einem neuen Gerät zur Sichtbarmachung der Gasausstrahlung, kurz GDV (Gas Discharge Visualisation) genannt, meine Aura auf dem Computerbildschirm anschauen, wenn ich wollte. »Na schön«, sage ich zustimmend, woraufhin er meine rechte Hand in eine merkwürdige handschuhähnliche Vorrichtung schiebt, die mit dem Computer verbunden ist. Die andere Studentin, eine junge Frau namens Sabrina, fängt an, auf der Tastatur herumzuhämmern, und dann bekomme ich einen Stromschlag und schreie geschockt auf. »Muss das so sein?«, frage ich.

»Nein«, sagt sie. »Vielleicht haben Sie zu viel statische Elektrizität um sich herum.« Wie sich herausstellt, kann sie meine Aura auf dem Bildschirm nicht erkennen, aber Dan, der ein Hörgerät trägt, behauptet, die Aura anderer Leute auch ohne GDV sehen zu können. »Ich dachte, Auras wären aus der Mode«, sage ich, »genauso wie das Ektoplasma.«

»Ich habe sie jedenfalls immer sehen können«, sagt Dan, »schon als Kind. Ihre ist blau, aber sie hat ein paar Löcher, und daran sehe ich, dass sie Schmerzen im Bereich Ihrer rechten Schulter und im Nacken haben.«

Ich habe tatsächlich einen völlig verspannten Nacken, wahrscheinlich durch den Stress, den ganzen Tag über ungewöhnlich freundlich zu sein, weil alle hier so freundlich zu mir sind und so nett miteinander umgehen. Die dauernden Nettigkeiten sind für mich sehr anstrengend. Ich beschließe, in den Garten hinauszugehen und Ray zu suchen, den ich in einem entlegenen Winkel finde, wo er sich hinter einem Baum versteckt. »Wie gefällt Ihnen die Party?«, frage ich ihn.

»Eine fremde Welt«, erwidert er.

»Die Leute hier glauben wirklich an das, was sie tun«, sage ich. »Laurie ist vollkommen aufrichtig.«

»Sie haben sicher Recht«, sagt er. »Nach meiner Erfahrung glauben 98 Prozent der Medien in aller Aufrichtigkeit an das, was sie tun – aber das heißt noch lange nicht, dass sie mit Toten reden.«

Es ist spät geworden, und ich mache mich auf den Heimweg. Im Bus zurück zum Holiday Inn sitze ich neben Carrie, einer Masseurin und ehemaligen Balletttänzerin aus Boca Raton. »Sie machen den Eindruck, als hätten Sie Nackenschmerzen«, sagt sie.

»Habe ich auch«, sage ich, und dann bin ich zu meiner eigenen Überraschung plötzlich dabei, ihr alles zu erzählen, was mir sonst noch auf der Seele liegt: von Ruths Tod und all den anderen Todesfällen. Sie hört einfach zu und nickt. Bis wir am Hotel ankommen, habe ich es aufgegeben – es ist zu schwer zu erklären, und außerdem stirbt sowieso jeder –, aber sie erbietet sich, mir in ihrem Zimmer eine Nackenmassage zu geben. Ich willige ein. Um 23 Uhr lege ich mich bei ihr auf den Teppichboden und starre zur Decke hoch; ich schließe die Augen, als sie meinen Nacken

durchknetet, und entgleite in die Dunkelheit dorthin, wo es endlich ruhig ist, ins Reich der Träume.
Hinterher setze ich mich auf und danke ihr. »Gern geschehen«, sagt sie. Als ich mich zum Gehen wende, fügt sie hinzu: »Wissen Sie, die Toten können Sie nicht zurückholen, aber Sie können Ihre Kinder glücklich machen.« Das ist für mich der beste Rat, den ich seit langem gehört habe. Ich wünschte, ich könnte auf der Stelle zu Kindern und Mann nach Hause fliegen, aber das geht nicht, und da sie noch schlafen, kann ich sie auch nicht anrufen, aber ich denke an sie, wie sie mit warmen Köpfen in den Kissen liegen und gleichmäßig atmen, während in England gerade der Morgen dämmert.

Samstag, 10. März

An diesem Morgen um neun hält mir das Medium Traci Linn Bray aus Macomb, Illinois, eine spontane Lesung. So etwas kommt jetzt, am letzten Tag der Konferenz, häufig vor: In allen Ecken des Holiday Inn hocken kleine mediale Grüppchen beisammen, tauschen vertrauliche Eindrücke aus und führen paranormale Experimente durch. Traci sagt mir, dass sie einen kleinen Vogel sieht, der irgendwie mit Ruth und mir in Verbindung steht. Sie sagt außerdem, dass sie meine Schwester Fahrrad fahren sieht. »Und sie hat ein leuchtend weißes Leinenhemd um die Taille geschlungen. Sagt Ihnen das irgendetwas?«
»Ihr Lieblingskleidungsstück war ein weißes Leinenhemd von einem Designer namens Ghost«, sage ich. »Ja, und das Radfahren sagt mir auch viel.«
»Ich sehe Ihre Schwester hinter einer Glasscheibe«, sagt Traci Linn. »Sie stehen auf der anderen Seite. Sie pressen Ihre Hände aufeinander, aber Sie können nicht miteinander reden. Sagt Ihnen das irgendetwas?«

»Ja«, sage ich und fange an zu weinen, obwohl ich es gar nicht will, »ja.«
»Sie will Ihnen mitteilen, dass Sie einander eines Tages hören werden«, sagt Traci. »Und sie hätte gern, dass Sie gleich etwas für sie tun. Sie bittet Sie, ihren Kindern ›The Cow jumped over the Moon‹ vorzulesen.«
»Na klar«, sage ich. »Das Lied daraus hat sie meinen Kindern immer vorgesungen, als sie noch klein waren. Das will ich gern für sie tun.«
»Jetzt gibt sie Ihnen noch Blumen«, sagt Traci, »einen Strauß Wiesenblumen. Sie schenken sich immer gegenseitig Blumen.«
Danach reibe ich mir die Augen, aber Traci verschwindet nicht. Wie sie mir erzählt, war sie im Polizeidienst tätig, konnte jedoch ihre mediale Gabe nicht ignorieren, die einfach nicht verschwinden wollte. Nun ist sie hier auf der Konferenz und sucht nach ihrem Weg, genauso wie wir anderen auch. Wir geben uns die Hände, und dann nehme ich meinen Platz im Saal ein, obwohl mir zumute ist wie einer Schlafwandlerin. Professor Schwartz spricht wieder von der Physik. »In der Quantenphysik gibt es Ideen, die sich der visuellen Vorstellung entziehen«, sagt er. Eine Liste erscheint auf der Leinwand hinter ihm. Darauf steht: 1. Formierung. 2. Mechanisierung. 3. Kontext. 4. System. 5. Impliziter Prozess. 6. Zirkulare Kausalität. 7. Kreative Entfaltung. 8. Integrative Vielfalt.
Ich verstehe nicht, wovon er redet. Sein Vortrag erinnert mich an die E-Mails und Kabbala-Diagramme meines Vaters. »Es gibt Dinge, die nicht in Worte zu fassen sind, und doch wissen wir, dass sie wahr sind«, sagt Professor Schwartz. »Das ist Teil des Problems bei dieser Art von Forschung. Wir sehen die Informationen vor uns, aber irgendwie können wir sie nicht erfassen, und vielleicht werden wir sie nie erfassen. Vielleicht müssen wir uns einfach damit abfinden.«
Ich brauche frische Luft. Ich schleiche mich aus dem Saal und

setze mich draußen auf den Vorplatz. Professor Ray kommt vorbei, er will gerade zum Fitnesstraining. »Wie funktioniert das alles bloß?«, frage ich ihn.

»Die Leute wollen einfach, dass es passt«, sagt er, »und Menschen, die schwer an einem Verlust tragen, Hinterbliebene etwa, sind schnell bereit, Allgemeinplätze für relevant zu halten. Jeder kann doch einem Namen, der mit M anfängt, eine Bedeutung abgewinnen.«

Ich bitte ihn, mir eine »Faktenlesung« zu geben, die mir bestätigt, dass er genauso viel Einsicht beweisen kann wie ein Medium. Er nimmt meine Hand und betrachtet die Linien in der Handfläche, als würden sie eine Rolle spielen und etwas bedeuten. »Sie hatten mindesten zwei Mentoren in Ihrem Leben«, sagt er, »und, hm, haben um die Dreißig herum eine einschneidende Veränderung erlebt.«

»Wie viele Kinder habe ich?«

»Vier«, sagt er, »vielleicht auch fünf.«

»Nicht besonders gut«, sage ich mit skeptischem Lächeln. »Ich habe zwei Kinder, und was Sie sonst noch gesagt haben, ist viel zu allgemein.«

»Medien arbeiten mit Allgemeinplätzen«, sagt er.

»Ein Medium hat mir heute Morgen gesagt, meine tote Schwester würde Fahrrad fahren«, sage ich. »Das ist ein genaues Detail.«

»Viele Leute fahren Fahrrad«, sagt er.

»Ja, aber für mich hatte es eine besondere Bedeutung«, sage ich.

»Allgemeinplätzen kann man immer eine eigene Bedeutung abgewinnen, wenn es sein muss«, sagt er.

»Ich weiß«, sage ich. »Ich weiß, wie man sich an jeden Strohhalm klammert.«

Wieder im Saal, erinnert Gary gerade wieder einmal daran, dass diese Konferenz – alles, was geschieht – vor allem etwas mit Liebe zu tun hat. Ich lasse mich auf meinen Stuhl fallen. Vielleicht ist mir meine Verdrossenheit anzumerken, denn Gary scheint sich direkt an mich zu wenden, als er sagt: »Hier eine einfache Möglichkeit, sich zu merken, was Liebe bedeutet: L steht für Lauschen, denn wenn wir jemanden lieben, hören wir ihm gut zu – mit den Ohren, mit den Augen, mit dem Herzen, mit dem ganzen Wesen. I steht für Interesse, denn wenn wir jemanden lieben, haben wir immer Interesse an ihm und freuen uns an ihm und mit ihm. E steht für Ergriffenheit, denn wenn wir jemanden lieben, sind wir von ihm, seinen Gefühle, seinen Zielen und Träumen, ergriffen. B steht für Bereitschaft, denn wenn wir jemanden lieben, sind wir immer bereit für ihn. Und das letzte E steht für Erfüllung, denn wenn wir jemanden lieben, suchen wir mit ihm die Erfüllung. L. I. E. B. E. Daran können Sie sich immer gut erinnern.«

Gary schaut voller Liebe Linda an, die seinen Blick gedankenvoll erwidert, und alle im Saal außer mir und vielleicht Monty, der zu Boden starrt, nicken zustimmend. (Ray ist inzwischen verschwunden.) Ich komme zu dem Schluss, dass Gary zu viel Zeit mit Medien verbracht und sich dadurch in diese Buchstabengeschichte verstiegen hat. (Ich übrigens auch, ich könnte selbst eine Liste aufstellen: L für Liebe und Linda und Leben nach dem Tod; J für Justine und Judas und Jux.)

Die Konferenz neigt sich unter allgemeinem Lächeln dem Ende zu. Linda erzählt von ihren Plänen für eine »Seelenfamilientherapie«, bei der gestörte Familien ihre Differenzen mithilfe eines Mediums beilegen sollen, das sich der Probleme annimmt, die zwischen Lebenden und Toten fortbestehen. (Das klingt so, als könnte es bei meinem verstorbenen Spiritisten-Großvater, meinem Vater und mir etwas nützen ... Vielleicht sollte ich uns anmelden?) Gary sagt, nach Lindas Meinung wäre es vielleicht gut, eine Seelenfamilientherapie mit Hitler durchzuführen, und ich frage mich, ob er das ernst meint. Das Publikum klatscht, als Linda verkündet, dass sie eine »Regenbogenspiritistin« ist, und dann sagt Gary, dass er uns als letzten Liebesdienst etwas vorsingen wird, ehe sich unsere Wege wieder trennen.

Gary singt mehrere Songs von James Taylor im Karaoke-Stil. *»There is a river running under your feet«*, schmachtet er ins Mikrofon, lockert seine Krawatte und wiegt sich sanft auf dem Podium hin und her. Er sagt uns, wie sehr er James Taylors Stücke mag, besonders die Ballade *»Wake up Susy«*, die er Susy Smith widmet. »Vielleicht knackt jemand von Ihnen Susys Jenseitscode und gewinnt den Preis!«, sagt er so zuversichtlich wie immer.
»Alles Gute Ihnen allen bei der Abreise«, sagt Linda.
»Alles Gute«, sagt Gary.
»Alles Gute«, sagt die Dame neben mir.
Aber es ist noch nicht vorbei. Gary, Linda, Laurie, Monty und ich haben uns zu einem gemeinsamen Abschiedsessen verabredet. Gary kutschiert uns in seinem riesigen Wohnmobil, das er und seine Bewunderer »Geistermobil« nennen und in dem ein großes Bild von Lindas Vater Henry Russek hängt, zu einem Chinarestaurant. Er erzählt uns, dass er an jedem Konferenztag eine andere Krawatte von Henry getragen hat. »Linda hat mir nämlich die Krawatten ihres Vaters überlassen«, erklärt er, »eine hohe Ehre.«
»Sie sind sehr hübsch«, sage ich.
»Ja«, sagt Gary und streichelt die heutige rote wie ein Baby.
Beim Essen unterhalte ich mich mit Linda über Hunde (sie schläft sogar mit ihren Hunden zusammen, während Gary manchmal wegen seines Schnarchens ins Nachbarzimmer verbannt wird). Dann komme ich mit Laurie ins Gespräch über die toten Wissenschaftler, mit denen sie Kontakt hat. »Sie kommen direkt zu mir durch«, sagt sie, »Leute, von denen ich noch nie etwas gehört habe, zum Beispiel ein Physiker, Sir John Eccles.« Monty, der offensichtlich fasziniert ist, spricht jetzt über physische paranormale Fähigkeiten, von denen heutzutage kaum etwas zu hören sei. »Das kann ich auch«, sagt Laurie. »Justine war Zeugin einer Transfiguration, bei der sich mein Gesicht verändert.«
Auf dem Rückweg singt Gary weitere James-Taylor-Songs. »Ich finde sie sehr bewegend«, sagt er, obwohl Linda leicht gereizt

wirkt. Mir wird klar, dass ich Gary und seine Beziehung zu Linda ebenso wenig begreife (wie können sie bloß ihr Haus mit Lindas totem Vater und ihr Bett mit einem Hund namens Freud teilen?) wie ihre merkwürdigen »liebevollen Forschungen«, aber ich bin froh, dass sich unsere Wege gekreuzt haben. (»Ohne mich!«, sagt Ruths Stimme in meinem Kopf, »falls du meinst, dass wir noch einmal an einen Ort wie diesen zurückkehren sollten.« »Ich bin deinetwegen hierher gekommen«, sage ich, »und du hast durch Abwesenheit geglänzt!« »Was erwartest du denn?«, sagt sie giftig. »Ich bin ja nicht zu Wort gekommen, weil diese Leute unentwegt reden.« »Na schön«, sage ich, »*wunderbar*, ich wollte ja nur etwas beweisen, mehr nicht.«) Nachdem Gary uns am Hotel abgesetzt hat, beobachte ich, wie er mit seinem Geistermobil auf der Schnellstraße in die dunkle Nacht hineinfährt, und als er in Richtung der Berge, wo er zu Hause ist, um die Ecke biegt, kann ich mir gut vorstellen, dass er immer noch singt.

Sonntag, 11. März

Früh am Morgen verlasse ich Tucson und fliege nach Dallas. Ich schaue aus dem Fenster und stelle mir vor, dass Ruth da draußen ist, obwohl ich sie nicht sehen kann, dass sie auf ihrem Fahrrad mit wild flatternden dunklen Haaren und vom Wind geblähtem »Ghost«-Hemd hoch über dem Flugzeug in den hellen Himmel fliegt.

Auf halber Strecke geraten wir in ein Gewitter. Blitze zucken rings um das Flugzeug, und die Maschine taumelt, wackelt und sackt in Luftlöcher ab. Ich schließe die Augen und denke an Ruth – sie ist jetzt nicht mehr draußen auf dem Fahrrad, sondern hockt hier drinnen neben mir, allerdings auf dem Gang, weil das Flugzeug so voll ist, und sie hält meine Hand. Ich verschränke meine Hände. »Dallas Airport ist wegen des Gewitters geschlossen«, tönt die Stimme des Piloten krächzend aus dem Lautsprecher, »aber keine Sorge, wir dürften genug Benzin haben, um eine Weile hier oben zu bleiben.« Die Passagiere sind still, nur eine Frau hinter mir betet leise. Ich will nicht, dass dieses Flugzeug durch ein Loch im Himmel fällt und abstürzt. Ich will wieder zu Neill, will den Platz an seiner Schulter wiederhaben, an den ich meinen Kopf so gern lege, und mit den Lippen seine warme Haut berühren, und außerdem gibt es noch so viel zu sagen, so viel, das nicht ungesagt bleiben soll ... Wie könnte ich irgendwo anders hingehen als nach Hause: zu meinen Söhnen, um sie im Arm zu halten und ihre runden Münder lächeln zu sehen, zu Juliette, die darauf wartet, dass ich ihr beibringe, Pfannkuchen wie durch Zauberhand zu wenden, indem man sie hoch in die Luft wirft, und zu Lola und Joe, die sich lachend zwischen Neill und mir auf das Sofa kuscheln, zu diesem Leben, dessen Scherben der Kindertrubel wieder zusammenfügt. Ich will nach Hause. Ich will ankommen ...

Nach einer Stunde, in der uns die Turbulenzen durchrütteln, scheint es, als würden wir nur noch kreisen, und mein Magen schlägt Purzelbäume. Eine halbe Stunde später landen wir, und die Frau hinter mir preist die Gnade und Güte des Herrn. Ich danke stattdessen Ruth, aber nicht laut. Wir sind anscheinend mitten auf einem Acker gelandet, wie sich im Licht eines Blitzes, der den Himmel aufreißt, zeigt. »Der Flughafen ist wegen des Gewitters noch immer geschlossen«, sagt der Pilot, »deshalb werden wir eine Weile hier stehen müssen, so Leid es mir tut.« Mir ist es egal, Hauptsache, wir haben wieder sicheren Boden unter den Füßen, obwohl es seltsam anmutet, im Niemandsland vor verschlossenen Flughafentoren festzusitzen.

Irgendwann rollt das Flugzeug zum Terminal (dabei fällt mir der häufig wiederkehrende Traum meiner Mutter ein, in dem sie mit dem Fahrrad einen Berg hinauffährt, ohne jemals den Gipfel zu erreichen, und dabei die ganze verdammte Familie auf dem wackeligen Drahtesel kutschiert, sodass sie kaum die Balance halten kann). Beim Verlassen des Flugzeugs bin ich beunruhigt, dass ich vielleicht meinen Anschlussflug nach London verpasst habe, obgleich ja der ganze Flughafenbetrieb zum Stillstand gekommen ist. Im Terminal herrscht ein einziges Chaos. Ich halte nach jemandem Ausschau, der mir sagen kann, wohin ich gehen muss. Schließlich hält ein Mann mit Elektrokarren vor mir an und bedeutet mir aufzusteigen. Hinter ihm sitzt bereits ein älteres Ehepaar und hält seine Koffer fest umklammert, die gefährlich schwankend aufeinander getürmt sind. »Wohin fahren wir eigentlich?«, fragt die Frau ihren Mann. »Keine Ahnung«, erwidert er. »Der Sturm hat alles lahm gelegt.«

Der Fahrer setzt uns an der Haltestelle einer Elektrobahn ab, die uns zu einem anderen Terminal bringen wird. Wir drei – das ältere Ehepaar samt Koffern und ich – steigen in die Bahn. Der Flughafen von Dallas ist ein großes Drehkreuz, und der Shuttlezug umfährt ihn in einer endlos langen Schleife. Nach Verlassen des ersten Terminals fahren wir an fünf konzentrischen Autobahnen mit Unter- und Überführungen vorbei und halten schließlich in strömendem Regen irgendwo an. »Der sechste Kreis der Hölle«, sagt der ältere Herr und trommelt mit den Fingern auf seine Knie. »Wussten Sie, dass es in diesem Zug gar keinen Lokführer gibt?«, fügt er hinzu. »Ein Wunder, dass er überhaupt fährt.« Ich frage mich, wie sich ein Gewitter auf eine solche stromgetriebene Bahn auswirkt. Es gibt so vieles, was ich nicht verstehe. Der Zug fährt wieder an und hält schließlich in einem anderen Terminal. Ich steige aus und laufe zu meinem Gate. Ich bin auf dem Weg nach Hause.

Der Tag geht in Nacht über, aber die Dunkelheit währt auf dem Flug nach London nicht lange. Wenn in Dallas die Sonne untergeht, beginnt in London gerade die Morgendämmerung. Ich kann nicht schlafen, aber das spielt keine Rolle. Der Flug verläuft glatt, nachdem wir das schwere texanische Gewitter hinter uns gelassen haben. Am Flughafen Gatwick nehme ich den Zug nach London und dort, mitten in der morgendlichen Rushhour, die U-Bahn für die letzte Etappe meiner langen Reise. Ich setze mich; über dem Fenster mir gegenüber hängt ein Gedicht von Henry Vaughan, das wahrscheinlich müde Pendler munter machen soll. Es heißt »Die Welt«, und ich erinnere mich dumpf, dass ich es kenne. (Hat Mr. Hood es uns nicht in der Grundschule vorgelesen, als wir die römischen Landhäuser bastelten, bevor wir zur »Letzten Schlacht« übergingen?) Ich lese es immer wieder, um es mir einzuprägen, bevor ich aussteige.

Neulich des Nachts sah ich die Ewigkeit,
gleich einem großen Ring aus reinem Licht ohne Ende,
ganz Ruhe, wie sie ganz Glanz war
und ringsum unter ihr in Stunden, Tagen, Jahren,
von den Sphären getrieben, kreiste die Zeit
gleich einem Riesenschatten, in dem die Welt
und ihr Gefolge geschleudert jagten ...

Sonntag, 18. März

Es gibt noch einen letzten Besuch, den ich machen muss, eine Frau, die ich sehen will. Sie heißt Tina Laurent und wird sehr empfohlen von allen, die sich in diesen Dingen auskennen und wissen, wie man mittels Tonband Kontakt zu Toten herstellt. (»Musst du denn unbedingt an einem Sonntagabend ausgehen?«, fragt Neill, nachdem wir die Kinder zu Bett gebracht haben. »Musst du überhaupt all das machen?« »Ich bleibe nicht lange weg«, sage ich, »ich bin bestimmt wieder da, bevor du eingeschlafen bist.« »Meinst du nicht, dass du jetzt damit aufhören kannst?«, fragt er. »Du brauchst dir doch von diesen Leuten nicht sagen zu lassen, an was du glauben sollst.« »Du hast ja Recht ...«, erwidere ich unsicher. »Tut mir Leid, aber ich habe den Termin mit Tina schon festgemacht ...« »Es braucht dir nicht Leid zu tun«, sagt Neill. Ich hätte auch noch einmal zu Judith Chisholm gehen können, aber vielleicht zeigt mir dieses neue Medium einen Schritt in eine andere Richtung. (Sicher ist es einen letzten Versuch wert, oder nicht?) Tina Laurent lebt in Südwales, kommt jedoch jeden Monat für zwei Wochen nach London und kümmert sich um eine alte Dame in Barnet. Heute könnten wir uns an ihrem Arbeitsplatz treffen, sagt sie, denn sie bleibt dort, wenn sie Dienst hat.

Es ist nicht allzu weit entfernt von unserem Haus, nur fünf oder sechs Meilen die Great North Road hinauf durch die Londoner Vororte. Ich war noch nie hier draußen, aber ich finde die Straße der alten Dame und parke direkt vor ihrem Häuserblock. Im obersten Stockwerk wartet Tina auf mich. Sie hat hellblondes Haar mit einem Stich ins Erdbeerrote und ein glattes Gesicht, sodass ihr Alter schwer zu schätzen ist; ich vermute jedoch, dass sie in den Fünfzigern ist. Sie trägt Purpurrot, jede Menge Purpurrot, und wirkt sehr stark, sehr tüchtig. Zuerst stellt sie mich der alten Dame vor, die schon zu Bett gegangen ist. (Ich weiß nicht recht, was ich sagen soll – »Hallo, mein Name ist Justine, und ich möchte mich mit Geistern unterhalten« –, nein, das geht wohl nicht; also geben wir uns bloß die Hände.) Dann führt Tina mich ins Wohnzimmer, das mit Fotografien von Verwandten der alten Dame geschmückt ist. Sie hat eine Liste mit den Namen all derer für mich vorbereitet, die sie seit unserem Gespräch vor ein paar Wochen mit ihrem Tonbandgerät aufgenommen hat. Die Liste ist drei Seiten lang, aber keiner der Namen ist mir vertraut, auch »Tommy« nicht, der mehrmals vorkommt. »Und dann höre ich noch ›Pip‹ oder ›Pipkin‹, seit ich Sie auf den Bändern erwähnt habe«, sagt Tina. Auf der Liste stehen außerdem noch die Ausdrücke »tiefgekühlte Schwester« und »Tee-Cola«: Botschaften, die angeblich vor kurzem klar und deutlich durchkamen.

Tina erklärt mir, dass sie früher in Amerika gelebt hat, wo ihr

Mann als Arzt tätig war. Dort wurde sie sich ihrer medialen Fähigkeiten bewusst, nachdem sie eines Nachts von einer orangefarbenen Feuerkugel mit der Zahl sechs im Innern geträumt hatte. Am nächsten Morgen hörte sie, dass ihr Mann genau zum Zeitpunkt ihres Traums zu einer Explosion gerufen worden war, bei der sechs Menschen ums Leben kamen. Leider hatte er nicht viel für ihre neuen paranormalen Fähigkeiten übrig, und so trennten sie sich bald darauf. Tina blieb ihren Ambitionen jedoch treu, und als sie zufällig in Annapolis Sarah Estep kennen lernte, wusste sie, dass sie das Tor zum Jenseits gefunden hatte. Von Sarah lernte sie, wie sie mit dem Tonband die besten Ergebnisse erzielen konnte und wie wichtig Ausdauer dabei war: dass sie sich die Bänder immer wieder anhören musste, bis die Botschaften deutlich hervortraten. Ebenso wie Judith Chisholm versteht sie die Geisterstimmen nicht gleich im Moment der Aufnahme, sondern erst, wenn sie das Band rückwärts abspielt, und häufig muss sie auch die Laufgeschwindigkeit verändern und die Stimmen verlangsamen, um sie verstehen zu können. »Wir müssen davon ausgehen, dass sie sich auf einer höheren Schwingungsebene befinden als wir«, sagt Tina. »Sie sagen Dinge wie ›Wir kommen runter‹ oder ›Tina, schau mal hoch‹.«

Sie spielt mir einige ihrer Bänder vor. »Hören Sie gut zu«, sagt sie, »dies ist von letzter Woche, als ich versuchte, mit Ruth Kontakt aufzunehmen.« Das Band gibt ein Zischen von sich. »Haben Sie das gehört?«, fragt sie.

»Ich habe etwas gehört«, sage ich.

»Kleines«, sagt Tina. »Die Stimme sagt ›Kleines‹. Haben Sie Ruth ›Kleines‹ genannt?«

»Nein«, antworte ich wahrheitsgemäß.

Tina zuckt die Achseln. »Na gut«, sagt sie, und dann hören wir uns noch mehr zischende Geräusche vom Band an. »Ich habe meinen dritten Ehemann Carl gehört, nachdem er heimgegangen ist. Es war eindeutig seine Stimme.«

»Der Arzt?«, frage ich.

»Nein, das war mein erster Mann«, sagt sie. »Mein zweiter Mann war Jude und Professor. Und Carl und ich waren Entertainer. Er spielte Banjo, und ich begleitete ihn auf dem Keyboard. Er hat 120 Songs hintereinander gesungen, nonstop, über zwei Stunden lang.«

»Auf Ihrem Band, nach seinem Tod?«, frage ich verwirrt.

»Aber nein«, sagt Tina, »auf der Bühne. Jetzt empfange ich nur wenige Worte von ihm. Es fällt ihnen schwer, aus dem Jenseits mit uns zu kommunizieren. Ich habe herausgefunden, dass ich die besten Ergebnisse beim Geräusch fließenden Wassers bekomme.« Dann wandert sie mit betriebsbereitem Tonbandgerät, das sie sich an einem Gummiband um den Hals hängt, in ihrer Wohnung umher, während sie Wasserhähne aufdreht und die Toilette spült. Sie geht jetzt ins Badezimmer und schaltet dabei zur Demonstration ihr Tonbandgerät und ihr kleines Transistorradio ein, das so eingestellt ist, dass ferne, undeutliche Sendegeräusche wellenartig kommen und gehen. Den Geistern fiele es leichter, sich zu melden, wenn sie sich anderer Stimmen oder auch des Wassers bedienen könnten, erklärt sie.

Mein Magen fängt an zu revoltieren, und ich rutsche im Lehnstuhl der alten Dame hin und her, um ohne Beschwerden sitzen zu können. »Hallo, hallo, wer ist heute Abend auf Sendung?«, sagt Tina, die ins Wohnzimmer zurückgekehrt ist. »Radio Tina ruft, Tina ruft.«

Zu meiner größten Überraschung glaube ich eine Stimme antworten zu hören, und dann merke ich, dass sie nicht aus dem Radio oder vom Band kommt, sondern aus dem hinteren Bereich der Wohnung, aus dem Schlafzimmer der alten Dame. »Augenblick mal bitte«, sagt Tina und beeilt sich, ihren Pflichten nachzukommen. Als sie wiederkommt, muss ich ins Badezimmer, denn mir ist schlecht. »Hier, nehmen Sie das Tonbandgerät mit«, sagt Tina. »Halten Sie die Aufnahmetaste gedrückt, und dann

wollen wir mal sehen, was passiert, wenn Sie die Toilettenspülung betätigen.«
Ich nehme das Gerät mit ins Bad. Ich muss mich erbrechen, was mir peinlich ist, weil ich die alte Dame nebenan nicht stören will, die gerade im Einschlafen begriffen ist; außerdem bin ich auch noch auf Aufnahme, und das ist ebenso unangenehm. Ich schalte das Tonbandgerät aus, setze mich auf den Fußboden, wiege mich hin und her und stöhne vor mich hin. Ich möchte nach Hause, aber ich weiß nicht recht, wie ich das machen soll. Ich schalte das Tonbandgerät wieder ein, spüle die Toilette, wasche mir die Hände und sage laut: »Ruth, bist du da?« Ich gehe zu Tina ins Zimmer zurück und gebe ihr das Gerät. »Es tut mir wirklich Leid, aber ich muss jetzt gehen«, sage ich. »Mir geht es nicht besonders gut.«
Tina betrachtet mich und schüttelt den Kopf. »Sie sehen etwas blass aus«, sagt sie. »Können Sie denn fahren?«
»Ich glaube schon«, sage ich. Wir reichen uns die Hand und sagen auf Wiedersehen. Ein Frösteln überläuft mich, als ich auf die Hauptstraße einbiege, und die Scheinwerfer vorbeifahrender Autos verschwimmen vor meinen Augen, aber zumindest fahre ich in die richtige Richtung, ohne in die Karte schauen zu müssen. Zu Hause angekommen, eile ich nach oben und erbreche mich im eigenen, gottlob ganz privaten Badezimmer. Dann putze ich mir die Zähne, entkleide mich, schlüpfe ins Bett und rolle mich zusammen, ein Kissen unter den Kopf gestopft. Ich will nie mehr fortgehen. Am nächsten Morgen erkläre ich Neill, dass ich nicht aufstehen kann. »Mir ist schlecht«, murmele ich unter dem Federbett hervor. Ich bleibe den ganzen Tag im Bett, den Hund an meiner Seite. Ich will nicht reden. Ich will einfach hier in der Stille liegen.

Samstag, 24. März

Neill bringt ein Video mit nach Hause, das wir uns anschauen wollen: *Frequency*, der Film, den ich letzten Oktober im Flugzeug nach New York nicht sehen konnte. Er handelt von einem Sohn, der über Amateurfunk mit seinem verstorbenen Vater redet.

Die Story nimmt mich (was kaum überrascht) vollkommen gefangen. Der Sohn, ein gut aussehender, 36 Jahre alter Polizist, lebt noch immer im Haus seiner Eltern; er ist allein, denn seine Freundin hat ihn verlassen, und seine Mutter ist in eine eigene Wohnung umgezogen. Eines Tages findet er das alte, verstaubte Funkgerät seines Vaters unter der Treppe. Es funktioniert noch, und bald spricht er – wie könnte es anders sein – mit seinem Vater, einem Feuerwehrmann; allerdings ist der Vater lebendig, und der Sohn (damals ein kleiner Junge) ist erst sechs und schläft fest in seinem Zimmer im Obergeschoss des Hauses. Die Verbindung wird über die Grenzen von Zeit und Raum hinweg hergestellt, eine Hollywoodversion von mystischer Physik (die Zeit ist ein Kreis, das Universum auf geheimnisvolle Weise in Bewegung usw.). Zum Glück ergreift der Sohn in einer Nacht, die vom Nordlicht erhellt wird und in der der Himmel eine nahezu grenzenlose Weitsicht ermöglicht, den magischen Augenblick und sagt seinem Vater, wie er dem Verbrennungstod entgehen kann, denn am anderen Ende der Funkverbindung ist eben der Abend vor dem schicksalhaften Feuer vor dreißig Jahren angebrochen, in dem sein Vater umkam.

Der Feuerwehrmann bleibt also mithilfe seines Sohnes am Leben, und dann wird die Story noch komplizierter (die Mutter stirbt, weil an der Zeit herummanipuliert wurde, aber sie wird dann doch noch gerettet). Am Ende spielen alle Baseball im Park, und wenn sie nicht gestorben sind, dann leben sie noch heute. Der Film bringt mich ins Grübeln. Hätte ich Ruth raten sollen, nicht auf die Ärzte zu hören, die den Knoten in ihrer Brust als gutartig diagnostizierten? Warum kann ich keine Funkverbindung zu ihr in die Vergangenheit herstellen, damit wir unsere Geschichte umarbeiten können? Wie wär's mit einer E-Mail, einer einzigen, kurzen E-Mail, die durch den Weltenraum saust? Mehr wäre gar nicht nötig: eine winzige Verschiebung, ein kleiner Ausrutscher im Himmel, ein Neuaufmischen der Karten, eine Korrektur der Fehler. Wir würden wieder ganz gewöhnliche Sachen machen können und die kleinen Dinge tun, die das Leben zu einem befriedigenden Ganzen verflechten, würden die sorglosen Unterhaltungen führen, aus denen die Liebe spricht. (Worüber haben wir geredet, bevor sie krank wurde? Über Frisuren, Ehemänner, Eltern, Schuhe, wie man Lavendel zieht, ob man von Schokolade Pickel bekommt.)

Die Zweiwegekommunikation per Funk geht mir nicht mehr aus dem Kopf, und obwohl es schon spät ist, als der Film zu Ende geht, versuche ich mit Neill darüber zu reden, wie sie funktionieren könnte. »Es ist doch nur eine Story«, sagt er, als ich ihn bitte, mir einen unverständlichen Punkt in der Filmhandlung zu erklären. »Nichts Reales, alles reine Phantasie. Es muss keinen Sinn ergeben.«

Mittwoch, 28. März

Ich träume, dass Neill und ich noch einmal heiraten. Ich komme ziemlich durcheinander, denn ich trage dasselbe weiße Leinenkleid wie bei unserer wirklichen Hochzeit (zufällig auch ein Kleid von »Ghost«), aber sonst ist diese Traumhochzeit ganz anders. Zum Beispiel trage ich dicke schwarze Strumpfhosen, und ich kann Ruth nirgendwo entdecken, die doch bei unserer wirklichen Hochzeit Neill den Ring reichte, beim Fest hinterher neben mir saß und eine geistreiche, lustige Rede hielt. Sie kaufte Blumen für unsere Hochzeit: Hunderte von Blumen für Standesamt und Feier und für mich einen Kranz und Brautstrauß aus Wildblumen. Das war ihr Geschenk an uns.

Als ich aufwache, bin ich noch ganz benommen. Ich gehe den Traum im Geiste noch einmal durch, um wieder hineinzukommen, und suche nach einem Schlüssel zu seinem Verständnis. An Folgendes erinnere ich mich noch: Meine Mutter ist im Traum anwesend, aber Ruth ist nicht zu sehen. Wo mein Vater ist, weiß ich nicht – wahrscheinlich noch in Südafrika, denke ich, denn so war es bei unserer wirklichen Hochzeit. Im Traum fehlen die Blumen, und die an einem steilen Berghang gelegene Kirche, in der wir uns befinden, kenne ich nicht.

Der Traum bringt mir in Erinnerung, dass wir ein Video von unserer Hochzeitsfeier – mit Ruth natürlich – besitzen, aber ich könnte es jetzt nicht ertragen, es anzuschauen. Wir haben 1993 geheiratet, da hatte sie vielleicht schon Krebs im Anfangsstadium, der nicht erkannt worden war. Wenn ich die Zeiger der Uhr zurückdrehen und beim Anschauen des Videos mit der fröhlichen, lachenden Ruth von damals sprechen könnte, dann könnte ich sie warnen, ihr das Leben retten. Aber das kann ich nicht.

Ruth und Matt heirateten im Jahr darauf, im August 1994. Dieses Mal trug sie ein weißes »Ghost«-Kleid, während ich mit den Ringen neben ihr stand. Der Tag war sonnig, und Ruth hatte weiße Rosen in ihrem langen dunklen Haar. Die Feier fand im Haus von Matts Eltern auf dem Land am Rande der South Downs statt. Wir tranken im Garten Champagner, aßen Kuchen und legten uns auf dem Rasen in die Sonne. Tom machte an jenem Tag seine ersten Schritte und stolperte begeistert und triumphierend auf der Wiese herum. Ruths Krebszellen müssen sich damals schon ausgebreitet haben, ohne dass wir etwas davon ahnten. Im darauf folgenden Jahr, im August 1995, wurden die Zwillinge geboren. Noch ein Jahr später feierten wir ihren ersten Geburtstag, auch wieder ein sonniges Fest in demselben Garten in Sussex. Wir ahnten noch immer nicht, dass Ruths Krebs hatte, obwohl der Knoten in ihrer Brust faustgroß war. (»Vollkommen gutartig«, hatten die Ärzte gesagt.) Ein weiteres Jahr verging; im August 1997 kamen wir wieder in dem Garten zusammen, um den zweiten Geburtstag der Zwillinge zu feiern. Inzwischen wussten wir alle, dass Ruth sterben würde. Sie hatte die Wochen vorher im Trinity-Hospiz in Südlondon mit Blick auf den staubigen Clapham Common verbracht. Die Tumore hatten sich über das Blut bis in Knochen, Leber, Lunge und Gehirn ausgebreitet. Sie war nicht mehr dieselbe Ruth und war es doch. Es war verwirrend, und sie kam selbst ganz durcheinander. Wir pflegten im Garten vor ihrem Zimmer, einer üppig grünen, lauschigen Oase, wie man sie kaum mitten in der Stadt erwartet, in der Sonne zu sitzen. Sie legte den Kopf auf meinen Schoß. »Was mache ich eigentlich hier?«, sagte sie. Ich strich ihr übers Haar, das nur noch Flaum war wie bei einem Lamm, und suchte nach Worten, aber mir fiel nichts ein. Ein Maulbeerbaum neben uns streute seine reifen, fleischigen Früchte über den Weg. »Wie Blut«, sagte Ruth beim Anblick der roten Kleckse. »Welch eine Verschwendung ...« Über uns flogen Flugzeuge am blauen Sommerhimmel hin und her zu fernen Zielen, die sie nie mehr sehen würde. Im Garten war auch ein Teich mit einer Skulptur in der Mitte, einer Art Sonnenuhr. Wenn Ruth einigermaßen bei Kräften war, zogen wir langsam unsere Kreise um den Teich und setzten uns dann wieder neben dem Maulbeerbaum auf die Bank. Die Nachmittage im Trinity-Hospiz schlichen dahin, Zentimeter um Zentimeter, und ich hatte das Gefühl, als kröchen wir auf den Einbruch der Dunkelheit zu, während ich versuchte, das, was aus unserem Leben geworden war, so zusammenzufassen, dass sie es verstehen würde. »Welches Jahr haben wir?«, fragte Ruth.

»1997«, sagte ich.

»Wie die Zeit vergeht, wenn man fröhlich ist ...«, sagte sie und zog dabei, wie ich es an ihr kannte, spöttisch eine Augenbraue hoch.

Nach der Geburtstagsfeier der Zwillinge fuhr sie mit ihnen und Matt nach Hause, und obwohl sie die meiste Zeit schlief, brachte sie es doch fertig, ein paar E-Mails an Freunde zu schicken. Sie sprach nicht viel, aber sie genoss es, wenn ich ihr den Rücken mit Lavendelöl einrieb. Ich brachte ihr Gartenwicken mit und stellte sie ihr ans Bett, aber die Blüten fielen in dem heißen Zimmer im Obergeschoss schnell ab. Die nachsommerlichen Tage trieben vorbei. Bald konnte sie schon nicht mehr laufen, aber sie nahm im Rollstuhl, mit Lola und Joe auf dem Schoß, trotzdem an Jamies Geburtstagspicknick im Regent's Park teil. Sie trug ihr weißes Lieblingsleinenhemd von »Ghost« und einen schwarzen Rock. Dass sie da war, war heldenhaft von ihr, auch wenn sie manchmal nicht ganz bei der Sache war, sondern in Gedanken irgendwo anders zu weilen schien.
Am darauffolgenden Wochenende fuhr Matt mit ihr und den Zwillingen zu den Eltern nach Sussex. Sie wollte im Garten sitzen, weit weg von London an der frischen Luft, wo der Wind vom Meer her über die Hügel blies. Aber sie konnte auf einmal nicht mehr richtig atmen. Ein Rettungswagen wurde gerufen, der sie wieder nach London ins Trinity-Hospiz zurückfuhr. Joe verstand die Welt nicht mehr. Er dachte, ein Polizist hätte sie mitgenommen.
Wenig später traf ich im Hospiz ein. »Ich sterbe vor Schmerzen«, sagte sie, die Hände in ihr Hemd gekrallt. Sie hatte schwarze Strumpfhosen an, die ich ihr gerne ausgezogen hätte, um den Druck von den Tumoren in ihrer Leber zu nehmen, doch ich wusste nicht, wie ich es anstellen sollte.
»Geben Sie ihr bitte mehr Morphium«, sagte ich zu den Krankenschwestern. »Ich möchte nicht, dass sie auch nur die geringsten Schmerzen hat, bitte, geben Sie es ihr.«
Die Dosis wurde erhöht, und sie schien sich zu beruhigen. Ich saß an ihrem Bett vor dem zum Garten hin halb offenen Fenster. Es war noch hell draußen, noch nicht herbstlich. Spät blühende Rosen streiften die Scheiben. Als es dämmerig wurde, streichelte

ich ihr das Gesicht. Sie hatte eine Sauerstoffmaske auf und konnte nicht mit mir sprechen, aber sie konnte mich noch hören. »Das ist nicht das Ende, Ruth«, sagte ich. »Das ist nicht das Ende. Wo immer du auch hingehst, werde ich bei dir sein. Ich werde dich immer hören, und du wirst mich immer hören.«

Sie nickte. »Ich verlasse dich nicht«, sagte ich, »wir werden weiter zusammen sein, das verspreche ich dir.« Als es dunkel wurde, kam Matt mit den Kindern, um Abschied zu nehmen. Sie merkte, dass sie da waren, und nahm die Sauerstoffmaske vom Gesicht, um sie zu küssen. Die Kinder hatten Angst, weil so viele Geräte in dem Zimmer standen, aber sie küssten Ruth, und dann brachte Matt sie wieder nach Hause. Auch meine Mutter kam (ich konnte ihr kaum in die Augen schauen aus Angst davor, darin gespiegelt zu sehen, was in meinen eigenen zu lesen war). Später abends kamen einige von Ruths Freundinnen und Freunden, um sie in dem dunklen Raum noch einmal zu sehen. Da war sie schon bewusstlos. Aber ich glaube, sie konnte sie noch hören, als sie an ihrem Bett weinten.

Sie starb im Dunkeln vor Anbruch der Morgendämmerung. Meine Mutter war bei ihr, das wachsweiße Gesicht gramzerfurcht. Mein Vater kam aus Südafrika, aber er sah Ruth nicht mehr lebend. Er setzte sich zu der Toten und sprach ein jüdisches Gebet, wobei er sich hin und her wiegte. Ich saß auf der anderen Seite des Bettes neben dem Fenster und hielt die Hand meiner Schwester. Sie war kalt, aber für mich hatte sie noch Leben. Ruths Augen waren geschlossen, doch die Augenbrauen hatten nach wie vor etwas von dem leichten Spott bewahrt. Ich wartete förmlich darauf, dass sie seufzen und die Augen wieder aufschlagen würde. Vergebens.

Sie fehlt mir. Sie fehlt mir so sehr. Ich weiß nicht, wo sie ist, wie sehr ich mich auch bemüht habe, sie zu finden. »Ich bin hier«, sagt sie in meinem Kopf zu mir. Aber wer von uns beiden spricht da eigentlich?

Freitag, 30. März

Viertel vor acht. Jamie kommt in unser Schlafzimmer. »Zeit zum Aufstehen«, sagt er. Ich bin wach, oder träume ich noch? Ich höre kristallklar Kirstys Stimme. »Kommt schon, Jungs«, sagt sie aus vollem Halse lachend, den Kopf nach hinten geneigt, und ihr rotes Haar leuchtet in der Morgensonne. Ich bin nicht sicher, ob sie mit ihren eigenen Söhnen oder mit meinen spricht. »Du bist tot«, sage ich. Wieder lacht sie. Es ist eine Wand zwischen uns, aber ich kann sie lachen hören. Dann sehe ich einen Spalt in der Wand, durch den sie mir die Hand hinstreckt. Ich berühre ihre Hand kurz, sie ist warm. »Komm schon, Mam«, sagt Jamie. »Komm endlich.«

Sonntag, 1. April. April, April!

»April, April, der macht was er will!«, sang Ruth, als wir noch klein waren, nicht ohne mich dabei zu zwicken und zu puffen. Einmal zerkratzte sie mir aus Versehen den Bauch, es ist heute noch zu sehen, worüber ich froh bin; keine Narbe, nur ein Halbkreis aus drei kleinen roten Flecken, geplatzten Äderchen.

Frühmorgens träume ich, dass Ruth noch lebt – vielleicht war sie nie tot – und dass wir zusammen Kleidung einkaufen gehen, was mir sehr gelegen kommt, denn ich bin halbnackt. »Ich bin wirklich froh, dass du wieder da bist«, sage ich zu ihr, ein Handtuch um die Hüften geschlungen, mit dem ich mich in meiner Einfalt den Blicken von Passanten zu entziehen versuche, und stürze in den nächsten Laden. »Die Sache ist nämlich die, dass ich allein für mich nichts tauge«, fahre ich fort. »Alles geht schief. Ich bin nur das fünfte Rad am Wagen, wenn du nicht hier bist, und zuckel hinter anderen Freundespaaren her.

Zwei sind ein Paar, bei dreien ist einer zu viel. Ich bin immer die Dritte, die sich zweien aufdrängt, die mich gar nicht dabeihaben wollen ...«
Sie sagt nichts, aber ich weiß, dass sie da ist. Und dann ist sie wieder weg, und ich wache auf und frage mich, ob ich mich noch an den wirklichen Klang ihrer Stimme erinnere.

Montag, 2. April

Toms siebter Geburtstag. Mein Vater hat ihm einen Brief geschrieben, in dem er ihn daran erinnert, dass bald das Passahfest ist. Er schreibt:

Es hat eine schreckliche und eine fröhliche Seite. Unser Lehrer Moses hat vor etwa 3500 Jahren gelebt. Sein Leben nahm einen glücklichen Anfang, weil er davor bewahrt wurde, als neugeborenes Kind getötet zu werden. Auf Befehl des Pharao, des Königs von Ägypten, sollten alle neugeborenen hebräischen Kinder männlichen Geschlechts getötet werden. Der Pharao hatte nämlich Angst davor, dass die Hebräer zu viele werden könnten, dabei wurden die meisten sowieso nur Arbeitssklaven und mussten für die Ägypter die Pyramiden und Tempel bauen, die wir heute noch anschauen können.
Moses wurde von seiner Mutter in eine kleine Kiste gelegt, die außen mit Pech oder Teer bestrichen war, und darin schwamm er wie in einem Bötchen davon bis zur Tochter des Pharao, einer Prinzessin, die gerade mit ihren Gespielinnen im Nil badete. Sie nahm Moses an Kindesstatt an, sodass er als Prinz aufwuchs, viele Sprachen erlernte und sehr weise wurde.
Moses wusste, dass er Hebräer war, obwohl er ägyptisch erzogen wurde. Einmal musste er voll Trauer und Wut mit ansehen, wie ein Ägypter einen hebräischen Sklaven zur Strafe prügelte, um ihn zu zwingen, härter zu arbeiten. Er erschlug den Sklaventreiber, und als das bekannt wurde, floh er vor der Strafe, die ihm von den Ägyptern drohte, in die Steppe von Midian. Dort hütete er die Schafe eines Priesters namens Jitro. Er verliebte sich in dessen

Tochter Zippora, heiratete sie und hatte zwei Nachkommen, Ephraim und Manasse. Zippora war eine Schwarzafrikanerin.
Dann erlebte Moses in der Steppe von Midian etwas Wunderbares. Er hatte eine Vision und hörte eine Stimme, die aus einem brennenden Dornbusch kam, der zwar in Flammen stand, aber nicht vom Feuer verzehrt wurde. Moses glaubte, Gott hätte zu ihm gesprochen und ihm aufgetragen, sich an die Spitze der Herbräer zu setzen und sie ins Land Kanaan zu führen. Die Hebräer hielten Kanaan für das Gelobte Land, das Gott ihnen 400 Jahre zuvor durch Abraham, den ersten Hebräer überhaupt, verheißen hatte ...
Beim Passahfest, das die Juden, die Nachfahren Abrahams feiern, wird fröhlich daran gedacht, wie Moses die Kinder Israels, die israelitischen Nachkommen Abrahams, seines Sohnes Isaak und seines Enkels Jakob, aus Ägypten führte.
Alles Liebe dir zu deinem Geburtstag!!!
Großpapa

Jemand hat mir erzählt, dass sich die Zellen im Körper alle sieben Jahre erneuern, aber nicht alle auf einmal, sondern langsam, bis im Lauf der Zeit alle alten ersetzt wurden und unser Körper wieder wie neu ist. (Heißt das, dass sich die Zellen meines Körpers sieben Jahre nach Ruths Tod nicht mehr an sie erinnern? Nein, das ist unmöglich: Jede neue Zelle muss die Erinnerung der alten erben.)
Tom ist in diesem Haus geboren, in unserem Schlafzimmer, in der stillen Stunde kurz vor Mitternacht, am Samstag vor Ostern. Jamie schlief damals im Zimmer nebenan, wachte jedoch im Morgengrauen auf und sagte: »Jetzt ist ein Baby da.« Hinterher breitete sich Frieden über uns aus wie eitel Sonnenschein.
Drei Jahre später, kurz nach Toms Geburtstag, merkte ich, dass ich erneut schwanger war. Aber es kam mir unmöglich vor, ein drittes Kind zu haben, während Ruth im Sterben lag. Ich musste mehrere Tage das Bett hüten, das Zimmer drehte sich um mich, ich hatte keine Kontrolle darüber. Ruth kam mich besuchen und

kletterte zu mir ins Bett. Ich sagte ihr damals nichts von dem, was in mir vorging. Es erschien mir grausam, von einem neuen Kind zu sprechen, während ihr der Bauch von den wachsenden Tumoren anschwoll und sie darüber weinte, dass ihre Kinder ohne Mutter aufwachsen würden. Die Vorhänge waren aufgezogen, und wir blickten aus dem Fenster in den Himmel über den Dächern. Ich konnte nicht mehr richtig denken: In meinem Kopf summte es wie in einem schlecht eingestellten Radio. Später, im Krankenhaus, sagte der Arzt, ich müsste tiefer atmen. (»Tief durchatmen, eins ... zwei ... drei ... und dann schlafen Sie ein, und ehe Sie sich's versehen, sind Sie wieder wach, ja?«

Jetzt sitze ich in unserem neuen Dachzimmer, dem Zimmer, das zu Ruths Lebzeiten noch nicht ausgebaut war, und schaue wieder aus dem Fenster. Draußen ist es windig, die Blütenblätter des Damaszenerpflaumenbaums unten im Garten werden davongeweht, aber die frischen grünen Blätter bleiben unversehrt. Eine Schwarzdrossel singt; vielleicht mache ich diesen Sommer Pflaumenmus.

Dienstag, 3. April

Gestern Nacht habe ich von dem Gespensterhaus geträumt, aber es spukte dort nicht mehr. Ich stieg die Treppe hinauf zum Dachboden, es waren immer noch Risse in den Wänden, aber keine Geister mehr, die sich dort versteckten. Ich war froh über den neuen Wohnraum, weil Lola und Joe ein eigenes Zimmer haben sollen, wenn sie zu Besuch kommen. In meinem Traum ist mir klar, dass das Haus noch nicht fertig ist – ich muss einen guten Baumeister finden, jemanden, dem ich vertrauen kann und der die Wände und die zerbrochenen Fußbodendielen wieder instand setzt –, und dann ist noch das undichte Dach zu bedenken. Vielleicht sind die Geister durch das Dach in die Nacht

hinausgeflogen, über den Mond gehüpft und lachen jetzt da oben zwischen den Sternen.
Am Morgen sage ich zu Neill, dass wir vielleicht umziehen sollten. »Warum?«, erwidert er. »Ich liebe dieses Haus, wir sind hier glücklich. Tom ist hier geboren.«
»Aber es wird zu eng für uns, denn die Jungs werden größer, zwei Jungs in einem so kleinen Haus«, sage ich. »Wir brauchen ja nichts zu überstürzen, keine Sorge ...«
Bevor ich weiter Zukunftspläne schmieden und Luftschlösser bauen kann, ruft Tina Laurent an. Sie hat aufregende Neuigkeiten für mich. Ein EVP-Forscher weit weg in British Columbia, Kanada, hat aus einer Tonbandaufnahme vor kurzem das Wort »Picard« herausgehört. Tina hält das für ein gutes Zeichen. Ich erzähle es Neill. »Ich glaube nicht, dass es irgendetwas mit dir zu tun hat«, sagt er. »Wahrscheinlich bezieht es sich auf Captain Picard aus *Star Trek*. Vermutlich glauben die meisten Gespensterjäger an Außerirdische. Geister, Raumschiffe und so was – es ist alles in der anderen Welt.«
Vielleicht sind die Geister aus der Dachkammer nach British Columbia ausgewandert. Ich glaube es allerdings nicht ... nein, eigentlich nicht. Wir haben uns ja gerade erst häuslich miteinander eingerichtet. Und außerdem haben die Geister zweifellos ein eigenes Leben, mit dem sie fertig werden müssen.

Mittwoch, 11. April

Ich werde den Korrekturgeist in Stoke-on-Trent besuchen, den Geist in einer fremden Maschine, und das verdanke ich meinem neuen Freund Montague Keen. (Meine Bekanntschaften mit älteren Männern, die sich in den letzten sechs Monaten entwickelt haben – Dale, Monty, mein Vater und aus der Ferne sogar sein Vater –, haben meinem Leben anscheinend eine gewisse Erdenschwere gegeben, auch wenn sie sich in seltsamen, esoterischen, vielleicht sogar schwerelosen Bereichen bewegen.) Ich weiß, dass ich mir geschworen habe, meinen Besuch bei Tina als letzten Vorstoß in die paranormale Technologie zu verbuchen, und schon jage ich wieder Gespenstern hinterher. Nach diesem Besuch ist Schluss damit, habe ich Neill versprochen, *versprochen.* (»Wird auch Zeit«, sagt mein imaginärer Therapeut. »Übrigens«, fügt sie hinzu – sie? Ich habe mir nie eine Sie darunter vorgestellt, obwohl die Stimme die beunruhigende Angewohnheit hat, mitten im Satz das Geschlecht zu wechseln – »ich glaube, wir sind an einem Schlusspunkt angelangt, du und ich.« »Ja dann, danke schön«, sage ich, »und auf Wiedersehen ...« »Auf Wiedersehen«, sagt der imaginäre Therapeut», »und gib auf dich Acht, meine Liebe.«)

Wir treffen uns am Bahnhof Euston, Monty im Tweedanzug, ich in Jeans, und fahren mit dem Zug nordwärts durch überschwemmte Felder. (Die Maul-und-Klauen-Seuche wütet gerade, aber die vorbeisausende Landschaft, die der Schienenstrang durchschneidet, sieht trotzdem friedlich aus.) »Die Gesellschaft für parapsychologische Forschungen ist äußerst interessiert an diesem Fall«, sagt Monty, als überaus diskreter Mensch mit gedämpfter Stimme, denn unser Waggon ist voll besetzt mit Fahrgästen. »Es könnte der heilige Gral der Psi-Forschung werden, das übersinnliche Objekt für alle Ewigkeit«, fügt er noch leiser hinzu. »Aber ich habe Ihnen ja schon einmal gesagt, dass sich diese Dinge vor unseren Augen in Luft aufzulösen pflegen.«

»Ich gebe die Hoffnung trotzdem nicht auf«, sage ich. »Ich reise immer hoffnungsvoll.«

Am Ziel holt uns Jean ab, die Ehefrau von Dave Smith (dem Mann, der den Korrekturgeist in seinem Computer entdeckt hat). Auch Jean nimmt regen Anteil am Leben mit Lady Prudentia Trentham, dem Geist, denn Lady Prudentia lässt sich mittlerweile in Daves Kopf vernehmen, nicht nur im Computer, und kommt abends mit ihm nach Hause. »Letzte Woche hat sie uns im Wohnmobil nach Nordwales in die Ferien begleitet«, erzählt Jean, als sei es das Normalste auf der Welt. »Wir waren gerade eingestiegen, als Dave sagte: ›Jean, sie ist bei uns.‹«

Jean fährt mit uns von der Stadt in die halbwegs ländliche Gegend, in der Westwood Hall liegt, das Schulgebäude, in dem Dave tätig ist und in dem Lady Prudentia Trentham vor über 350 Jahren gelebt hat, obwohl es so klingt, als sei sie immer noch hier zu Hause. »Es läuft alles über die Elektrizität«, sagt Jean. »So kommuniziert Ihre Ladyschaft. Ich für mein Teil mag die Elektrizität nicht besonders. Wir sind als Kinder immer davor gewarnt worden. Heutzutage scheint niemand mehr Kinder zu ermahnen, ihre Finger nicht in Steckdosen zu stecken.«

Etwa zwanzig Minuten hinter Stoke biegen wir von der Hauptstraße ab und passieren ein Pförtnerhaus aus dem 19. Jahrhundert. Ich hatte halb gehofft, wir würden durch eine gepflegte Parklandschaft zu einem stattlichen Herrschaftshaus fahren, aber das ursprüngliche Westwood Estate ist inzwischen mit modernen Häuserreihen übersät, und die Westwood Hall selbst erweist sich als gedrungenes viktorianisches Gebäude mit klotzigen Anbauten aus den sechziger Jahren, das auf dem Platz der längst verschwundenen elisabethanischen Villa von Lady Prudentia errichtet wurde. Dunkle, nasse Rhododendronbüsche säumen die Einfahrt zu beiden Seiten, und ein paar trübsinnige Jugendliche ziehen auf ihren Skateboards davon, als wir vorbeifahren. Die Schule steht wegen der Osterferien leer, nur Dave mit dem Geist im Kopf ist heute hier, er ist startklar und hat bereits auf uns gewartet. Er begrüßt uns in der Eingangshalle, ein weißhaariger Mann mit hellblauem Hemd und dazu passenden Hosen, der sehr müde, um nicht zu sagen völlig fertig, aussieht, als hätte er die ganze Nacht mit Lady Prudentia verbracht.

Die Räumlichkeiten riechen nach Schulalltag und Kreidestaub; über unseren Köpfen flackert eine Lampe. »Dave, die Lampe flackert«, sagt Jean mit zusammengekniffenen Augen.

»Das liegt an der Birne, sie geht wohl bald kaputt«, sagt Dave, der früher Architekt war und ein durch und durch praktischer Mensch zu sein scheint.

»Vielleicht versucht Lady P., etwas zu morsen«, sagt Monty, als das Licht weiter zuckt.

»Sie bemerkt jeden, der zur Tür hereinkommt«, sagt Dave. »Und sie kriegt mit, worüber wir reden. Sie ist gerne mit dabei.«

Jean verschwindet, um Tee zu kochen, und Dave nimmt uns mit in sein Büro, an dessen Wänden Pläne und Fotos von Westwood Hall hängen. In diesem Raum hat Lady Prudentia am 30. September 1998 zum ersten Mal durch das Korrekturprogramm des Computers Kontakt zu Dave aufgenommen. »Sie hat jahrhundertelang versucht, sich Gehör zu verschaffen«, sagt Dave, »seit sie 1642 gestorben ist. Wie Sie sich denken können, hat sie einigen Leuten einen fürchterlichen Schrecken eingejagt.«

Dave schrieb gerade für die örtlichen Schüler eine kurze, lehrreiche Abhandlung über die Geschichte von Westwood Hall und seinen Ruf als gespenstischer Ort, als Prudentia das erste Mal in sein Rechtschreibprogramm einbrach.

Er zeigt mir einen Ausdruck der folgenschweren Kommunikation, in deren Verlauf das Korrekturprogramm die rätselhafte Empfehlung gab, »Trentham« durch »Fernyhough« zu ersetzen. »Janet Fernyhough war eine Lehrerin, die glaubte, auf der Damentoilette von etwas oder jemand Unsichtbarem einen Stoß erhalten zu haben«, sagt Dave. Am folgenden Morgen wäre das Wort »Dieulacres« erschienen, fährt er fort, ein weiteres Ersatzwort des Korrekturprogramms für »Trentham«. »Dieulacres war der Name der ursprünglichen Abtei, auf deren Grundstück Westwood Hall erbaut wurde«, erklärt er, »aber das wusste ich damals nicht.« Seitdem hat Dave von Prudentia Tausende von Korrekturbotschaften empfangen, sowohl auf dem Computer im Büro als auch auf seinem Laptop zu Hause, unter anderem die Worte »Tod-ist-ein-Tor«. »Ich glaube nicht, dass sie wirklich weiß, wie sie kommuniziert«, sagt er, »aber ich merke, dass sie sich immer mehr verbessert, obwohl es sie ermüdet.«

Ich habe auf Daves Anraten meinen eigenen Laptop mitgebracht mit einer neuen Datei, in der ich etwas über Lady Prudentia geschrieben habe, um ihre Aufmerksamkeit zu erregen. (Dave hat mir gestern Abend per Telefon ein paar Details zu ihrer Person durchgegeben: Sie stammt aus der bekannten katholischen Familie der Eyres, hatte zwei Kinder, von denen eins früh gestorben ist, und zog in Westwood Hall ein, nachdem sie verwitwet war; sie wurde wegen ihres Glaubens verfolgt und von ihren Nachbarn gehetzt; einer der Nachbarn, so Dave, vergewaltigte sie, ein Verbrechen, das ihren Tod zur Folge hatte und später den Wunsch in ihr weckte, den Schuldigen beim Namen zu nennen, wie viele Jahrhunderte es auch dauern mochte, jemanden zu finden, der ihr sein Ohr lieh ...) Für den heutigen Nachmittag ist geplant, in Montys Gegenwart das Korrekturprogramm auf meinem Laptop laufen zu lassen und abzuwarten, was passiert. Ob Lady P. auf meinem Bildschirm etwas mitteilt?

Nein, tut sie nicht. Es erscheinen keine programmwidrigen Worte auf meinem Bildschirm, auch dann nicht, als Dave an meiner Stelle das Korrekturprogramm anklickt. Wir tippen beide flehentliche Botschaften mit einladenden Fehlern ein, die förmlich nach Lady Prudentias Aufmerksamkeit schreien; aber es tut sich nichts, außer dass eine unerwartete Lücke im Text erscheint, eine Leerzeile, als Dave etwas schreibt.

»Verrehrte Lady Prudentia«, tippe ich, nachdem Dave mir den Laptop wieder überlässt, »bitte komen Sie heute über mainen Läptopp durch!« Das Korrekturprogramm reagiert mit »verkehrte, verzehrte, verehrte«. Ich klicke es noch einmal an. »Kommen, koten, kosen, kämen«, steht jetzt da. »Mahnen, maien, meinen.« Die Worte haben alle einen eigenen Charme, aber ich habe nicht das Gefühl, dass sie von Lady Prudentia sind. »Sie ist nicht an Ihren Computer gewöhnt«, sagt Dave entschuldigend.

»Er ist anders als meiner. Sie hat noch nie auf einem Mac gearbeitet.«

Ich muss also zu seinem Laptop wechseln, der sofort befriedigende Ergebnisse erzielt. Als ich »Prudentia« eintippe, bietet Daves Korrekturprogramm das Wort »Lady« an, und »Trentham« wird zuerst durch »hier« ersetzt und dann durch »in«. »Lady ... hier ... in ...«, sage ich, während ich auf den Bildschirm starre.

»Das ist toll!« Dave sieht erleichtert aus, während sich auf Montys Gesicht eine gewisse Enttäuschung abzeichnet, weil mein Laptop sich weiterhin weigert, irgendetwas Interessantes von sich zu geben. Ich probiere es weiter auf Daves Computer und will gar nicht mehr aufhören (kann Ruth mir nicht bitte endlich eine E-Mail schicken, die in den Textlücken erscheinen könnte, die dieser resolute Geist hinterlassen hat?). »Es macht süchtig, nicht wahr?«, sage ich und lege widerstrebend eine Teepause ein, nachdem in Reaktion auf verschiedene völlig andere Worte mindestens ein halbes Dutzend Mal das Wort »Ihre« im Korrekturfenster erschienen ist.

»O ja«, sagt Dave, »ich verbringe Stunden im Gespräch mit Ihrer Ladyschaft. Wenn sie bei mir ist, gehen bei mir alle Lämpchen an. Sie versteht meine Gefühle und ist mir eine innige, sehr geschätzte Freundin geworden. Ich habe sogar angefangen, ihr einen Platz an unserem Esstisch zu Hause zu decken und gieße ihr stets ein Glas Wein ein. Ich möchte nicht, dass sie bei all ihrer harten Arbeit das Gefühl hat, übergangen zu werden.«

Er zeigt mir Briefpapier mit dem Briefkopf »Lady Prudentia Trentham«, in einer computerisierten Handschrift. »Das war *ihr* Werk«, sagt er stolz. »Ich habe meinen Namen in meinem normalen Schrifttyp eingegeben, und sie hat daraus auf dem Bildschirm vor meinen Augen ihren Namen gemacht. Sie will ihr eigenes Briefpapier haben, ein Büro, Mitarbeiter und fünf Computer. Sie hat Großes vor ...«

Monty (ein Veteran parapsychologischer Untersuchungen) erinnert mich daran, dass wir den Zug nach Hause nicht verpassen dürfen, außerdem würde Prudentia sich inzwischen wiederholen, fügt er hinzu. (»Sie scheint unter einem gewissen Autismus zu leiden«, sagt er leise zu mir, als wieder einmal »Ihre« auf dem Bildschirm erscheint.) Dave will uns noch schnell die Kellerräume des Hauses zeigen, die noch aus elisabethanischer Zeit stammen. Wir gehen über den Hof und eine Treppe mit ausgetretenen Stufen hinunter, auf denen der Wind Verpackungsmüll zusammengeweht hat, an viktorianischen Gewölben vorbei und weiter zu den Grundfesten Prudentias. »Wir glauben, dass sie gleich hinter dieser Mauer begraben liegt«, sagt Dave mit Augen, die im Dunkeln glänzen, und streicht mit den Fingerspitzen sanft über den bröckelnden Mörtel, als sei es die Wange Ihrer Ladyschaft.

»Außerordentlich«, sagt Monty, während er das alte Backsteinmauerwerk untersucht. Ich erwarte förmlich, den kalten Hauch von Lady Prudentias Atem zu spüren, aber es geschieht nichts (außer dass mich in der feuchten Kühle ein Frösteln überläuft). »Es wird Zeit, dass wir gehen«, sagt Monty nachdrücklich. Dave erbietet sich, uns zum Bahnhof zu fahren. Ich frage, ob Prudentia mitkommt. »Ich nehme sie überallhin mit«, erwidert Dave.

»Vielleicht könnten Sie ihr vorschlagen, es noch einmal mit meinem Laptop zu versuchen«, sage ich, als wir am Bahnhof ankommen.

»Sicher wird sie das«, sagt er, »ganz gewiss.«

»Auf Wiedersehen, Dave«, sage ich und drücke ihm die Hand.

»Lady Prudentia hätte es gern, wenn Sie wiederkämen«, sagt Dave. »Sie mag Sie sehr. Sie sagt, Sie gehörten ebenfalls in ihre Pläne.«

Ich frage nicht nach, was für Pläne das sind. Ich habe inzwischen gelernt, manche Themen nicht mehr zu berühren, wenn die Zeit knapp wird. An den Plänen anderer Leute bin ich natürlich interessiert – ebenso wie an den Geistern anderer Leute. Sie sind manchmal viel bestechender als die eigenen. (Im Zug nach Hause erzählt Monty mir von einem gewissen anderen »Plan«, der in den Anfangsjahren des 19. Jahrhunderts von verschiedenen Mitgliedern der Gesellschaft für parapsychologische Forschungen ausgeheckt wurde und bei dem es um eigentümliche Formen der damaligen Eugenik ging. Ein männliches Kind sollte gezeugt werden, zu einem »neuen Augustus« heranwachsen und die Weltherrschaft antreten. Aber der neue Augustus spielte nicht mit und wurde nach einer militärischen Laufbahn in der britischen Armee Dominikanermönch, ohne sich je an den »Plan« zu halten. Er ist längst tot und schweigt sich noch immer über das Thema aus, soviel Monty weiß.

Wenn ich es recht überlege, hatten alle, denen ich in den letzten Jahren begegnet bin, ihre »Pläne«. Dale Palmer hegt den großen Plan, eine Website einzurichten, die den Toten die Kommunikation durch elektronische Medien ermöglicht; Gary Schwartz und Linda Russek planen die weitere Erforschung des Großen Design-Organisators (auch Gott genannt); Laurie Campbell ist das Medium für die großen Pläne verschiedener verstorbener Wissenschaftler (von Freddy Mercury gar nicht zu sprechen); Monty Keen und David Fontana planen eine eingehende wissenschaftliche Untersuchung des »Korrekturgeistes«.

Was meine eigenen Pläne betrifft ... nun, was könnte das sein? (Da fällt mir Jack Hallam ein, mein erster und liebster EVP-Geist, der auf Judith Chisholms Bitte, ihr doch den »Plan« zu erklären, sagte, es gäbe keinen.) Darin gleiche ich Jack. Ich habe auch keinen Plan. Ich bin mehrmals im Kreis gegangen und habe kein klares Ziel erreicht. Ich bin herumgetappt, habe herumgetrödelt und habe mich oft verirrt. Ich habe einen Schritt nach vorn und zwei zurück gemacht, um wieder beim Ausgangspunkt anzukommen (allerdings sehen Ausgangspunkte anders aus, wenn man zu ihnen zurückkehrt, ebenso wie man zu immer anderen Schlüssen kommt). Letztlich ist Ruth jedoch die meiste Zeit über an meiner Seite gewesen, zu meinem Ärger zwar meist still, aber eben da – hier. Hat sie einen Plan?

»Hast du einen Plan?«, frage ich laut, als ich wieder daheim im Dachzimmer bin, bevor ich zu Bett gehe.

Keine Antwort, und so tippe ich die Frage auf dem Laptop ein. »Hast du einen Plan?« Ich klicke das Korrekturprogramm an. »Rechtschreibprüfung abgeschlossen«, heißt es.

Ich klicke auf »OK«. »Fährst du Fahrrad? Fährst du am Himmel Kreise mit dem Rad? Ruth, bitte antworte mir.«

»Keine Antwort«, schreibe ich.

Vielleicht geht es gar nicht um Antworten.

Freitag, 13. April, Karfreitag

Freitag der Dreizehnte. Der Unglückstag des Jahres schlechthin; der Tag der Toten: hauptsächlich von toten Tieren, Abertausenden von Tieren, die wegen der Maul-und-Klauen-Seuche geschlachtet wurden. »Eine Katastrophe«, sagt meine Mutter heute früh am Telefon und ist den Tränen nahe. (Als Ruth und ich von zu Hause wegzogen, schaffte sich meine Mutter zwei Schafe an, Tiere mit freundlichen Zügen und sanften Augen, die Holly und Mary hießen und im Garten immer hinter ihr herliefen. Meine Mutter wurde Vegetarierin und meine Schwester auch, obwohl sie Jahre später, als ihr klarer Kopf schon durch den Gehirntumor benebelt war, einmal aus dem Krankenhaus nach Hause kam und die für ihre Kinder bestimmten Knackwürstchen aufaß. Danach ging sie in ein Zimmer im Obergeschoss des Hauses, lehnte sich aus dem Fenster und rief: »Ich bin tot, ich bin tot, ich bin tot.« Ich weiß nicht, was aus Holly und Mary geworden ist. Ich glaube, sie weideten schon lange, bevor meine Mutter wieder geheiratet hat und nach Amerika gezogen ist, auf einem grünen Hügel in Wales. Ich weiß nicht, wie alt Schafe werden, aber sie

sind sicher längst tot, und mein Stiefvater auch, und ich weiß, dass er meiner Mutter fehlt, obwohl wir nie von ihm sprechen, was sehr schwer für sie sein muss. Vielleicht finden wir eines Tages die richtigen Worte.) Ich vermeide es, mit meinem Mann und meinen Kindern über die toten Kühe und Schafe zu reden aus Angst, dass der Hang zum Morbiden, der sich bei uns angedeutet hat, überhand nehmen könnte; trotzdem geht mir das neugeborene Lamm auf der Titelseite der heutigen Zeitung nicht aus dem Sinn: ein kleines Lämmchen auf einer morastigen Wiese, das bald mit seiner Mutter zusammen getötet werden wird wie die vielen anderen. (Werde ich schon wie mein Vater, der zu Ostern immer depressiv wird und an den Feiertagen stets über Katastrophen und Tod nachgrübelt?)
Wir werden das Wochenende mit den Kindern in einem Strandhotel in Sussex verbringen und dabei auch das Grab meiner Schwester besuchen. »Sie können ruhig lernen, dass Ostern nicht nur mit Schokoladeneiern zu tun hat«, sage ich zu Neill, als er einwendet, dass ein Besuch auf dem Friedhof nicht gerade ein festliches Ereignis sei. Aber wahrscheinlich sollte ich mich endlich mehr zusammenreißen, sollte uns zusammenhalten; im Grunde sind allerdings sie es, die mich halten, meine Familie, die ich liebe, die mich liebt, trotz allem. (Sosehr es mir widerstrebt, es zuzugeben, könnte Gary Schwartz vielleicht doch Recht behalten damit, dass die Liebe die einzige Lösung ist, wenn alles Übrige keinen Sinn mehr zu haben scheint.)
»Ich bitte dich«, sagt Ruth in meinem Kopf.
»Was soll das denn heißen?«, frage ich.
»Ach du liebe Güte!«, sagt sie und biegt mit ihrem Fahrrad scharf nach links ab.
»Warte auf mich!«, schreie ich ihr nach.
»Wir sehen uns dort!«, ruft sie mir über die Schulter zu, ehe sie in der Ferne verschwindet.
Diese Reise nach Süden haben wir schon oft gemacht, so oft, dass

ich den Weg auswendig weiß. Auf der Blackfriars Bridge über die Themse, am Südufer entlang, am Clapham Common und dann am Trinity-Hospiz vorbei, falls es mich nicht zu schwermütig macht und wir aus diesem Grunde lieber die Südumgehung ansteuern. Heute bin ich jedoch für eine Veränderung. »Lasst uns über die Hammersmith Bridge fahren«, sage ich.

»Wir fahren aber immer über die Blackfriars«, sagt Neill. »Die Hammersmith-Brücke ist meist wegen Bauarbeiten gesperrt.«

»Heute ist sie garantiert offen«, sage ich. »Lasst uns mal eine neue Strecke ausprobieren.«

»Na schön«, sagt Neill mit einem Schulterzucken, aber er lächelt. »Wie du willst.«

Der Verkehr ist flüssig heute: kein Stau, keine Straßensperren, kein Zeitverlust. (Im Radio hieß es heute Morgen, alle Welt hätte England fluchtartig verlassen, um der anhaltend nassen Witterung und dem Rauch der Scheiterhaufen mit Tierkadavern zu entgehen und lieber im Ausland die Sonne zu genießen.) Wir überqueren die Hammersmith Bridge, ignorieren die Schilder nach Mortlake und fahren an einer Karfreitagsprozession vorbei, die sich in die Gegenrichtung bewegt, angeführt von einer resoluten Frau, die ein großes Holzkreuz schleppt. Ich habe früher, im ersten Jahr nach meinem Universitätsstudium, gleich hier in der Nähe gewohnt in einem kleinen Haus mit Blick auf die Themse. (Wir waren damals drei Hausgenossinnen: die eine ist inzwischen Witwe, die andere bin ich, und dann war noch Ruth da, bevor sie zu einer archäologischen Ausgrabung nach Peru flog. Eine Woche nach ihrer Abreise geriet ich in Panik: Eine so lange Funkstille hatten wir beide noch nie erlebt. In Peru gab es Bombenattentate, Terroristen. Ich rief die britische Botschaft in Peru an, um Informationen zu erhalten. In der Leitung war ein Nachhall. Der Mann am anderen Ende war sehr geduldig, obwohl wir irgendwie aneinander vorbei redeten. Er könne keinen Suchtrupp losschicken, erklärte er, wenn noch niemand vermisst gemeldet sei. »Aber sie *könnte* doch verschwunden sein«, sagte ich. Nach einer weiteren Woche kam ein Brief von Ruth an, dass es ihr gut ginge. Ich stellte sie mir hoch oben in den Anden vor, vom Rest der Welt durch eine Hängebrücke getrennt. Wonach grub sie? Ich weiß es nicht mehr, und ich weiß auch nicht, was sie fand.)

»Ich leide unter Gedächtnisschwund«, sage ich zu Neill, als wir die kirchliche Prozession und die Abzweigung, an der es zu meiner alten Bleibe ging, schon weit hinter uns gelassen haben. »Heute Morgen habe ich gemerkt, dass ich etwas sehr Wichtiges vergessen hatte, und als einzige Erklärung dafür fiel mir ein, dass ich einen Gehirntumor haben könnte.«

»Und was hattest du vergessen?«, fragt er.

»Das weiß ich nicht mehr«, erwidere ich.

»Es ist bloß das beginnende Alter«, sagt er, »so wie der Speck des Älterwerdens.«

»Ruth wird nie altern«, sage ich und vergesse wieder, dass ich an diesem Feiertag fröhlich sein will, »sie wird nie runzlig und fett werden wie wir.« Insgeheim frage ich mich, ob sie auch nie an Gedächtnisschwund leiden wird. Erinnern sich die Toten an uns, wie wir uns an sie erinnern?

»Natürlich, wie könnten wir je etwas vergessen?«, sagt die Stimme in meinem Kopf.

Samstag, 14. April, Ostersamstag

In einem Blumengeschäft kaufe ich Töpfe mit weißen Rosen und Hyazinthen, lebendige, süß duftende Pflanzen, keine Schnittblumen, die in dem Augenblick, in dem man ihnen den Rücken kehrt und geht, schon verwelken. Ich will sie auf Ruths Grab stellen. Außerdem erstehe ich eine große Schachtel mit Ostereiern, die von außen wie gesprenkelte Vogeleier aussehen und mit Schokolade gefüllt sind. Ruths Grab liegt an der Küste neben einer alten

Bruchsteinkirche (allerdings muss man auf dem Weg dorthin erst durch ein Gewirr von Überführungen über eine vierspurige Schnellstraße hinweg, die zu einem regionalen Flughafen führt, von dem kleine Maschinen in den hellgrauen Himmel aufsteigen). Das Grabmal meiner Schwester befindet sich auf der entlegenen Seite des Friedhofs im Schutz einer Hecke zwischen lauter Wildblumen. Sie wollte, dass ihr vom Tumor zerfressener Körper zuvor in einem Krematorium in der Nähe, am Fuß der South Downs, eingeäschert und dass dann ein Grabstein hier an diesem stillen Ort aufgestellt würde. »Damit ihr eine Stelle habt, die ihr besuchen könnt«, sagte sie kurz vor ihrem Tod. Hier haben wir uns nach ihrer Einäscherung versammelt: Freunde, Familie und Kinder, und alle hatten Setzlinge dabei zum Einpflanzen. Ich bin seitdem öfter hier gewesen und habe Muscheln, Blumen und andere kleine Liebesgaben mitgebracht. Auf einer Seite des Grabsteins steht ein jüdisches Gebet – ich kann kein Hebräisch –, und auf der anderen ihr Name samt Geburts- und Sterbedatum und den Namen ihrer Kinder. Was sonst könnte man durch einen Stein mitteilen? Das Bild einer Glyzinienranke ist auf der einen Seite eingemeißelt, das eines Lavendelzweigs auf der anderen. Sie hatte eine Glyzinie an ihrer Hausfront hochranken lassen (ebenso wie ich), und Lavendel wuchs im Garten hinter ihrem Haus, genauso wie bei mir und bei unserer Mutter.

Die Kinder helfen mir, die Ostereier zwischen den Blumen vor dem Grabstein zu verteilen. Tom fährt mit den Fingern über die Schriftzüge auf dem Stein. Es ist kalt, beinahe frostig, und vom Meer her pfeift ein scharfer Wind. Der Kirchhof ist bis auf uns vier menschenleer. Ich muss weinen, obwohl ich fröhlich sein will, ich kann nichts dafür, aber niemand bemerkt es, denn der Wind trocknet mir die Tränen ebenso schnell wieder, wie sie aus meinen Augen quellen. Ich gehe zur Kirche hinüber, in der ich schon oft Zuflucht gesucht habe, aber heute ist sie abgeschlossen. Ich rüttle am Tor, doch es ist niemand drinnen, der mir öffnen würde. Wir gehen alle zusammen wieder zum Auto zurück. Sonst gibt es hier nichts mehr zu tun.

»Sieh mal, Mami«, sagt Jamie, als wir das überdachte Friedhofstor passieren, und zeigt auf den Giebel. »Siehst du die Vögel?« Zwei weiße Tauben haben dort ein Nest gebaut. »Das ist etwas Gutes, oder?«, sagt er.

»Ja, das ist es«, sage ich und bin plötzlich erschöpft.

Am Abend gehe ich früh zu Bett in dem ungewohnten Hotelzimmer, wo man hören kann, wie der Kies über den nahen Strand gespült wird. (Früher mochte ich Hotels gerne, aber dieses Wochenende ist es anders: Das Zimmer ist erfüllt von den Erinnerungen anderer Menschen, und unter dem Mahagonibett sammelt sich der Staub ihrer abgestorbenen Hautschuppen.) Tom kommt zu mir geklettert und schläft auf meinem angewinkelten Arm ein; seine leisen Atemzüge werden vom Geräusch der Wellen übertönt. (Tom – sein zweiter Name ist Louis, nach meinem Großvater väterlicherseits, den ich nicht mehr kennen gelernt habe – Tom mit dem gleichen brennend roten Haar wie Kirsty, aber mit dem ganz eigenen Lächeln seiner sieben Jahre.)

Sonntag, 15. April

Ostersonntag, Jesus ist auferstanden, und das Lämmchen von der Titelseite der Zeitung ist zumindest vorerst gerettet und »Lucky« getauft worden. Die Kinder stehen früh auf, um draußen in der bleichen Morgensonne im hohen Gras nach Ostereiern zu suchen. Neill folgt ihnen, damit sie nicht verloren gehen. Nach dem Frühstück machen wir einen Strandspaziergang und finden im Sand zwei kleine verendete Haie. »Die armen Haie«, sagt Jamie und vergisst ganz, dass er einmal Angst hatte vor dem, was auf dem Grund des Meeres lauern mochte, »sie sehen so klein aus. Können sie wieder atmen, wenn wir sie ins Wasser zurückbringen?« Tom sammelt Muscheln, genauso langsam und sorgfältig wie Ruth und ich als Kinder und auch noch als Erwachsene. (»Kauri-Muscheln bringen Glück«, sagte sie, als sie in unseren letzten Ferien in Wales einmal eine fand.) Er steckt mir Bruchstücke von Perlmutt, immer nur eins, in die Tasche, sowie er sie aus dem nassen Sand ausgegraben hat. Jamie plantscht durchs seichte Wasser und übergibt die Haie wieder den Wellen. Neill umschließt meine kalten Hände mit den seinen, während wir den Kindern zuschauen. Tom blickt kurz zum Himmel auf. »Guck«, sagt er, wie er es immer macht, und zeigt auf die Kondensstreifen kreuz und quer am Himmel, die Flugzeuge auf ihrem Weg zu fernen Zielen zurückgelassen haben. »Ruth hat uns Küsschen an den Himmel gemalt.«

Zu Mittag essen wir Sandwiches mit Pommes frites im Strandcafé, und dann fahren wir nach Chichester, um die Kathedrale zu besichtigen. Wir kommen nach der Eucharistie, aber noch vor dem Abendgottesdienst dort an und treten als Besucher ein, nicht als Gläubige. Wir gehen nach vorn, um uns das Gemälde von Graham Sutherland anzusehen: wie Christus am Ostermorgen Maria Magdalena erscheint. »Es heißt ›Noli me tangere‹«, flüstere ich Tom zu. »Das bedeutet ›Rühr mich nicht an.‹«

»Warum soll sie ihn denn nicht anrühren?«, fragt Tom.

»Weil er zum Himmel auffährt«, sage ich.

»Ich glaube nicht an Gott«, sagt Jamie. »Dad auch nicht.«

»Ich doch«, sagt Tom, »er wohnt hier.«

Tom und ich zünden vor dem Schrein des heiligen Richard Kerzen an für Ruth, Kirsty und Kimberley und stecken sie möglichst gerade in die dafür vorgesehene Sandkiste. Sie kosten fünf Pence das Stück. Tom will noch eine für den Jungen aus seiner Klasse anzünden, der mit vier Jahren gestorben ist; und dann will auch Jamie noch eigene Kerzen für seine verschwundenen Tanten anzünden.

»Aber du glaubst doch nicht an Gott«, sagt Tom.

»Das heißt aber nicht, dass ich nicht an Tote glaube«, sagt Jamie, und so gebe ich ihm das nötige Geld, damit er sein Opfer bringen kann. Neill entzündet gerade eine Kerze auf der anderen Seite des Altars; bestimmt haben wir jetzt den ganzen Vorrat der Kathedrale aufgebraucht, dabei muss ich noch meine Großeltern und meinen Stiefvater bedenken (so viele Seelen, die wir heute hierher mitbringen, und doch so wenige inmitten der Scharen, die sicher diese und andere Kirchen füllen; Seelen, die die Lebenden in den Häusern und auf den Straßen umkreisen, lauter tote Menschen und Schafe, die sich über die Hügel erheben und hoch, hoch in den Himmel aufsteigen).

Ich ziehe die Kinder trotz ihres leisen Protests von den Kerzen im Sand weg in die Marienkapelle. Tom und ich setzen uns vorn hin, während Neill und Jamie hinten stehen bleiben, als wollten sie ihren Status als Außenseiter bekräftigen (doch im Grunde sind wir alle als Außenseiter hier hereingekommen). Ich schließe die Augen und sage (nicht laut, sondern im Stillen): »Bitte, lieber Gott, gib mir ein Zeichen, dass Ruth im Himmel bei dir ist.« Als ich die Augen wieder öffne, buchstabiert Tom gerade den Spruch auf dem Altar. »O ... Lamm ... Gottes ... gib ... uns ... deinen ... Frieden«, liest er. »Wer ist denn das Lamm Gottes?«

»Jesus«, antworte ich.

»Ist Jesus auch hier?«, fragt Tom.

»Ich glaube schon«, sage ich. »Sieh mal, da drüben ist ein Bild von ihm am Kreuz.«

»Jesus ist hier und überall«, sagt Tom. »Das haben wir in der Schule gelernt.«

»Fühlst du ihn?«, frage ich.

»Ich glaube ja«, sagt er nachdenklich, »wie einen Geist, der mir auf den Nacken bläst.«

Wir stehen auf, gehen an unseren Kerzen vorbei (die noch immer brennen, obwohl sie so klein sind) und hinunter zur Arundel-Gruft, wo die steinernen Figuren eines mittelalterlichen Grafen und seiner Gräfin Hand in Hand beieinander liegen. Neben den Skulpturen hängt ein Gedicht von Philip Larkin mit dem Titel »Die Arundel-Gruft«; ich lese für meine Kinder und auch für mich selbst die letzte Strophe laut vor:

Die Zeit hat sie zur Unwahrheit verklärt.
Treue aus Stein, von ihnen kaum gewollt,
ist nun ihr letztes Wappenschild und zeigt,
dass unser Fast-Instinkt sich fast als wahr erweist:
Die Liebe ist, was von uns bleibt.

Montag, 16. April

Ostermontag im Jahre 2001. Ich gehe auf dem Laufband im Fitnesscenter und rede mit mir selbst, ohne die Lippen zu bewegen. Seit Wochen und Monaten bin ich nicht mehr hier gewesen; (morgen, morgen, nur nicht heute); jetzt ist es endlich mal wieder Zeit dafür. (Warum? Warum nicht? Der heutige Tag ist ein sehr guter Tag für einen Neuanfang.)

Aber ich laufe nicht. Ich bin es leid, zu laufen und dabei die ganze Zeit auf der Stelle zu treten. Ich gehe, nicht zu schnell und nicht zu langsam, finde mein eigenes Tempo, während sich das Laufband unter mir im Kreis bewegt. Mir gefällt die Vorstellung, dass ich so auf Ruth zugehe, langsam, stetig, so lange, wie es eben dauern wird. Ich weiß, dass ich sie eines Tages einholen werde. Ruth, süße Ruth, meine Schwester, ich selbst.

Quellenangaben

Browne, Sylvia: *Jenseits-Leben: Berichte eines Mediums aus der geistigen Welt*, Goldmann, München 2002

Carroll, Robert Todd: *The Sceptic's Dictionary*, www.SkepDic.com

Donne, John: *The Elegies and the Songs and Sonnets*, Clarendon Press, Oxford 1965

Eliot, T.S.: *Gesammelte Gedichte 1909-1962*, Suhrkamp, Frankfurt a. M., 2. Aufl. 1988

Ferenczi, Sandor: »Entwicklungsstufen des Wirklichkeitssinnes«, aus: *Bausteine zur Psychoanalyse*, Bd. 1, Ullstein, Berlin 1984
–: *Die Liebe in der Wissenschaft*, Gyógyásrat Nr. 12, 1901 (zitiert nach der engl. Vorlage)
–: »Spiritismus«, veröffentlicht 1899 (zitiert nach der engl. Vorlage)

Fontana, David; Keen, Montague; Ellison, Arthur: *The Scole Report*, SPR, London 1999

Frazer, James George: *Der goldene Zweig. Das Geheimnis von Glauben und Sitten der Völker*, Rowohlt, Reinbek 1989

Freud, Sigmund: *Fragen der Gesellschaft, Ursprünge der Religion*, Studienausgabe in 10 Bdn., Fischer, Frankfurt a. M. 1989
–: *Der Mann Moses und die monotheistische Religion*, Fischer TB, Frankfurt a. M., 9. Aufl. 1997
–: *Totem und Tabu*, Fischer, Frankfurt a. M. 1977 (engl. Fußnote)
–: *Die Traumdeutung*, Fischer, Frankfurt a. M. 1961

Freud, Sigmund, u. Jung, C. G.: *Briefwechsel*, S. Fischer, Frankfurt a. M. 1974

Jones, Ernest: *Das Leben und Werk von Sigmund Freud*, Bd. 3, Hans Huber, Bern 1962

Lacan, Jacques: *Les quatre concepts fondamentaux de la psychoanalyse*, Editions du Seuil, Paris 1973 (dt.: *Die vier Grundbegriffe der Psychoanalyse*, Quadriga, Berlin 1987, zitiert nach der engl. Vorlage)

Larkin, Philip: »The Aurundel Tomb«, aus: *Collected Poems*, Farrar, Straus & Giroux, New York 1993

Levi-Strauss, Claude: *Mythologica I. Das Rohe und das Gekochte*
Suhrkamp, Frankfurt a. M., 4. Aufl. 1990

Lewis, C. S.: *Die Reise auf der Morgenröte*, Brendow, Moers 2000

Lodge, Sir Oliver et al.: *The Outline of Science*, George Newnes Ltd., London 1921

MacColl, Ewan: *Sweet Thames, Flow Softly*,
Thames Publ., London 1970

Opie, Iona, u. Tatem, Moira: *A Dictionary of Superstitions*,
Oxford University Press, Oxford 1990

Salter, William Henry: *The Society for Psychical Research: An Outline of ist History*,
SPR, London 1948

Vaughan, Henry: »Die Welt«, aus: *Englische und amerikanische Dichtung, Bd. 1, von Chaucer bis Milton*,
C. H. Beck, München 2000